Sally Dubats

Das Praxisbuch der Neuen Magie

Kerzen, Kräuter, Rituale

Aus dem Amerikanischen übertragen
von Susanne Kahn-Ackermann

WILHELM HEYNE VERLAG
MÜNCHEN

HEYNE ESOTERISCHES WISSEN
Herausgegeben von Michael Görden

13/9884

Die Originalausgabe erschien 1999 unter dem Titel
NATURAL MAGICK
bei Kensington Publishing Corp., New York, NY, USA

Deutsche Erstausgabe 02/2002
Copyright © 1999 by Sally Dubats
Published by arrangement with Sally Dubats
Dieses Werk wurde vermittelt durch die
Literarische Agentur Thomas Schlück GmbH, 30827 Garbsen.
Copyright © der deutschsprachigen Ausgabe 2002
by Wilhelm Heyne Verlag GmbH & Co. KG, München
http://www.heyne.de
Printed in Germany 2002
Lektorat: Renate Schilling
Umschlaggestaltung: FranklDesign, München
Umschlagillustration: Deva Manfredo – stoneart
Satz: Schaber Satz- und Datentechnik, Wels
Druck und Bindung: Ebner Ulm

ISBN 3-453-19793-3

Inhalt

I Einführung

Es gibt einen Tanz, der sich durchs ganze Universum bewegt, durch die Galaxien und Planeten, die Erde und ihre Schöpfungen ... durch Kristalle, Pflanzen, Bäume, Menschen – und durch Sie. In diesem Tanz in Ihrem Innern und im Innern des ganzen Universums gelangt eine einzige Energie zum Ausdruck – eine Musik, die die Verbindung zwischen allen Teilnehmern herstellt. Es ist ein freudiger Tanz – und ein geräuschvoller Tanz!

Dieses Buch soll Wege aufzeigen, auf denen sich die Gaben der Erde und Ihre natürlichen Talente im gemeinsamen Tanz vereinen können. Kräuter, Kristalle, Astrologie, heilige Werkzeuge, Intuition, Visualisierung, Weissagung – zusammen erschaffen sie eine natürliche Magie. Je verwobener die Musik, je göttlicher der Tanz, desto wundersamer der gewirkte Zauber. Dieses Buch soll Sie außerdem lehren, stärker von Ihrer Intuition Gebrauch zu machen.

Weil alle Dinge miteinander verbunden sind, können Sie mit jedem magischen Prinzip das nächste umso leichter verstehen. Wenn Sie zum Beispiel die Grundlagen der Numerologie und die den Zahlen zugeordneten Bedeutungen begriffen haben, werden Sie umso schneller das Tarot und die Bedeutung der Zahlen auf seinen Karten erfassen. Wenn Sie die Grundgedanken hinter den Elementen von Erde, Luft, Feuer und Wasser verstanden haben, wird dies Ihre Kenntnisse im Bereich von Tarot und Astrologie erweitern, da beide mit Aspekten der Elemente arbeiten. Mit anderen Worten,

Grundkenntnisse der magischen Prinzipien werden Ihnen die Tür zu vielen weiteren Prinzipien öffnen. Von der Kraft dieser Prinzipien getragen, werden Sie Ihre Magie immer intuitiver ausüben.

Wenn Sie sich beim Arbeiten mit Magie und Hexenkunst immer stärker von Ihrer Intuition leiten lassen, werden Sie lernen, Antworten intuitiv zu finden, sich also an Ihre eigene innere Quelle zu wenden, bevor Sie versuchen, sie in einem Buch oder einer anderen äußeren Quelle zu suchen. Ihre innere Quelle weiß die Antworten bereits und auch, wie man Magie wirkt. Sie werden sich also erst selbst fragen, wie eine bestimmte Herausforderung zu verstehen ist, bevor Sie versuchen, die Antwort andernorts zu finden. Und oft werden Sie feststellen, dass die in Ihrem Innern gefundenen Antworten von anderen Quellen bestätigt werden. Ein Prozess, der Sie allmählich lehren wird, an Ihre Intuition zu glauben und auf sie zu bauen. Und das ist wichtig. Denn wenn Sie kein Vertrauen in Ihre Intuition haben, wird sie auch nicht funktionieren.

Das Praxisbuch der Neuen Magie wird Ihnen auch einige Elemente des Wicca-Kults aufzeigen und erläutern, wie sie sich im Tanz des Universums nutzen lassen, damit sich Ihr Leben nachhaltig verändert. Man muss die in diesem Buch angesprochenen Dinge nicht unbedingt nach Art des Wicca-Kults zu den Jahreskreisfesten oder bei Vollmond (oder wann immer die Zeichen gerade günstig stehen) in einem magischen Kreis durchführen, sollte sie aber doch mit der Absicht von Veränderung einsetzen. Unser Geist erschafft Materie (und Veränderung), noch bevor wir auf der physischen Ebene handeln. Sie können keine Reise planen, keine Statue erschaffen, keinen Brief schreiben und kein Haus bauen, bevor Sie sich nicht ein geistiges Bild davon geschaffen haben. Sie müssen erst überlegen, wohin Sie reisen, an wen Sie schreiben oder wo Sie Ihr Haus bauen möchten. Erst wenn sich Ihre Reisepläne im Geist verdichtet haben, werden sie real. Die Absicht hat sich geklärt und plötzlich haben Sie einen Flug auf die Bahamas gebucht. Magie arbeitet auf die gleiche Weise. Sie erschaffen etwas auf der geistigen oder astralen Ebene, um eine Veränderung auf der physischen Ebene herbeizuführen. Dabei braucht es sich nicht unbedingt um etwas Stoffliches zu handeln wie eine Statue oder ein Haus, es kann auch etwas Abstraktes sein wie zum Beispiel Liebe, Erfolg oder Wohlstand.

Zwar steigert es die Wirksamkeit, wenn Sie die magische Arbeit mit einem Ritual verbinden, aber auch das einfache Setzen einer Absicht kann zu einer Veränderung führen. Die Gedankenkraft ist ein mächtiges Werkzeug. Wenn Sie an einen geliebten, weit entfernt lebenden Menschen denken, schicken Sie automatisch liebevolle Energie ins Universum hinaus. Und diese liebevolle Energie findet diesen Menschen, gleichgültig, wie sie ausgesandt wurde, ob durch einen beiläufigen Gedanken oder mittels Magie. Wie oft wurden Sie schon von jemandem angerufen, nachdem Sie kurz zuvor an die betreffende Person gedacht hatten?

Wenn Sie eine Kerze für einen geliebten Menschen anzünden, senden Sie die gleiche liebevolle Energie auf bewusstere und beständigere Art aus; ritzen Sie auch noch seinen Namen in die Kerze ein, erreichen ihn Ihre Gedanken auf noch direkterem Weg. Jeder zusätzliche Schritt, den Sie zur Fokussierung Ihrer Absicht unternehmen, hat ein spezifischeres Ergebnis zur Folge. Es lässt sich mit dem Unterschied zwischen einer Lampe in einem Zimmer und dem fokussierten, direkt auf einen Gegenstand gerichteten Strahl einer Taschenlampe vergleichen.

Viele Dinge, die wir noch vor ein paar hundert Jahren für Magie hielten, sind heute wissenschaftlich nachgewiesen. Einst glaubte man, dass die Weide über magische Kräfte verfüge und böse Geister (oder Kopfschmerzen) aus dem Gehirn vertreiben könne. Das wurde von Wissenschaftlern lange Zeit als Aberglauben abgetan. Doch Aspirin, das heute am weitesten verbreitete Schmerzmittel, wurde vor seiner synthetischen Herstellung aus Weidenrinde gewonnen. Ein anderes Beispiel: Wenn wir Schokolade essen, werden in unserem Körper dieselben Substanzen produziert, wie wenn wir verliebt sind. Kein Wunder also, dass Schokolade in der ersten Phase der Annäherung zwischen Liebenden so beliebt ist.

Mag sich heute auch so manches Rätselhafte verflüchtigt haben, das die Magie in der Vergangenheit umgab, so rührt doch vieles von dem, was wir als Magie ansehen, von unserer Visualisierungsfähigkeit her, von unserer Gabe, uns etwas bildhaft vorzustellen und dann eine Veränderung herbeizuführen. Fragen Sie Hexen, wie Magie funktioniert, und Sie werden so viele verschiedene Antworten bekommen, wie es Hexen gibt. Je mehr Sie mit Magie arbeiten, desto umfassender wird Ihre persönliche Antwort auf diese Frage ausfallen.

Dieses Buch soll daher kein Leitfaden für Magie sein, sondern einen Weg aufzeigen, wie Sie herausfinden können, wie Magie für Sie funktioniert; es soll Ihnen eine Richtung weisen, um eigene Erfahrungen mit der Magie zu machen. Denn kein Buch kann Ihnen hier die Antwort liefern. Auch wenn Sie noch so viele Bücher lesen, werden Sie nicht finden, wonach Sie suchen, wenn Sie sich nicht die Grundlagen von Meditation, Konzentration, Intention und all jenen Elementen erarbeiten, aus denen der Umgang mit Magie besteht. Wenn irgendetwas davon in Ihnen auf Resonanz stößt und etwas zum Schwingen bringt, ist es für Sie stimmig. Wenn nicht, sollten Sie besser die Finger davon lassen!

Es gibt auch Bücher über das Verhexen als Vergeltung oder Rache für erlittenes Unrecht. Dies ist allerdings nicht im Einklang mit der Auffassung, die die meisten Anhängerinnen und Anhänger des Wicca-Kults von der Hexenkunst haben. Viele Hexen glauben, Verhexen schicke negative Energien in die Welt, und würden unter keinen Umständen jemanden mit einem Bann belegen.

Es ist Ihre Sache, ob Sie das Verhexen für richtig, falsch oder wertfrei halten. Dieses Buch basiert jedenfalls auf der Verbindung mit einer göttlichen Kraft, die für das Wohl aller arbeitet. Sie können sie nennen, wie Sie wollen, ob Gottheit, Göttin, Gott oder ganz einfach universelle oder kosmische Energie. Den einzig richtigen und wahren Weg zur Spiritualität gibt es nicht. Das wird schon durch die Vielfalt der Kulturen auf unserem Planeten belegt. Dass wir andere Glaubenssysteme achten und respektieren, ist wichtig für die Stärke, mit der wir an unsere eigenen Glaubenssysteme glauben. Die Christen entzünden Kerzen, wie es auch die Anhängerinnen und Anhänger des Wicca-Kults tun, und es gibt viele Prinzipien, die in allen Religionen gleich sind. Zu diesen universellen religiösen Prinzipien gehört zum Beispiel auch das Achten und Ehren der eigenen Eltern. Toleranz und Liebe sind die Schlüssel. Wir können gemeinsam an ihrer Verwirklichung arbeiten.

Wenn dieses Buch ein Samenkorn darstellt, dann pflanzen Sie die Gedanken ein und wachsen Sie! Doch wenn Sie neue Techniken erlernen, sich neue Gedanken zu Eigen machen und anfangen, neben Ihren fünf Sinnen auch noch mit anderen Sinnen zu arbeiten, seien Sie sich dabei Ihrer Verantwortung bewusst: »Schade niemandem und tu, was du willst« ist die Goldene Regel des Wicca-Kults, des Hexenwesens, der Hexenkunst. Es ist die einzige Regel, die beim Ausüben von Magie zu befolgen ist. Wenn die beabsichtigte Handlung absolut niemandem Schaden zufügt, weder Ihnen selbst noch anderen Menschen, weder der Erde noch ihren

Pflanzen und Tieren, dann ist sie rechtens und im Einklang mit dem Wohle aller.

Die in diesem Buch besprochenen Themen geben eine allgemeine Einführung ins Handwerkszeug der modernen Hexenkunst, in einige Formen von Magie, in die Eigenschaften von allgemein verbreiteten Kräutern und Edelsteinen und in Divinationstechniken. Am Ende des Buches findet sich eine Auflistung von Stichworten (wie zum Beispiel Liebe, Wut, Angst), in deren Zusammenhang die Magie am häufigsten angewendet wird, mit den korrespondierenden Elementen und Gegenständen, zum Beispiel Pflanzen und Edelsteinen, die eingesetzt werden können, um das gewünschte Ergebnis und eine Veränderung im Leben herbeizuführen.

Machen Sie sich mit diesem Handwerkszeug vertraut, bevor Sie es verwenden – und Geld dafür ausgeben. So manches davon mag merkwürdig oder albern erscheinen, weil diese Dinge und Prinzipien nun mal der abergläubisch erscheinenden Gedankenwelt einer vergangenen Zeit entspringen; doch denken Sie daran, dass auch die Weidenrinde einmal für ein dem Aberglauben entsprungenes »Placebo« gehalten wurde.

Vielleicht haben Sie dieses Buch in die Hand genommen, weil Sie über das, was Sie normalerweise als etwas Natürliches anzusehen bereit sind, hinausgehen möchten. Auch Magie ist etwas Natürliches. Genießen Sie sie und freuen Sie sich darüber, dass Sie bereit sind, sich zu öffnen und zu experimentieren. Erfreuen Sie sich vor allem an Ihrem persönlichen Wachstum und Ihrer Fähigkeit, positive Veränderungen in Ihrem Leben zu bewirken.

Lasset den Tanz beginnen!

II   Ritualwerkzeuge

Ritualwerkzeuge sind Gegenstände mit Symbolcharakter, die helfen, Gedanken und Energien auf ein bestimmtes magisches oder heiliges Ziel zu konzentrieren. So helfen zum Beispiel Stab und Besen, heiligen Raum zu schaffen, während der Zweck eines Kessels unter anderem darin besteht, etwas von Ihnen schriftlich Formuliertes in magische Intention umzuwandeln. Bevor Sie konkrete Rituale durchführen, sollten Sie sich ausreichende Kenntnisse über diese Werkzeuge und genügend Hintergrundwissen über ihre Bedeutung aneignen, damit Sie wissen, auf welche Weise sie zur Steigerung Ihrer Kräfte beitragen können. Zu den Werkzeugen, die Sie sich möglicherweise zulegen sollten, zählen Kessel, Besen, Stab, Ritualgewand und Schmuck sowie einige andere Gegenstände, auf die ich später in diesem Kapitel noch eingehen werde.

Durch den ständigen Umgang mit Ihren Werkzeugen erhalten diese für Sie Bedeutung und Kraft. Es ist sehr wichtig, eine Beziehung zu ihnen zu entwickeln und herauszufinden, was sie für Sie symbolisieren und warum sie für Sie kraftgeladen sind. Diese Werkzeuge bergen Energien in sich, weil sie schon seit ewigen Zeiten mit Energie und Symbolkraft aufgeladen wurden. So haben sich zum Beispiel unsere heutigen Vorstellungen und Wahrnehmungen vom Kessel durch die kollektiven Energien all jener aufgebaut, die vor uns mit einem Kessel gearbeitet haben. Und genau diese Vorstellungen oder Wahrnehmungen, dieses Gefühl eines Mysteriums, werden Ihnen helfen, Ihren eigenen Kessel mit Kraft aufzuladen.

Die Energie, die Sie in Ihren Kessel investieren, wird wiederum anderen, die gegenwärtig einen Kessel benutzen, sowie künftigen Generationen eine Hilfe sein. Dasselbe gilt für alle Ritualgegenstände.

Ritualgegenstände enthalten Energie, weil sie seit Ewigkeiten kollektiv in Gebrauch sind und weil auch Sie sie nun mit Energie ausstatten. Achten Sie darauf, auf welche Weise Sie die Werkzeuge, die Sie sich zulegen, durch Ihre Kraft mit Energie aufladen. Wenn Sie sich zum Beispiel in einem Laden Pentakel ansehen, wird Ihnen eines davon möglicherweise ganz besonders ins Auge stechen – bestimmte Gefühle steigen auf und die Schönheit, Größe oder Farbe löst eine emotionale Reaktion in Ihnen aus. Diese Gefühle entsprechen der Energie, die dem Gegenstand bereits innewohnt. Hier handelt es sich nicht nur um eine kollektive Energie, sondern auch um eine Energie, die diese ganz spezielle Anziehungskraft auf Sie ausübt. Diese Art von energetischer Intuition wird Ihnen beim Auswählen der Werkzeuge helfen.

Das Aufladen der Werkzeuge

Ist auf diese Art ein Werkzeug zu Ihnen gekommen, ist es an der Zeit, es mit Ihrer persönlichen Energie aufzuladen und zu segnen. Dadurch bringen Sie Ihre Energien mit dem Werkzeug in Einklang. Zum Aufladen gehört Folgendes:

1. *Den Zweck des Werkzeugs kennen und verstehen.* Dann werden Sie auch wissen, welche Art von Energie Sie in das Werkzeug einströmen lassen wollen. Seien Sie dabei sehr präzise. Zum Beispiel müssen Sie wissen, dass der Besen dazu dient, einen bestimmten Bereich zu segnen, zu reinigen und für den magischen Kreis zu heiligen. Am Ende des Ka-

pitels finden Sie zum besseren Verständnis eine Auflistung verschiedener Werkzeuge und ihres jeweiligen Verwendungszwecks.

2. *Die Fähigkeit, Energie von der Göttin, vom Gott und vom Universum bewusst aufzunehmen.* Wir alle tragen einen Funken des Göttlichen in uns und empfangen somit schon ganz natürlich göttliche Energie. Der Unterschied besteht in der Fähigkeit, diese Energie bewusst wahrzunehmen, sie zu konzentrieren und auf ein festgesetztes Ziel zu lenken. Eine Methode der Fokussierung von Energie besteht darin, sich mit göttlichem Licht anzufüllen. Dazu müssen Sie sich zunächst einmal erden, indem Sie visualisieren, wie sich Wurzeln von der Wirbelsäule durch Ihre Beine und Füße hindurch tief in die Erde hinein erstrecken. Spüren Sie die Wärme der Erde, fühlen Sie sich mit der Erde verbunden. Visualisieren Sie dann Energie in Form von weißem Licht, das durch Ihren Scheitel in den Körper einströmt, so als würden Sie mit weißem Licht genährt und Ihr ganzer Körper davon erfüllt. Fühlen Sie mit jedem Atemzug, wie diese Lichtenergie in Sie einströmt und Sie mit mehr und mehr Intensität erfüllt. Fühlen Sie die Freude und die liebevolle Kraft dieses Lichts und baden Sie innerlich darin.

3. *Die im Körper angesammelte Energie auf das künftige Werkzeug übertragen.* Ob Sie nun ein Mann oder eine Frau sind, die linke Körperhälfte steht für die Göttin, das Weibliche, das Empfangen von Energie. Die rechte Körperhälfte steht für den Gott, das Männliche, das Senden von Energie. Wenn Sie Energie auf Ihr Werkzeug übertragen wollen, halten Sie es also in der rechten Hand, weil diese für das Aussenden von Energie am geeignetsten ist. Ihr Körper ist mit weißem Licht angefüllt; lassen Sie nun dieses weiße Licht durch

den rechten Arm und die Hand fließen und in das Werkzeug einströmen. Spüren Sie, wie es dieselbe intensive Freude empfindet, die Sie fühlten, als Sie von dem göttlichen Licht erfüllt wurden.

4. *Bei der Segnung die Energie im Werkzeug so versiegeln, dass es bei jeder Verwendung in potenziertem Maße Energie aufnehmen kann.* Das Versiegeln trägt außerdem dazu bei, dass Ihr Werkzeug nur Ihre Energie aufnimmt – und nicht die Energie von Personen, die sich zu Ihrem Kreis gesellen oder Ihr Werkzeug in die Hand nehmen. Um die Energie in Ihrem Werkzeug zu versiegeln, stellen Sie sich vor, dass samtenes blaues Licht durch Ihren Scheitel in Ihren Körper einströmt und ihn erfüllt. Füllen Sie mit jedem Atemzug Ihren Körper ganz und gar mit diesem blauen Licht an. Lassen Sie dann dieses Licht durch Ihren rechten Arm und aus Ihrer Hand fließen. Visualisieren Sie, wie dieses Blau Ihr Werkzeug einhüllt, ohne einzudringen, wie es jede Ecke und Kante umgibt und keine Stelle frei lässt, durch die Energie von außen eindringen könnte. Dieses blaue Licht soll Ihr Werkzeug davor bewahren, irgendwelche unerwünschten Energien aufzunehmen.

Die Pflege der Werkzeuge

Werkzeuge, die Sie für magische Zwecke benutzen, sind heilige Gegenstände. Laden Sie sie auf, segnen Sie sie und behandeln Sie sie dann als Freunde. Lächeln Sie ihnen zu. Diese Schritte werden Ihren Werkzeugen Kraft verleihen und zum Aufbau einer engen Beziehung zu ihnen beitragen, einer Beziehung, die sich im Erfolg Ihrer Magie widerspiegeln wird. Nutzen Sie den Vollmond als Zeitpunkt zum Segnen und Rei-

18

nigen Ihres Werkzeugs. Und wenn Sie über einen Altar verfügen, auf dem Sie einen Großteil Ihrer Werkzeuge platzieren
können, segnen Sie bei Vollmond diesen Altar samt allen
Dingen, die sich auf ihm befinden.

Zum Segnen oder Räuchern Ihres Altars suchen Sie entsprechende Kräuter aus (siehe Kapitel VI) oder nehmen Sie
ein Salbeibüschel. Segnen Sie die getrockneten Kräuter und
füllen Sie sie in eine Keramikschale oder in eine große Muschel, die ausschließlich für diesen Zweck verwendet wird.
Entzünden Sie die Kräuter oder das Büschel und fächeln Sie
den Rauch mit den Händen oder einer Feder zu Ihrem Altar
hin. Auf diese Weise wird der Rauch den Altar segnen, ihn
von jeglichen Unreinheiten oder negativen Energien reinigen und ihn zudem mit den Elementen der verwendeten
Kräuter aufladen. Wenn Sie möchten, können Sie beim Räuchern Ihres Altars oder Ihrer Werkzeuge auch einen Segens-
spruch wiederholen, wie zum Beispiel: »Ich segne und reinige
diesen Altar und alle Dinge, die sich darauf befinden, und
widme sie dem Licht und der Liebe der Göttin und des
Gottes.«

Zum Salben Ihres Altars stellen Sie ein Öl her, wie in Kapitel VI beschrieben. Verwahren Sie ein Fläschchen mit sol-
chem Öl auf Ihrem Altar. Zum Segnen eines Werkzeugs träu-
feln Sie einen Tropfen des Öls auf Ihren Finger und benetzen
den Gegenstand damit. Sprechen Sie dabei Worte, die Ihre
Absicht zum Ausdruck bringen und für Sie bedeutungsvoll
sind. Zum Beispiel: »Hiermit segne und salbe ich diesen Stab
mit der Stärke und Reinheit der Göttin und des Gottes, auf
dass meine Energie dreifach durch diesen Stab geleitet und
meiner Weisung entsprochen werde.«

Werkzeuge, Altar und Jahreskreisfeste

Wenn Sie bei sich zu Hause einen Altar als geweihten Ort haben, bildet er einen wunderbaren Fokus, um die Energie der Göttin und des Gottes anzuziehen. Und er bietet sich als guter Aufbewahrungsort für Ihre Werkzeuge an. Er braucht nicht kunstvoll oder ausgefallen zu sein, ein Tischchen reicht schon aus. Nehmen Sie im Jahresverlauf immer wieder Veränderungen vor, sodass sich die wechselnden Stimmungen der jeweiligen Jahreskreisfeste und Vollmonde darin spiegeln. Sie können dafür zum Beispiel ganz einfach das Altartuch wechseln und ihn mit Kräutern oder Pflanzen der entsprechenden Jahreszeit schmücken.

Denken Sie an jedem dieser Feiertage an die Energien, die dabei Ihren Werkzeugen zur Verfügung stehen und in ihr Wesen aufgenommen werden können. Segnen Sie sie mit dem Gefühl und der Stimmung, die in dem jeweiligen Fest zum Ausdruck kommt. Jeder dieser Tage strahlt eine andere Stimmung aus und Ihre Werkzeuge und Ihr Altar werden im Laufe der Zeit die Eigenschaften und Stärken der verschiedenen Feiertage und Rituale in sich aufnehmen. Die folgende Aufzählung der Jahreskreisfeste (auch Sabbate genannt) soll keine vollständige und definitive Liste sein, sondern Ihnen Anregungen geben, wie Sie Ihre Werkzeuge und Ihren Altar mit den Kräften der jeweiligen Zeit aufladen können:

Samhain (Halloween) wird am 31. Oktober gefeiert und ist das keltische Neujahrsfest. Dieser Sabbat ist wunderbar dazu geeignet, einen Blick in die Kristallkugel zu werfen und mit Lehrern, Führern, Geistern oder auch der eigenen Seele zu kommunizieren. Visualisieren Sie, wie jedes Ihrer Werkzeuge Sie darin unterstützt, Lehrer, Führer und Geister wirklich zu vernehmen. Visualisieren Sie, wie jedes Ihrer Werkzeuge dazu beiträgt, dass

Sie die Botschaften Ihrer Seele empfangen. Samhain ist auch eine besonders günstige Zeit, um Werkzeuge zum Hellsehen zu segnen, sich tiefer mit ihnen zu verbinden und Ihre Fähigkeit zu stärken, diese Form der Weissagung zu nutzen.

Das **Julfest** wird zur Wintersonnenwende zwischen dem 20. und 23. Dezember begangen und ist die Freudenfeier der Göttin, die den Sonnengott zur Welt bringt. Lassen Sie in Ihre Werkzeuge Freude, Licht und die Fähigkeit einströmen, Anfänge erfolgreich einzuleiten.

Imbolc (Lichtmess), in der Mitte zwischen der Wintersonnenwende und dem Frühlingsanfang angesiedelt, wird am 2. Februar gefeiert. Es ist eine Feier der Hoffnung und der Freude über das Erstarken des Sonnengotts und das zunehmende Licht; nach den dunklen Tagen des Winters gibt es nun mit den länger werdenden Tagen buchstäblich mehr Licht. Visualisieren Sie, wie das göttliche Licht des Universums, des Gottes und der Göttin, in Ihre Werkzeuge einströmt und sie stärkt.

Ostara, die Frühjahrstagundnachtgleiche, wird zwischen dem 20. und 23. März gefeiert und verkündet die Ankunft des Frühlings. Der junge Gott wächst heran und bringt der Erde ein Gleichgewicht von Tag und Nacht, von Sonnen- und Mondenschein. Stärken Sie jetzt in Ihren Werkzeugen die Harmonie von weiblicher und männlicher Energie. Zwar sind die Werkzeuge entweder männlich oder weiblich, aber dennoch ist eine Ausgewogenheit erforderlich, so wie auch menschliche Wesen, ob männlich oder weiblich, ein Gleichgewicht brauchen.

Beltane (Walpurgisnacht) wird am 1. Mai gefeiert und hat überall auf der Welt seine Traditionen. Der farbenprächtige Maibaum, ein phallisches Fruchtbarkeitssymbol, wird in vielen Ländern aufgestellt. Beltane ist eine Zeit vieler Ausdrucksformen von Fruchtbarkeit. Segnen Sie also Ihre Werkzeuge mit der Fähigkeit, Gewinn in der materiellen Welt zu manifestieren.

Litha oder Mittsommer wird zur Sommersonnenwende zwischen dem 20. und 23. Juni gefeiert. Es ist eine günstige Zeit für Magie, da die Sonnenenergie ihren Höhepunkt erreicht. Segnen Sie also Ihre Werkzeuge mit der Kraft des Heilens und der Energie der Liebe.

Lugnasad oder **Lammas** (Schnitterfest) wird am 1. August gefeiert. Dies ist eine Zeit freudigen Feierns der Wärme des Sommers sowie der Vorbereitung auf Herbst und Winter. Laden Sie Ihre Werkzeuge mit der Kraft des Loslassens auf. Nicht nur in Erwerb und Gewinn liegt Stärke, sondern auch in dem Wissen, wann der Prozess des Loslassens beginnen muss. Wenn Ihre Werkzeuge mit der Gabe des »Loslassens« gesegnet sind, sind Sie besser auf Ihr magisches Wirken eingestellt.

Mabon wird zur Herbsttagundnachtgleiche am oder um den 21. September gefeiert. Es ist eine Zeit der Innenschau und des Beendens. Denken Sie an das zu Samhain gefeierte Neujahr und an die Dinge, die Sie abzuschließen bereit sind. Segnen Sie Ihre Werkzeuge mit der Kraft des Abschließens und Beendens. Das verstärkt die Bedeutung der Worte »So sei es«, die häufig das Ende eines Rituals markieren. Das Beenden eines Zaubers kennzeichnet zudem den Zeitpunkt, ab dem das Universum das Gewünschte geschehen lassen kann!

Das Arbeiten ohne Werkzeuge – astrale Werkzeuge

Wenn Sie noch nicht alle Werkzeuge beisammen haben, die Sie gerne verwenden wollen, können Sie auf sehr wirkungsvolle Weise Ihre Energien fokussieren lernen, indem Sie ohne sie arbeiten. Und ebenso können Sie später, wenn Sie die Werkzeuge besitzen und mit ihnen ausgiebig gearbeitet haben, Ihre Fähigkeiten und Kräfte hervorragend üben, indem Sie auf nicht-physischer Ebene mit ihnen arbeiten.

Versuchen Sie mit astralen Werkzeugen einen magischen Kreis (wie in Kapitel V beschrieben) herzustellen. Astrale Werkzeuge sind Werkzeuge, die Sie auf der nicht-physischen Ebene als präsent visualisieren. Dadurch steigern Sie Ihre Fähigkeit, Ihre persönliche Kraft zu gebrauchen. Visualisieren Sie beim Ziehen des magischen Kreises, wie beim Einatmen blaues Licht in Ihren Scheitel einströmt und Ihren ganzen Körper erfüllt. Lenken Sie dann das blaue Licht in Ihre Hand und durch Ihren auf astraler Ebene vorhandenen Stab. Die ganze Energie wird also zunächst in Ihre Hand geleitet und dort konzentriert, von dort aus in den Stab gelenkt und schließlich nach außen freigesetzt, um den Kreis zu schaffen. Ziehen Sie den Kreis und fahren Sie mit Ihrer magischen Arbeit fort, als hätten Sie alle Werkzeuge bei sich. Vielleicht werden Sie überrascht feststellen, dass der Stab, den Sie später finden, tatsächlich so aussieht wie der, mit dem Sie auf astraler Ebene gearbeitet haben.

Der Umgang mit fremden Werkzeugen

Wenn Sie gleich gesinnten Menschen begegnen, denken Sie daran, dass Werkzeuge immer speziell für den rituellen Gebrauch durch eine Einzelperson oder Gruppe aufgeladen sind. Werkzeuge und Schmuck einer Hexe werden als etwas ganz Besonderes, Persönliches und Intimes gesehen. Fragen Sie am besten immer um Erlaubnis, bevor Sie solche Dinge in die Hand nehmen. Jeder Mensch hat sein eigenes Energiefeld, eine Energie, die von den zur magischen Arbeit benutzten Werkzeugen aufgenommen wird, und viele Hexen versiegeln ihre Werkzeuge nicht so, wie es oben beschrieben wurde.

Die wichtigsten Werkzeuge

Im Folgenden werden die Werkzeuge aufgeführt, die Sie sich für Ihre Rituale, Ihre magische Arbeit und Ihren Altar vielleicht zulegen möchten. Dazu werden Anregungen gegeben, wie Sie diese Gegenstände weihen, reinigen und segnen können. Das Weihen eines Werkzeugs schafft einen Übergangspunkt und markiert den Beginn seiner zunehmenden Kraft im Gebrauch für Ihre persönlichen magischen Intentionen. Das Segnen der Werkzeuge in einem magischen Kreis garantiert ihre Reinheit für den angestrebten Zweck. Stellen Sie einen magischen Kreis her, wie Sie es für richtig halten oder wie im Kapitel über Rituale in diesem Buch beschrieben.

Kessel

Der Kessel gehört zu den eng mit weiblicher Energie assoziierten Werkzeugen. Er ist verbunden mit dem Herd und dem Zuhause und symbolisiert die Gebärmutter und Mutter Erde.

Er dient als Kochutensil und wird daher als etwas betrachtet, das liebevolle Zuwendung und Nahrung liefert. Schöpfung, Fülle und Fruchtbarkeit sind mit der Nahrung verbunden, die aus dem Kessel kommt. In der Symbolik und bei den Ritualen des modernen Hexenwesens dient der Kessel als ein Gefäß, das in sich bewahrt, was heilig ist, das die Elemente von Feuer, Wasser, Luft (Räucherwerk) und Erde in sich birgt. Wahrsagerinnen und Prophetinnen blicken in den Kessel, um Visionen der Zukunft zu empfangen, und Mixturen und Tränke werden darin gebraut.

Wenn Sie nach einem Kessel Ausschau halten, dann sehen Sie sich auf Flohmärkten und in Antiquitätenläden nach einem günstigen Angebot um. Auch manche Esoterikläden führen Kessel im Sortiment. Ihr Kessel wird Sie zur richtigen Zeit finden.

Zum Weihen Ihres Kessels bringen Sie ihn bei Vollmond um Mitternacht ins Freie. Da der Kessel mit der Erde assoziiert ist, sammeln Sie ein wenig Erde und segnen sie, indem Sie sie dem Mondlicht entgegen halten und dabei sprechen: »Ich segne und weihe hier und jetzt diese Erde mit dem Licht des Mondes.« Lassen Sie für einen Moment die Energie des Mondlichts in die Erde strömen, streuen Sie die gesegnete Erde dann sanft in Ihren Kessel und sprechen dabei: »Ich segne und weihe diesen Kessel und widme ihn dem Licht und der Liebe der Göttin und des Gottes. Mit dieser Segnung soll alles Werk in diesem Kessel aus dem Schoß der Göttin geboren werden, zum Wohle aller und niemand zum Schaden.« Lassen Sie sich dabei innerlich still werden und beenden Sie das Weihen und Versiegeln, wie zu Anfang des Kapitels beschrieben.

Kelch

Wie der Kessel ist auch der Becher oder Kelch ein Symbol weiblicher Energie und der Göttin geweiht. Er steht für Offenheit und Empfänglichkeit, ist ein Gefäß für das, was heilig ist, und symbolisiert alles, was auch der Kessel repräsentiert. Das bedeutet aber nicht, dass Kelch und Kessel austauschbar wären. Der Kelch dient als Opferbehältnis, als ein Gefäß gemeinschaftlichen Feierns, wenn während des Rituals Kuchen und Wein verteilt und gemeinsam verzehrt werden, sowie auch als Behälter für das Athame (Ritualmesser) beim Großen Ritus. Der Große Ritus ist ein bedeutsamer Moment im Ritual, wenn der Gott (das Männliche) und die Göttin (das Weibliche) durch das symbolische Eintauchen des Athame in den Kelch vereint werden.

Kelche gibt es in allen Formen und Größen, vom verzierten, edelsteingeschmückten Pokal bis hin zum simplen Weinglas. Manch ein Kelch ist einfach ein Wasserglas aus der Küche, das vor dem Ritual gesegnet wurde, aber es empfiehlt sich, ein spezielles, nur für den rituellen Gebrauch bestimmtes Gefäß auszusuchen. Wenn nicht einfach ein Glas aus der Küche genommen wird, sondern ein für rituelle Zwecke bestimmter Kelch, baut sich durch den wiederholten Gebrauch eine ständig wachsende Energie auf, die in diesem Kelch verbleibt. Doch manche Hexen betrachten ihre Kunst auch als völlig normalen Bestandteil ihres Alltagslebens und gehen daher mit rituellen und magischen Werkzeugen ebenso normal um wie beispielsweise mit dem Abendessen oder irgendwelchen anderen Aspekten ihres Lebens.

Um Ihren Kelch zu weihen, nehmen Sie ihn in der Abenddämmerung mit ans Meer oder zu einem See, Teich oder Fluss. Tauchen Sie die Hand ins Wasser, berühren Sie dann Ihre Stirn und sprechen Sie dabei: »Geliebte Göttin, die du über die tiefen blauen Wasser unserer Erde herrschst, reinige meinen sechsten Sinn, damit ich deine Gabe, die Weisheit des Kelches, erkennen und verstehen kann.« Tauchen Sie danach die Hand wieder ins Wasser, berühren Sie den Kelch und sprechen Sie dabei: »Hiermit segne und weihe ich diesen Kelch, damit alle, die aus ihm trinken, die Weisheit der Göttin empfangen und verstehen.« Beenden Sie das Weihen und Versiegeln, wie am Anfang dieses Kapitels beschrieben. Nehmen Sie dann den Kelch, tauchen ihn ins Wasser, halten ihn der untergehenden Sonne entgegen und sprechen dabei: »Siehe, o Herr der Sonne, die Schönheit der Göttin erfüllt diesen Kelch.« Gießen Sie das Wasser auf die Erde und sprechen Sie dabei: »Und ihre Schönheit kehrt zu der von der Sonne geküssten Erde zurück.« Halten Sie den Kelch an Ihr Herz und sprechen Sie dabei: »Wie der Kreislauf von der Fülle hin zur Leere die Leiden und Freuden des Lebens darstellt, so bin ich offen für die Weisheit der Göttin und des Gottes, die mir in diesem meinem geheiligten Kelch gezeigt werde. So sei es.«

Athame

Das Athame ist ein zweischneidiges Messer, Schwert oder Dolch, gewöhnlich schwarz und mit stumpfer Klinge, das speziell für zeremonielle und rituelle Zwecke benutzt wird. Es wird nicht zum Opfern verwendet – Opfer spielen im Wicca-Kult, in der Magie oder Hexenkunst keine Rolle! Athames können sehr kunstvolle oder auch ganz schlichte und einfache Klingen sein. Manch reich verzierte Athames sind aus Gold oder Silber geschmiedet und mit kostbaren Edelsteinen besetzt. Das Material, aus dem sie bestehen, beeinflusst ihren Charakter und ihre energetische Leitfähigkeit; doch ist der Besitz eines reich verzierten Athames ganz gewiss keine Notwendigkeit. Gewöhnlichere Athames können sehr schlichte Klingen haben und sich unauffällig in die

Küche einfügen, wenn Sie nicht möchten, dass ihre magische Arbeit publik wird.

Das Athame wird für den männlichen Aspekt der Kraft benutzt und stellt eine Erweiterung Ihrer persönlichen Energie und Kraft dar. Und so wie Ihre Muskelstärke und Ihre persönliche Energie und Kraft mit der Übung zunehmen, verstärkt sich auch die Energie des Athames umso mehr, je öfter Sie es benutzen. Zwischen Athame und Hexe besteht eine symbiotische Beziehung. Je häufiger Sie gemeinsam agieren, desto stärker werden Sie beide bei der gemeinsamen Arbeit.

Wenn Sie Ihrem Athame einen Namen geben, können Sie die wachsende Beziehung ausgezeichnet erfühlen und erspüren. Die Namensgebung wird das Athame mit Energie aufladen, seinen Charakter genauer definieren und seiner Kraft und Energie eine Form geben. Das vielleicht berühmteste benannte Athame war das mythische Excalibur. Schon allein der Name beschwört Bilder von Wahrhaftigkeit und Redlichkeit herauf, wie sie im Kreis von König Arthurs Tafelrunde erwartet wurden.

Rituell wird das Athame zum Ziehen und Schließen des magischen Kreises benutzt, zur Anrufung von Gott und Göttin, zum Lenken der Energie für magische Zwecke und um die Verbindung von Männlichem und Weiblichem während des Großen Ritus zu symbolisieren. Wenn das Athame in den Kelch gesenkt wird, steht dies für die vollkommene Vereinigung von Männlichem und Weiblichem, was mäßigend und ausgleichend auf die stark maskuline Energie des Athames wirkt.

Ein magischer Kreis wird gezogen, indem man die universelle Energie, die Energie, die alles im Universum erschafft, durch den eigenen Körper fließen lässt. Aus dem Körper fließt die Energie dann in das Athame ein. Schreiten Sie im Uhrzeigersinn mit dem Athame einen Kreis ab, lassen Sie dabei die Energie durch das Athame strömen und stellen Sie sich vor, wie der Kreis entsteht. Sollten Sie den Energiefluss nicht spüren können, dann gibt es eine andere Methode zur Kanalisierung universeller Energie, die Sie ausprobieren können. Visualisieren Sie violettes Licht, das aus dem Universum durch Ihren Scheitel einströmt, bis Ihr Körper ganz von diesem Licht erfüllt ist, und leiten Sie diese Energie durch Ihren Arm und das Athame, wobei Sie visualisieren oder tatsächlich sehen, wie das Licht den Kreis erschafft.

Um am Ende den Kreis aufzulösen, schreiten Sie ihn, das Athame in der Hand, im Uhrzeigersinn ab (manche Hexen ziehen in diesem Fall die Richtung gegen den Uhrzeigersinn vor) und sehen/spüren Sie, wie sich die Energie des Kreises in das Athame zurückzieht, ähnlich wie sich ein Maßband zurückspult. Die Energie des Kreises sammelt sich im Athame und jeder Kreis lädt es stärker auf. Aus diesem Grund ist das Athame gewöhnlich schwarz, da Schwarz eine Farbe ist, die Energie sammelt.

Um Ihr Athame zu weihen, müssen Sie erst den Namen kennen, den Sie ihm geben möchten. Da es dem Element der Luft zugeordnet ist, begeben Sie sich in der Morgendämmerung ins Freie und knien sich in Richtung Osten nieder, der Richtung des Luftelements. Wenn die Sonne aufgeht, heben Sie das Athame hoch und sprechen: »Herr der Sonne, ich danke dir für dieses Athame und nehme es an. Es ist dein Geschenk an mich, damit ich zum Wohle aller wirke.« Senken Sie dann langsam das Athame, stoßen es in die Erde und sprechen: »Gestärkt und gesegnet durch die Energien der Mutter Erde, gebe ich dir hiermit den Namen _____. Mögen dich die Energien unserer Mutter Erde mit der Stärke des Universums erfüllen.« Beenden Sie dann das Weihen und Versiegeln, wie am Anfang dieses Kapitels beschrieben. Lassen Sie das Athame bis zum Mittag in der Erde stecken, damit es die Stärke der Sonne und die Liebe der Erde empfängt. Anschließend können Sie es entfernen und auf Ihren Altar legen.

Bolline

Beim Bolline handelt es sich um ein Messer mit weißem Griff, manchmal mit gerader, manchmal auch mit gebogener Klinge, ähnlich einer kleinen Sichel, das für spezielle Arbeiten benutzt wird. Anders als beim Athame ist die Klinge scharf und kommt bei »profanen« Arbeiten zum Einsatz, zum Beispiel um Kräuter zu schneiden. Manche Hexen benützen ihr Bolline auch als Athame oder schärfen ihr Athame so, dass es auch als Bolline zu benutzen ist. Andere sind dagegen, die verschiedenen Funktionen auf diese Weise miteinander zu verbinden. Doch das bleibt Ihrer Entscheidung überlassen. Respektieren Sie auf jeden Fall alle, die sich anders als Sie entschieden haben.

Wenn Sie ein Bolline gefunden haben, mit dem Sie gerne arbeiten möchten, sollten Sie bei ihrer Weihung und Segnung wie immer Worte sprechen, die bekräftigen, dass Sie dieses Werkzeug stets auf rechte Weise nutzen, niemandem damit Schaden zufügen und es gemäß der Goldenen Regel zum Wohle aller verwenden werden. Wenn Sie das Messer auf diese Weise segnen, werden Sie es bewusster einsetzen und Pflanzen und Bäume werden beim Sammeln oder Schneiden Ihr ernsthaftes und tief empfundenes Bemühen spüren.

Auch das Bolline ist ein Werkzeug des Luftelements. Um es zu weihen, nehmen Sie etwas gesegnetes Räucherwerk und begeben sich in der Morgendämmerung ins Freie. Knien Sie in Richtung Osten nieder. Wenn die Sonne aufgeht, danken Sie dem Räucherwerk für seine Teilnahme an Ihrem Ritual und entzünden es. Führen Sie das Bolline durch den Rauch und sprechen Sie dabei: »Ich segne und weihe dich dem Licht und der Liebe der Göttin und des Gottes. Ich weihe dich zu einem Werkzeug, das zum Wohle aller eingesetzt wird und niemandem Schaden zufügt. So sei es.« Beenden Sie das Weihen und Versiegeln, wie am Anfang dieses Kapitels beschrieben.

Stab

Kessel und Kelch sind weibliche Werkzeuge, Stab und Athame sind männlich. Der Stab ist das ältere Werkzeug von beiden und wird in vielen Traditionen als eine kleinere Version des Zauberstabs angesehen und mit dem Königszepter verglichen. Er dient als ein Instrument der Erweiterung der eigenen Person, durch das Energie und Kraft angezogen und projiziert wird. Da der Stab mit dem Zepter verwandt ist, kann er auch für die Macht und Autorität der Person stehen, die ihn in Händen hält. Er kann aus den verschiedensten Materialien bestehen, wie zum Beispiel Eichen-, Birken- oder Weidenholz, Kupfer, kostbares Metall oder Kristall.

Herkömmlicherweise soll die Länge des Stabs dem Abstand zwischen Ellbogen und Fingerkuppe des Mittelfingers entsprechen, woraus folgt, dass die Stäbe verschiedener Menschen unterschiedlich lang sind. Auf jeden Fall sollte Ihr Stab, ob er nun von einer heiligen Eiche, von Ihrem Lieblingsbaum oder aus einem Laden stammt, ein sehr persönlicher und einmaliger Ausdruck Ihrer Person sein. Vielleicht möchten Sie magische Symbole in ihn einritzen oder Talismane, Steine oder andere Kraftgegenstände an ihm befestigen. Wenn Sie Ihren Stab mit der Hand bearbeiten, um ihm seinen eigenen Stil zu geben, und sich dabei auf die Kräfte konzentrieren, die Sie damit entwickeln wollen, wird das seine Kraft steigern.

Der Stab dient verschiedenen magischen und rituellen Zwecken, die wiederum von Tradition zu Tradition variieren können. Im Allgemeinen wird er eingesetzt, um den Kreis zu eröffnen und zu beschließen, Segen und Energie auf bestimmte Gegenstände zu richten oder um magische Symbole in die Luft, auf die Erde oder auf andere Gegenstände zu zeichnen. Er ist ein männliches Werkzeug und kann genau so wie das Athame benutzt werden. Im Tarot ist der Stab mit dem Element des Feuers verbunden.

Weihen Sie Ihren Stab in einem Ritual am Mittag, der dem Feuerelement geweihten Tageszeit. Wenn Sie bis zu einem Jahreskreisfest warten können, umso besser, denn Sie sollten sich für das Weihen Ihres Stabs einen Krafttag aussuchen. Besorgen Sie sich vor dem Ritual eine goldene Kerze zu Ehren des Gottes und ritzen Sie Worte ein, die zum Stab in Beziehung stehen und für Sie Bedeutung haben (zum Beispiel »Kraft«, »Liebesenergie«, »göttliche Energie« oder »Stärke«). Salben Sie während des Rituals die Kerze, die nun Ihren Stab repräsentiert, entzünden Sie sie und sprechen Sie: »Ich entzünde diese Kerze als Leitstern für den Gott und die Göttin, damit sie um meine Absicht wissen. In Liebe empfange ich diesen Stab als ihr Geschenk an mich und nehme es an.« Nehmen Sie den Stab auf, bewegen Sie ihn ein paar Mal einige Zentimeter über der Flamme hin und her und sprechen Sie dabei: »Da ich mit diesem Stab die Absicht von _____ (sprechen Sie die Worte, die Sie in die Kerze eingeritzt haben) verbinde, lasst das Licht und die Weisheit dieser Worte für immer in diesem Stab erstrahlen. Ich segne diesen Stab und widme ihn dem Licht und der Liebe der Göttin und des Gottes. Ich weihe ihn zu einem Werkzeug, das zum höchsten Wohle aller dienen und niemandem Schaden zufügen soll. So sei es.« Beenden Sie das Weihen und Versiegeln, wie am Anfang dieses Kapitels beschrieben.

Ritualgewänder und Schmuck

Ihr Erscheinungsbild im Alltagsleben zeigt der Welt, wer Sie sind und welche Einstellung Sie zu sich selbst haben. Wenn Sie ein Ritual durchführen, sollte in Ihrem Erscheinungsbild Ihr magisches Selbst zum Ausdruck kommen. Kleidung und Schmuckstücke, die Sie während eines Rituals tragen, symbolisieren Ihr magisches Selbst, das Selbst, das mit dem Gott und der Göttin verbunden ist, das Selbst, das Magie wirkt! Speziell aufgeladene und für rituelle Zwecke bestimmte Kleidungs- und Schmuckstücke helfen Ihnen beim Übergang von der profanen Welt in die Welt der Magie.

Natürlich können Sie sich dafür entscheiden, Rituale in Ihrer Alltagskleidung (vorzugsweise aus Naturfasern) durchzuführen, und es gibt auch Hexenzirkel und einzeln Praktizierende, die ihre Magie nackt wirken, doch auch sie tragen dabei oft besonders aufgeladenen Schmuck! Wenn Sie zur Mitarbeit in einem Hexenzirkel eingeladen werden, fragen Sie nach, wie man es dort mit der Kleidung hält. Nicht dass Sie eine Überraschung erleben, wenn alle anderen im Adamskostüm erscheinen!

Ritualgewänder können jede Farbe haben, doch sollten sie aus Naturfasern sein, damit sie im Einklang mit der Natur stehen. Am bekanntesten ist immer noch das Bild der Hexe im schwarzen Umhang mit großer Kapuze. Auch heute noch ist Schwarz sehr beliebt, weil es Energie anzieht und den schöpferischen Prozess und das Visualisieren fördert, doch werden auch andere Farben für die verschiedensten Zwecke benutzt. Wählen Sie die Farbe, die sich für Sie richtig anfühlt oder im Einklang mit der Energie ist, die Sie in einem bestimmten Ritual anziehen möchten. Hier folgen einige gebräuchliche Farben für Roben und ihre Bedeutung:

Silber: Steht in Verbindung mit der Göttin.

Gold: Steht in Verbindung mit dem Gott.

Grün: Steht in Verbindung mit der Energie der Erde.

Blau: Steht in Verbindung mit der Energie des Wassers.

Gelb: Steht in Verbindung mit der Energie der Luft.

Rot: Steht in Verbindung mit der Energie des Feuers.

Rosa: Steht in Verbindung mit der Energie des Herzens.

Machen Sie Ihre Robe zu Ihrem ganz persönlichen Ritualgewand, das Sie nur für zeremonielle Zwecke verwenden. Sie können die erwähnten oder andere Farben Ihrer Wahl nehmen. Ergründen Sie aber die Bedeutung Ihrer gewählten Farbe. In Kapitel III finden Sie einige der mit den verschiedenen Farben assoziierten Bedeutungen. Allerdings sind die Farben in den verschiedenen Traditionen mit unterschiedlichen Bedeutungen verbunden. Wie immer Ihre Entscheidung ausfällt, seien Sie bei der Anfertigung Ihrer Robe kreativ. Sticken Sie Symbole für die vier Elemente, Ihr Sternzeichen oder andere persönliche astrologische Daten auf, nähen Sie Kräuter für spirituelles Wachstum in den Saum ein und laden Sie bei der Arbeit das Gewand mit Energie auf. Tun Sie, was immer ihm einen magischen Touch verleiht!

Was den Schmuck angeht, so suchen Sie sich Ringe, Ohrringe, Spangen, Fußkettchen, Kopfschmuck und andere Gegenstände aus, die beim Durchführen von Ritualen den von Ihnen erwünschten Bewusstseinszustand unterstützen. Denken Sie daran, dass die linke Körperhälfte Energie anzieht und die rechte Körperhälfte sie aussendet. So erleichtert zum Beispiel ein Amethystring an der linken Hand das Anziehen spiritueller Energien, während ein Hämatitring an der rechten Hand die Fähigkeit verstärkt, liebevolle Energie auszusenden.

Besen

Der Besen ist ein heiliges Werkzeug, das zum Reinigen und Segnen des Ritualbereichs benutzt wird. Er ist mit dem Luftelement verbunden (für manche auch mit dem Wasserelement). Wenn Sie einen Bereich reinigen und segnen wollen, verwenden Sie den Besen als Verlängerung Ihrer selbst, wobei Sie im Uhrzeigersinn von der Mitte des Kreises zum Rand hin fegen, erst über dem Boden und dann über dem Kopf, um sowohl die physische wie auch die spirituelle Ebene zu reinigen. Sie brauchen den Boden nicht wirklich zu fegen, da es hier um ein Reinigen der Energie und nicht um die Befreiung von konkretem Staub geht. Stellen Sie sich vor, dass dabei alle Negativität aus dem Bereich entfernt wird, und sprechen Sie dabei einen kurzen Segen wie zum Beispiel: »Ich weihe diesen Raum und segne ihn mit dem Licht und der Liebe der Göttin«, oder auch einen eigenen Spruch. Sie werden vielleicht feststellen, dass Sie durch das ständige Wiederholen dieses Segensspruches beim Reinigen in einen tranceartigen Zustand geraten. Mit einiger Übung werden Sie spüren, wie die Energie der Göttin durch Sie hindurchfließt und den Kreis reinigt.

Zur Bedeutung des Besens im Hexenwesen gibt es zahlreiche historische Berichte. Zum Beispiel nahmen Frauen ihre Besen – ein Werkzeug der Frauen und ein Symbol für ihre Rolle in der Gesellschaft – und begaben sich damit auf die Felder. Dann nahmen sie den Besenstiel zwischen die Beine und rannten damit über die Felder, um sie zur Fruchtbarkeit anzuregen und eine reiche Ernte herbeizubeschwören. Manche sprangen dabei in die Höhe, um anzuzeigen, wie hoch das Getreide wachsen solle. Es wurde die Theorie aufgestellt, dieser Anblick habe ein von Angst ergriffenes Europa glauben lassen, dass Hexen auf Besenstielen fliegen.

Altargegenstände

Es ist wunderbar, wenn Sie zur Verstärkung der Energie folgende Gegenstände für Ihren Altar haben. Für viele Hexen sind sie unentbehrlich.

Kerzen oder Statuen: Kerzen, die für den Gott und die Göttin stehen, oder Statuen, die den Gott und die Göttin darstellen, unterstützen Sie darin, sich auf das Göttliche einzustimmen. Es gibt sogar Kerzen in Form von Statuen. Manch schöne ägyptische oder altgriechische künstlerische Darstellungen sind bereits relativ preisgünstig zu haben.

Räucherschale: Notwendig zum Verbrennen von Räucherwerk, obschon auch ein Kessel diese Funktion übernehmen kann. Manche Hexen bevorzugen auch einen Weihrauchkessel, den sie sacht, aber eindrucksvoll hin- und herschwingen können.

Öl zum Segnen: Sie können entweder Ihr eigenes Öl herstellen oder es in einem Laden kaufen. Öl zum Segnen benötigen Sie beim Kerzenzauber und auch zum Segnen von fast allem, was sich im magischen Kreis befindet.

Kerzenlöscher: Manche Hexen halten es für eine Kränkung des Feuerelements, wenn man die Flamme einer Kerze ausbläst, und benutzen daher einen Kerzenlöscher. Sie haben die Wahl.

Schälchen oder Muschel: Zum Durchführen eines Rituals benötigen Sie spezielle Schälchen oder Muscheln, jeweils eines für Salz und eines für Wasser.

Glocke: Wird während des Rituals zur Anrufung der vier Himmelsrichtungen, Wächter oder Elemente benutzt sowie um die Vollendung eines gewirkten Zaubers zu signalisieren.

III   Magie und Kerzen

Unter allen magischen Praktiken ist wohl der Kerzenzauber am schönsten. Der Anblick eines Altars, auf dem sich das sanft flimmernde Licht der Kerzen in einer Glocke, einem Kristall, einem Stab oder einem Kessel spiegelt, während Räucherwerk verbrennt und Rauch aufsteigt, ist in der Tat ein nahezu mystisches Erlebnis. Die Welt wird mehr als still und Ihre wache Seele empfindet tiefen Respekt, Wertschätzung und Dankbarkeit für die Schönheit der Magie.

Der Kerzenzauber beinhaltet im Wesentlichen, dass Sie die Essenz eines Individuums in eine Kerze projizieren und dann für diese Person heilerisch wirken oder bestimmte Umstände für sie herbeibeschwören. Dafür sind einige Schritte nötig, doch ist der Kerzenzauber insgesamt eine sehr einfache, schöne und lohnenswerte magische Praxis.

Ablauf eines Kerzenzaubers

Hier folgen die einzelnen Schritte zur Durchführung des Kerzenzaubers, die übrigens für die meisten Formen magischer Praxis gelten:

1. Das Bestimmen der magischen Absicht

Das gilt für jede magische Unternehmung und ist kniffliger, als es klingt. Treffen Sie sorgsam und verantwortungsbewusst eine Wahl, welche Absicht Sie verfolgen und welches Ergebnis Sie erzielen wollen. Denken Sie an die Goldene Regel, die besagt: »Schade niemandem und tu, was du willst.« Vielleicht suchen Sie eine Arbeitsstelle. Möchten Sie nun eine Arbeitsstelle in einem bestimmten Unternehmen, dann vergewissern Sie sich, dass Sie mit Ihrem magischen Wirken nicht den Willen der Person beeinträchtigen, die das Bewerbungsgespräch mit Ihnen führen wird. Magisches Arbeiten sollte Raum für das Wirken der Göttin lassen, doch so ausgeführt werden, dass das gewünschte Ergebnis nicht den Willen eines anderen beeinflusst. Wenn wir zum Beispiel den Fall der Arbeitsstelle in einer bestimmten Firma nehmen, könnten Sie sich bei Ihrem magischen Arbeiten darauf konzentrieren, dass Sie sich beim Bewerbungsgespräch selbstbewusst und intelligent präsentieren. Damit würden Sie jeder Tendenz vorbeugen, Einfluss auf das Auswahlverfahren nehmen zu wollen, und auf niemanden einwirken außer auf sich selbst. Wenn Sie dann die Stelle nicht bekommen, wissen Sie, dass sie nicht für Sie bestimmt war und es nicht daran liegt, dass die Magie »nicht funktioniert« hat.

Setzen Sie Magie vorzugsweise für Ihre eigene Person ein und sorgen Sie dafür, dass Sie dabei nicht in Konflikt mit dem Willen anderer geraten oder diese zu einem Sinneswandel veranlassen wollen. Sollte es bei der magischen Arbeit um eine andere Person gehen, so holen Sie unbedingt deren Erlaubnis ein. Man ist leicht versucht, einer kranken Freundin mit Magie helfen zu wollen, aber so merkwürdig es auch scheinen mag, es ist nicht unsere Sache, den höheren Sinn und Zweck der Krankheit einer Freundin oder eines Freundes zu ergründen. Werden Sie von Freunden gebeten, zur Heilung oder für den Erhalt einer Arbeitsstelle Magie einzusetzen, so können Sie das unbedenklich tun. Erfolgversprechender wäre es jedoch, wenn Sie Ihrem Freund oder Ihrer Freundin zeigen, wie sie selbst für sich magisch arbeiten können, oder wenn Sie sie zumindest am Ritual teilnehmen lassen. Werden Sie aber von jemandem gebeten, für jemand anderen heilerisch tätig zu werden, müssen Sie erst von dieser Person die Erlaubnis dazu einholen. Mit anderen Worten, setzen Sie nie Magie für jemanden ohne dessen Einverständnis ein. Vergewissern Sie sich immer, dass Sie die direkte Einwilligung der Person haben, um die es geht, und dass Sie nicht in den Willen eines anderen Menschen eingreifen.

2. Das Bestimmen des richtigen Zeitpunkts für das Ritual

Eine Abstimmung des magischen Arbeitens mit den Mondphasen trägt sehr zum Erfolg bei. Und noch mehr Erfolg haben Sie, wenn Sie zusätzlich noch im Einklang mit den astrologischen Zyklen arbeiten. Allgemein gilt bei Themen wie zum Beispiel Arbeitsstelle, Wohlstand oder Liebe, die Sie in Ihr Leben ziehen möchten, dass Sie den Kerzenzauber oder jede andere Form magischer Praxis bei zunehmendem Mond durchführen sollten. Möchten Sie aber Dinge verbannen oder loswerden, wollen Sie sich zum Beispiel von einer schlechten Angewohnheit befreien oder eine Beziehung beenden, dann führen Sie den Kerzenzauber oder jede andere Form magischer Praxis bei abnehmendem Mond oder bei Neumond durch. Der Vollmond eignet sich für magisches Arbeiten jeglicher Art.

Grenzen Sie den Bereich möglichst noch stärker ein. Der Mond braucht etwa zwei Tage, um ein Tierkreiszeichen zu durchwandern. Wählen Sie für Ihr Ritual einen Zeitpunkt, in dem sich der Mond in einem günstigen Zeichen befindet. Legen Sie sich einen Mondkalender zu, in dem die astrologischen Aspekte des Mondes aufgeführt sind, und richten Sie sich danach. Der Abschnitt über Astrologie in Kapitel IV kann Ihnen bei der Entscheidung helfen, wann der günstigste Zeitpunkt für ein Ritual zu einem spezifischen Zweck gegeben ist. Dort können Sie zum Beispiel lesen, dass das Zeichen Zwillinge Einfluss auf unsere Fähigkeit hat, Veränderungen zu akzeptieren. Haben Sie also zum Beispiel Schwierigkeiten mit einer neuen Situation, empfiehlt sich die Durchführung eines Rituals, wenn der Mond in den Zwillingen steht. Das wird Ihnen helfen, sich besser an die neuen Umstände anzupassen. Wie bereits erwähnt, ist der Vollmond für jede Form von Magie geeignet, noch wirkungsvoller ist er aber, wenn er sich in einem mit Ihren magischen Absichten korrespondierenden Zeichen befindet.

Bei der Bestimmung des Zeitpunkts brauchen Sie manchmal ein gewisses Maß an Gewitztheit. Zum Beispiel können Sie Ihre magische Absicht auch in ihr Gegenteil verkehren. Nehmen wir an, dass Sie eine Beziehung haben, die der Heilung bedarf. Sie möchten deshalb so bald wie möglich ein Ritual durchführen, müssen aber leider feststellen, dass der nächste günstige Zeitpunkt, zunehmender Mond im Stier, sich erst in drei Monaten ergibt. Zum Glück entdecken Sie aber, dass sich der abnehmende Mond gegenwärtig im Stier befindet. Nun können Sie Ihre Absicht sozusagen umdrehen und sie so formulieren, dass Sie alle Negativität aus der Beziehung verbannen. Mit anderen Worten, Sie können bei zunehmendem Mond einen Zauber wirken, um Liebe in Ihre Beziehung zu bringen, oder bei abnehmendem Mond ein Ritual zur Verbannung aller Negativität aus Ihrer Beziehung durchführen. Dies gilt für alle Arten von Beschwörungen. Geht es um Wohlstand, können Sie bei abnehmendem Mond die Erfahrung von Mangel aus Ihrem Leben verbannen oder bei zunehmendem Mond den Wohlstand anziehen. Solche Klugheit ist Teil der Magie!

3. *Die Wahl der Kerzenfarbe*

Was ist Ihre Lieblingsfarbe? Welche Farbe mögen Sie am wenigsten? Ihre Antworten sind von Bedeutung. Das Wissen um die Bedeutung der Farben ist universell und gilt nicht nur für den Kerzenzauber, sondern für alle Formen von Magie, Meditation und Visualisierung.

Bis vor kurzem wurden weiße Kerzen für den Kerzenzauber verwendet, Farben wurden erst vor ein paar Jahrzehnten eingeführt. Darin spiegelt sich die positive Fähigkeit wieder, aus neuen Informationen zu lernen und sich ihnen anzupassen. Wenn wir die Macht der Farben erkennen, können wir sie kreativ nutzen und in die wirkungsvolle Kunst des Kerzenzaubers integrieren.

Unsere Sprache ist voll von Redewendungen, die auf Farben Bezug nehmen, was zeigt, dass ihre Bedeutung über den bloßen Einfluss des Lichtspektrums hinausreicht, wie zum Beispiel: »grün vor Neid«, »die blaue Stunde«, »auf einer rosa Wolke schweben«. Diese Bezüge zu Farben stehen wiederum in einer speziellen Verbindung zu den Energiezentren in unserem Körper, auch Chakren genannt. Das Wort Chakra kommt aus dem Sanskrit und bedeutet wörtlich übersetzt »Rad« (mehr über Chakren finden Sie in Kapitel IV). Wenn Sie diese alltäglichen Redewendungen zur Magie in Bezug setzen, können Sie die Dimension ihrer Bedeutung ermessen. Zum Beispiel verbindet sich »grün vor Neid« im Allgemeinen mit Herzensangelegenheiten, und Grün ist die Farbe, die man für das Heilen des Herzens oder die Heilung von Neid und Eifersucht verwenden würde. Jede Farbe steht für eine bestimmte Art von Energie. Die wichtigsten Farben sind die sieben Farben des Regenbogens, und nicht zufällig sind dies auch die Farben unserer sieben Hauptchakren oder Energiezentren.

In den verschiedenen Kulturen, wie zum Beispiel bei den Indianern oder im Fernen Osten oder auch beim Arbeiten

41

mit der Kabbala, werden den Farben unterschiedliche Bedeutungen zugeordnet. Die nachfolgenden Bedeutungen stammen aus der europäischen und der auf ihr begründeten amerikanischen magischen Tradition. Sollten sich für Sie andere Bedeutungen mit den jeweiligen Farben verbinden, dann probieren Sie aus, was in diesem Zusammenhang für Sie funktioniert.

Blau: Blau wird zur Verbesserung der Kommunikationsfähigkeiten eingesetzt, zum Ausrichten auf spirituelle Prinzipien, für das Streben nach Weisheit, Ruhe und Frieden sowie zum Durchführen von Schutzritualen. Blau steht auch für das Wasserelement. Daher hilft es beim Durchdringen und Überwinden von Hindernissen. Aber seien Sie vorsichtig, wenn Sie Blau zu diesem Zweck verwenden! Denken Sie an die zerstörerische Kraft eines reißenden Flusses – eine solche Kraft kann auch aus Ihrem Zauber zum Überwinden von Hindernissen resultieren, wenn Sie nicht aufpassen. Da Blau für das Wasserelement steht, wirken die mit den Wasserzeichen (Krebs, Skorpion, Fische) assoziierten Intuitions- und Emotionsenergien besonders gut in Verbindung mit einer blauen Kerze. Blau ist die Farbe des fünften Chakras, das die Kommunikation regiert, und bietet sich daher beim Kerzenzauber besonders an, wenn Sie Ihre Heilenergien auf Hals, Stimmbänder, Atemwege und Lungen richten möchten.

Braun: Braun ist die Farbe unseres fundamentalsten Elements, der Erde. Daher ist die Verwendung einer braunen Kerze erfolgversprechend, wenn es um die Stärkung der Fähigkeiten der Erdzeichen (Stier, Jungfrau, Steinbock) geht. Eine braune Kerze wirkt günstig bei einem Zauber für ein glückliches Zuhause und eignet sich auch hervorragend für Energiearbeit zur Heilung der Erde. Braun ist zudem sehr nützlich, wenn es um Freundschaften, Gefälligkeiten oder die Wirkung auf andere Menschen geht.

Gelb: Benutzen Sie eine gelbe Kerze, um den Gott und die durch die Sonne repräsentierte männliche Kraft zu ehren. Diese Farbe setzen Sie ein, wenn Sie Ihre eigene Kraft und Macht besser verstehen und angemessen nutzen möchten. Beim Kerzenzauber verwendet man außerdem Gelb, wenn es um Gedächtnis, Intelligenz, Logik und Lernen geht. Gelb wird mit dem dritten Chakra assoziiert, das seinen Sitz im Solarplexus hat und die Bauchspeicheldrüse, den Magen, die Leber, die Milz und die Gallenblase regiert.

Gold: Die Energie der Farbe Gold ähnelt der Energie von Gelb. Auch sie repräsentiert den Gott, die Sonne oder die solare Energie, die männliche Energie und die persönliche Macht und Kraft. Doch im Vergleich zum Gelb verbindet sich mit dem Gebrauch von Gold eine höhere Bedeutung. Gold bringt einen Ehrfurcht gebietenden Aspekt des Göttlichen mit sich, und wenn Sie es als Symbol für Gott oder die eigene Macht einsetzen, arbeiten Sie mit dem Gefühl für das Göttliche, das Sie in sich tragen. Die Farbe Gold beim Kerzenzauber oder einer anderen Form von Magie steht außerdem für Reichtum, Sieg, Sicherheit und Glück.

Grün: Grün repräsentiert die Mutter Erde und ihre heilenden Eigenschaften. Beim Kerzenzauber oder jeder anderen Form von Farbmagie kann Grün für Heilung auf körperlicher Ebene verwendet werden, für die Heilung des Herzens und die Öffnung für eine liebevolle Beziehung, für finanziellen Erfolg und Fülle, für Fruchtbarkeit und zum Heilen von Bäumen und Pflanzen. Grün gehört auch zu den bevorzugten Farben, wenn es um die Erdzeichen Stier, Jungfrau und Steinbock geht. Diese Tierkreiszeichen stehen mit den erwähnten Bedürfnissen oder Wünschen in Verbindung. Grün ist die Farbe des vierten Chakras, das seinen Sitz im Bereich des Herzens hat und das Wohlbefinden des Herzens, das Blut, die Thymusdrüse und das Kreislaufsystem regiert.

Indigo: Indigo ist ein tiefes Blauviolett und führt die Kommunikationsfähigkeit einen Schritt weiter in den Bereich der medialen Fähigkeiten, die dem spirituellen Gewahrsein, der Selbsterkenntnis und dem Wissen um Verborgenes entspringen, sowie in den Bereich von Visionsmagie und Weissagung. Indigo ist die Farbe des sechsten Chakras, das die Hypophyse, das Nervensystem, das Kleinhirn, das linke Auge, die Öhren und die Nase regiert. Wenn Sie Indigo beim Kerzenzauber oder einer anderen Form von Magie verwenden, wird das die Heilung der genannten Körperbereiche unterstützen. Falls Sie keine indigofarbene Kerze finden, können Sie auch eine purpurfarbene verwenden.

Kupfer: Denken Sie an all die Farbschattierungen von Kupfer, das Orange (Leidenschaft), Braun (Erde und Ackerkrume) und einen Hauch von Gold (Gott, Reichtum, Sieg) enthält. Damit eignet sich Kupfer beim Kerzenzauber und bei anderen Formen von Magie vorzüglich, wenn es darum geht, Geld anzuziehen, Ziele zu realisieren, am beruflichen Wachstum und Weiterkommen zu arbeiten und Geschäfte florieren zu lassen. Das Meditieren mit einer kupferfarbenen Kerze unterstützt die Klärung von Karriereplänen.

Orange: Die Energie von Orange kann mit jeder anderen Farbe kombiniert werden, wenn schnelle Resultate oder rasches Handeln gefragt sind. Beim Kerzenzauber empfiehlt sich diese Farbe, wenn es um Ehrgeiz oder angestrebte Ziele geht, berufliche Ziele und allgemeiner Erfolg eingeschlossen. Eine orangefarbene Kerze eignet sich auch hervorragend, wenn Sie das perfekte Haus finden möchten, ein Grundstück kaufen oder verkaufen wollen oder irgendwelche Immobiliengeschäfte planen. Kreativität und Schöpfung sowie sexuelle Erweckung sind weitere Bereiche, für die sich die Farbe Orange bestens eignet. Es ist die Farbe des zweiten Chakras, das die Fortpflanzungsorgane und die Einstellung zur Sexualität regiert.

Purpur: Purpur war lange Zeit die Symbolfarbe der Königswürde und signalisierte Führerschaft. Beim Kerzenzauber oder bei anderen Formen von Magie verwendet man sie unter anderem dann, wenn man sich auf hoch gestellte Persönlichkeiten einstimmen möchte. Man kann sie auch benutzen, um auf diese Personen Einfluss auszuüben, aber das widerspricht der Goldenen Regel und ist deshalb nicht empfehlenswert. Purpur wirkt auf das sechste Chakra, das Dritte Auge, und kann daher an Stelle von Indigo eingesetzt werden. Es wird verwendet, wenn Sie mediale Fähigkeiten anstreben, sich mit Ihrem spirituellen Selbst verbinden, Selbstsicherheit entwickeln und verborgenes Wissen entdecken möchten.

Rosa: Eine rosafarbene Kerze wird herkömmlicherweise benutzt, um romantische Liebe anzuziehen. Manche würden sagen, dass Rot dafür die richtige Farbe ist, doch Rot entspricht der Erdenergie, während Weiß die Farbe der spirituellen Energie ist. Rosa, das aus der Verbindung von Rot und Weiß entsteht, zieht daher die Liebe eines Partners oder einer Partnerin fürs Leben an, was Freundschaft, Zuneigung, Unterstützung und Fürsorge einschließt. Rot steht dagegen für die hitzige, leidenschaftliche Liebe, die möglicherweise schnell ausbrennt und erlischt. Rosa ist zudem die richtige Farbe, wenn es um den Frieden auf unserem Planeten geht oder darum, der Erde die Botschaft zu senden, dass sie geliebt wird.

Rot: Rot steht für unsere Verbindung zur Erde, und zwar im Hinblick darauf, wie wir uns selbst auf der physischen Ebene wahrnehmen und wie gut wir geerdet sind. Das umfasst auch unsere Stärke und unseren Mut sowie unseren beruflichen Ehrgeiz. Ursprünglich unterstützte Rot unseren Überlebensinstinkt, doch jetzt steht diese Farbe für unsere Fähigkeit, ein Einkommen zu erzielen und einen so genannten »sicheren« Lebensunterhalt zu verdienen. Rot wird auch für Leidenschaft und sexuelle Begierde eingesetzt. Es ist die Farbe des Wurzel-Chakras und regiert Nebennieren, Nieren und Rückgrat.

Schwarz: Schwarz ist die Abwesenheit von Licht und somit auch von Farbe. Schwarz wird in der Magie zum Zweck des Schutzes eingesetzt. Denken Sie an den Schutzmantel der Nacht. Das dunkle Fell mancher Tiere ist ihr bester Schutz vor den Raubtieren, die ihnen nachstellen. Schwarz wird auch zum Bannen, zur Abwehr von Negativität, für Kreativität, zum Binden und für den Gestaltwandel verwendet. (Gestaltwandlung bedeutet das Annehmen einer Tiergestalt. Bildlich gesprochen versteht man darunter, dass man das Bewusstsein eines Tiers annimmt, um die Dinge aus dessen Perspektive zu sehen.)

Silber: Wie das Metall dient auch die Farbe Silber dazu, die Göttin zu ehren und mit ihrer Energie in Berührung zu kommen. Silberfarbene Kerzen können eingesetzt werden, um telepathische Fähigkeiten, Hellsichtigkeit, Hellhörigkeit und Intuition zu fördern, sowie zur Unterstützung beim Erinnern und Deuten von Träumen und bei der Arbeit mit astralen Energien.

Weiß: Weiß ist reflektiertes Licht, das alle für uns sichtbaren Farbstrahlungen des Spektrums in sich enthält. Diese Farbe ist heilig und wird verwendet, um die eigene spirituelle Natur zu verstehen, den Kontakt mit dem Göttlichen zu fördern, das spirituelle Selbst zu ehren, Frieden zu finden und die weibliche Kraft zu ehren. Weiß kann auch an Stelle jeder anderen Farbe verwendet werden, da es alle Farben in sich enthält. Es ist die Farbe des siebten Chakras, unseres spirituellen Zentrums. Das siebte Chakra regiert die Zirbeldrüse, das Großhirn und das rechte Auge. Verwenden Sie eine weiße Kerze bei magischen Ritualen zur Heilung dieser Körperbereiche.

4. Das Bereitstellen der benötigten Gegenstände

Um die bestmöglichen Resultate zu erzielen, sollten Sie den Kerzenzauber im Rahmen eines Rituals durchführen. In Kapitel V sind die elementaren Gegenstände aufgeführt, die Sie für ein Ritual brauchen. Neben den dort erwähnten Dingen benötigen Sie die entsprechende Kerze, Öl zum Segnen der Kerze, einen Stichel oder ein anderes Instrument, um etwas in die Kerze einritzen zu können, und Zündhölzer oder ein Feuerzeug. Was den Stichel betrifft, so kann es sich dabei um einen simplen Schaschlikspieß aus der Küche handeln oder auch um ein von Ihnen speziell für den Kerzenzauber angefertigtes und geweihtes, kunstvolles Instrument mit einer Kristallspitze. Andere Gegenstände, die Sie vielleicht verwenden möchten, sind Fotos, Spiegel, Dinge, die der Person gehören, für die Sie den Zauber wirken, oder Steine und Kristalle. Fotos helfen Ihnen beim Visualisieren der betreffenden Person. Spiegel helfen beim Bannen, denn sie lenken negative Energien ab. Ein Gegenstand, der einer bestimmten Person gehört, hilft Ihnen beim Konzentrieren auf deren

Essenz. Steine und Kristalle verstärken die auf die Kerze gerichtete Energie.

Verwenden Sie zum Segnen Ihrer Kerze ein spezielles Öl für den jeweiligen magischen Zweck. Sie können es entweder selbst herstellen oder in einem einschlägigen Laden kaufen, was glücklicherweise zunehmend einfacher wird. Es gibt teilweise bereits Öle für ganz bestimmte Zwecke wie Liebe, Wohlstand oder Schutz. Weniger spezifisch sind jene Öle, die mit dem Tierkreiszeichen assoziiert sind, unter dessen Ägide Sie Ihr Ritual durchführen. Für einen Liebeszauber beispielsweise segnen Sie die Kerze mit einem für das Zeichen Stier bestimmten Öl, was zwar weniger wirksam ist als ein spezielles Liebeszauberöl, aber immerhin effektiver als eines allgemein zum Segnen. Natürlich können Sie auch einfach ein allgemeines Segensöl benutzen, es wirkt aber nicht so spezifisch. Machen Sie sich klar, dass die Resultate Ihrer magischen Arbeit umso besser ausfallen, je präziser Sie sind.

5. Das rituelle Bad

Ein rituelles Bad hat den Zweck, sich zu reinigen und auf das Göttliche einzustimmen, sich des eigenen höheren Selbst bewusst zu werden und mit der eigenen magischen Energie in Kontakt zu kommen. Das rituelle Bad bestimmt den Ton für das Ritual und die Magie, die dabei gewirkt werden soll. Mehr zu diesem Thema finden Sie in Kapitel V. Wichtig ist, dass dies der Moment für Maßnahmen der Reinigung ist, die bei der Konzentration auf die anstehende Arbeit helfen. Wenn Sie nicht genug Zeit haben, können Sie sich auch mithilfe von Räucherwerk segnen (siehe Kapitel V und VI).

6. Das Vorbereiten der Kerze

Die Kerze muss die Essenz der Person enthalten, für die Sie den Kerzenzauber wirken (Ihre eigene Essenz, falls es um Sie selbst geht). Dazu gibt es verschiedene Möglichkeiten. Konzentrieren Sie sich bei der Arbeit mit der Kerze entweder auf den Zweck Ihres magischen Rituals oder bleiben Sie für die Dauer Ihrer Arbeit in einem meditativen oder reflexiven Zustand. Wichtig ist, dass Sie beim magischen Arbeiten die Person, um die es geht, und die erwünschten Resultate im Kopf haben und dass Ihre Magie dem Wohl aller dient und niemandem schadet. Ritzen Sie mit einem Stichel oder einem anderen geeigneten Instrument den Namen der betreffenden Person in die Kerze ein und visualisieren Sie diese dabei. Ritzen Sie anschließend andere Dinge ein, die für diese Person stehen, zum Beispiel das Symbol ihres Sternzeichens, sowie Begriffe und Symbole, die den Zweck des Rituals bezeichnen, wie zum Beispiel das Wort »Liebe« oder ein Herz bei einem Liebeszauber, die Worte »Wohlstand«, »Geld« oder das Eurozeichen für einen Reichtumszauber. Sie können so spezifisch sein, wie es der Platz auf der Kerze erlaubt.

Anschließend wird die Kerze gesegnet. Dazu nehmen Sie das für diesen Zweck bestimmte Öl und bestreichen die Kerze damit dünn von unten nach oben. Eine andere Technik ist, die Kerze jeweils von der Mitte aus bis zum Docht und dann bis zum Fuß zu bestreichen. Es gibt auch die Möglichkeit, Energie anzuziehen, indem man das Öl in Richtung auf den Docht hin streicht, und Negativität zu verbannen, indem man vom Docht weg streicht. Suchen Sie sich die Methode aus, die für Sie am besten funktioniert. Das Wichtigste sind aber Ihre Absicht und die reinigende und segnende Energie, die Sie dabei auf die Kerze übertragen.

Überlegen Sie sich Worte, die Sie bei diesem Vorgang des Segnens sprechen möchten, wie zum Beispiel: »Ich segne diese

Kerze mit dem vollkommenen Licht und der vollkommenen Liebe der Göttin und des Gottes. So sei es.«

7. Das Formulieren des magischen Spruches

Sie benötigen eine Aussage, die für Sie Bedeutung und Kraft hat, um mit ihrer Hilfe die Energie des Kerzenzaubers freizusetzen. Dieser magische Spruch kann vor oder nach dem Segnen der Kerze niedergeschrieben werden, sollte aber in jedem Fall vor dem Beginn des Rituals feststehen. Er beinhaltet eine affirmative magische Aussage und kann aus einem einzigen einfachen Wort wie zum Beispiel »Frieden« oder auch aus einer blumigen Beschwörung nach dem Vorbild altehrwürdiger poetischer Klassiker bestehen.

Es gibt gewisse Richtlinien für die Formulierung affirmativer magischer Aussagen. Auch wenn Ihre Absicht und Ihr Wille die wesentlichsten Zutaten sind, so tragen doch auch Ihre Worte Bedeutung und Kraft in sich und sind ein äußerst wichtiger Beitrag zur anstehenden Arbeit. Formulieren Sie die Aussage daher sehr sorgfältig. Wählen Sie ein Wort oder einen Satz, der besagt, dass die Magie bereits wirksam ist. Nehmen wir zum Beispiel an, Sie führen ein Ritual für Ihre Freundin Judith durch, die Sie um Hilfe gebeten hat, weil sie gegenwärtig unter starken Ängsten leidet. Ihr Sohn nimmt Drogen und sie merkt, dass ihre Sorgen und Ängste als Mutter für die Situation nicht gerade hilfreich sind. Deshalb hat Judith Sie um magischen Beistand gebeten. Wenn Sie sich nun eine Affirmation überlegen, sollte diese Judiths Namen und den positiven Aspekt enthalten, den Sie herbeiführen möchten. Statt zu sagen: »Judith ist angstfrei«, sollten Sie also besser formulieren: »Judith ist jetzt ruhig und von Frieden umgeben.« Etwas anderes ist es, wenn Sie das Ritual bei abnehmendem Mond durchführen. In diesem Fall formulieren

Sie zum Beispiel: »Ich verbanne hier und jetzt jegliche Gedanken, die Judith an der Erfahrung von Frieden hindern.«

Die besten Resultate erzielen Sie, wenn Sie so spezifisch wie möglich, aber auch so einfach wie möglich formulieren. Je einfacher die Sätze, desto nachhaltiger wird Ihr Unterbewusstsein in Form von Bildern angesprochen.

Diese Regel gilt auch, wenn Sie sich für eine längere poetische Beschwörung entscheiden. Führen Sie sich die Bedeutung ganz klar vor Augen, um sicherzugehen, dass Sie nicht irgendwelche bizarren Resultate projizieren. Eine blumige Sprache kann Bilder erschaffen, die sich dann ganz buchstäblich in die Realität umsetzen. Sagen wir zum Beispiel, Ihre Freundin Anne möchte, dass Sie für sie einen Liebeszauber wirken, damit sie einen Partner findet. Sie schreiben eine Beschwörung, die sich in etwa so anhört: »Wie eine liebliche Taube wird Anne umgurrt von einer großen Männerschar; ein jeder will sie zärtlich umsorgen, mit ihr vereint als glückliches Paar.« Wahrscheinlich möchte Anne sich ihren Partner nicht aus einer gurrenden Männerschar herauspicken müssen! Eine präzisere Formulierung wäre hier geeigneter.

8. *Die Durchführung des Rituals*

Führen Sie die Ritualschritte durch, die in Kapitel V skizziert sind. Kurz zusammengefasst, schaffen Sie nun den heiligen Raum für das Ritual, bauen Energie für den Kreis auf, versiegeln den Kreis, um einen geschützten und mit Energie aufgeladenen Raum zu schaffen, und rufen die vier Himmelsrichtungen sowie die Göttin und den Gott an. Nun ist der Zeitpunkt gekommen, an dem Sie bereit sind, die Magie zu wirken und die Schlussphase des Kerzenzaubers durchzuführen, in der Sie die Kerze aufladen und die Energie freisetzen.

9. Das Aufladen der Kerze

Bevor Sie die Kerze mit magischer Energie aufladen und die Energie dann freisetzen können, müssen Sie lernen, wie man 1. die Essenz der Person, für die Sie den Zauber wirken, und 2. die gewünschte Wirkung oder das angestrebte Resultat auf die Kerze überträgt. Dieser Vorgang macht es möglich, dass die Kerze eine Person wirklich repräsentiert und die festgesetzte magische Absicht an sie bindet. Er ermöglicht die Verbindung und Verschmelzung zweier Essenzen, die Essenz einer Person und die Essenz der magischen Absicht, und das vielleicht zum allerersten Mal. Hat ein Mensch zum Beispiel noch nie wirklich die Erfahrung von Wohlstand gemacht, findet sich in seiner Essenz keine Wohlstandsabsicht. Doch durch die Übertragung der Essenz der Person und der Essenz der Absicht auf die Kerze kann beides miteinander verschmelzen.

Bevor Sie die Essenz einer Person auf die Kerze übertragen können, müssen Sie die Persönlichkeit eines Menschen erspüren. Das ist viel einfacher, als Sie vielleicht denken, und etwas, das die meisten Menschen ganz automatisch tun. Sie haben diese Technik nur noch nicht benannt. Stellen Sie sich vor, was Sie fühlen, wenn eine liebe Freundin den Raum betritt. Sowohl physisch wie auch emotional passiert etwas mit Ihnen. Vergleichen Sie diese körperliche Reaktion und das Gefühl mit dem, was Sie empfinden, wenn Sie ein Familienmitglied begrüßen, oder einen Mitarbeiter oder eine Klassenkameradin oder auch eine Ihnen fremde Person im Supermarkt. Ihre jeweils unterschiedlichen Empfindungen rühren daher, dass der betreffende Mensch seine Einzigartigkeit oder Essenz als Begrüßung auf Sie projiziert.

Wenn Sie nun diese einzigartige Energie auf die Kerze übertragen wollen, müssen Sie sich die Details der betreffenden Person so deutlich wie möglich vergegenwärtigen. Wenn Sie zum Beispiel auf die noch nicht angezündete Kerze blicken, erspüren Sie so viel wie möglich über die Person, für die Sie den Zauber wirken. Sehen Sie ihre Gesichtszüge vor sich, die Farbe ihrer Augen und ihres Haars, vielleicht auch ihr Lächeln. Sehen Sie ihre Sommersprossen oder das Leuchten ihrer Haut, sehen Sie die gesamte Person so lebendig wie möglich vor sich. Wenn Sie diesem Bild auch noch den Duft ihres Parfüms hinzufügen können, umso besser. Fühlen Sie die Essenz dieser Person, so als würde sie ins Zimmer treten. Wenn Sie in Ihrer Meditation die Essenz der betreffenden Person erspürt und erfühlt haben, lassen Sie sie durch Ihren Körper in Ihre Hand wandern und in die Kerze eingehen.

Erspüren Sie als Nächstes die Energie, die diese Person in sich wahrnehmen wird, wenn die Magie wirksam wird. Wenn wir Judith als Beispiel nehmen, die Frau, die Frieden in ihrem Dasein braucht, erspüren Sie erst ihre Persönlichkeit und Essenz, und fühlen dann den Frieden, den sie empfände, wenn sie sich dazu entscheiden würde, nicht so negativ auf das Verhalten ihres Sohnes zu reagieren. Stellen Sie diesen Frieden in sich selbst her, übertragen Sie dann diese Empfindung, dieses Gefühl von Frieden auf die Kerze, lassen Sie es durch sich hindurchfließen und in die Kerze eingehen. Fühlen Sie körperlich, wie es aus Ihrer Hand in die Kerze einströmt.

Nun haben Sie die Kerze mit der Essenz der Person und mit der Essenz Ihres Wunsches aufgeladen. Das ist so ähnlich, als überreichten Sie ein Geschenk. In Judiths Fall machen Sie ihr das Geschenk des Friedens, indem Sie die Kerze mit der Energie von Frieden und ihrer Essenz aufgeladen und beides miteinander verschmolzen haben. Jetzt sind Sie bereit, diese Energie durch eine von Ihnen gewählte Methode zu verstärken und dann freizusetzen.

10. Das Freisetzen der Energie

Nachdem Sie die aufgeführten Schritte vollzogen, sich selbst, die Kerze und den magischen Raum vorbereitet und dann das Ritual bis zu diesem Punkt durchgeführt haben, sind Sie bereit, die Energie für den Kerzenzauber aufzubauen und dann freizusetzen. Dafür gibt es mehrere Methoden, die sich bei jeder Form von Magie anwenden lassen. Dazu zählen Meditieren, Trommeln oder sonstige Musik, Chanten (ein Rezitieren im Singsang, auch Psalmodieren genannt), Gesten, Tanzen oder jedwede Kombination daraus. Finden Sie heraus, welche Methode Ihrer Persönlichkeit und Ihren Talenten am besten entspricht.

Wenn Sie die Energie durch Meditieren freisetzen wollen, halten Sie die unangezündete, aufgeladene Kerze in der Hand. Zentrieren Sie sich, gehen Sie tiefer in sich hinein, begeben Sie sich in den meditativen Bewusstseinszustand. Visualisieren Sie wiederum die Person, für die Sie den Zauber wirken (oder sich selbst, falls der Zauber für Sie ist), und sehen Sie dann das erwünschte Resultat vor sich. Visualisieren Sie das Endergebnis Ihres magischen Wirkens. Besteht der Zweck des Zaubers darin, jemandem zu helfen, eine Arbeitsstelle zu bekommen, dann sehen Sie vor sich, wie diese Person glücklich die von ihr angestrebte Arbeit tut. Geht es darum, dass jemand Heilung erfährt, sehen Sie diese Person ganz gesund vor sich. Sie brauchen nicht die Arbeitssuche oder den besten Arzt oder die beste therapeutische Behandlung zu visualisieren. Überlassen Sie die Einzelheiten dem Göttlichen.

Wenn dieser Aspekt Ihrer Visualisierung beendet ist, stecken Sie die Kerze in den Kerzenhalter. Zünden Sie sie an, segnen Sie sie dabei und sprechen Sie das magische Wort, den Satz oder die Beschwörung, die Sie vor dem Ritual niedergeschrieben haben. Im Falle Judiths sprechen Sie: »Mit meinem

Willen und mit der Macht der Göttin und des Gottes und der Alten segne ich dich, Judith, und gebe dir Frieden. So sei es.« Begeben Sie sich, während Sie in die Kerzenflamme blicken, in einen noch tieferen Meditationszustand. Halten Sie, weiterhin in die Flamme schauend, die Vision von Judith im Frieden so lange wie möglich aufrecht. Fühlen Sie, wie die Energie sich dabei immer weiter aufbaut. Wenn Sie spüren, dass Sie ausreichend Energie geschickt haben – und Sie können sich dabei auf Ihre Intuition verlassen –, können Sie abschließen, indem Sie zum Beispiel sagen: »Dieser Zauber wirke zum Wohle aller und niemandem zum Schaden. So sei es.«

Das Ausführen von Gesten ist eine andere Form von Magie, die sehr komplex oder auch ganz einfach sein kann. Für den Zweck des Kerzenzaubers kombinieren Sie Ihren meditativen Zustand mit einer Geste Ihrer Wahl. Eine Möglichkeit ist, ein Pentagramm in die Luft zu zeichnen und dann zu visualisieren, wie das Pentagramm in einen Gegenstand, in diesem Fall die Kerze, eingeht und ihn so mit seiner Kraft und Magie stärkt. Sprechen Sie, während Sie in die Kerzenflamme blicken, Ihr magisches Wort oder Ihren magischen Spruch, zeichnen Sie mit der Hand oder Ihrem Stab ein Pentagramm in die Luft und senden Sie das Bild des mit dem Zauber versehenen Pentagramms in die Kerze. Um den Vorgang abzuschließen, sprechen Sie einfach: »Dieser Zauber diene dem Wohle aller und schade niemandem. So sei es.« Gut ist es auch, während des Ausführens der Geste und der Übertragung der magischen Absicht auf die Kerze zur Unterstützung den Atem einzusetzen. Sammeln Sie dazu einfach reine weiße Energie auf der Höhe des dritten Chakras. Stellen Sie sich vor, wie diese sich vor Ihrem Körper zu einer Lichtkugel zusammenballt und immer mehr an Kraft gewinnt. Ergreifen Sie dann diese Energiekugel und schieben Sie sie beim Ausatmen in die Kerze. Das können Sie mehrere Male wiederholen und dabei spüren, wie die Kerze mit jedem Mal an Kraft gewinnt. Schließen Sie den Vorgang auch hier mit der Bekräftigung ab, dass dieser Zauber dem Wohle aller dienen und niemandem schaden möge.

Chanten ist eine weitere hervorragende Methode, um Energie für magische Zwecke aufzubauen. Sie ist dem Gebet verwandt und hat eine reiche, bis zu den Lagerfeuern vieler alter Kulturen zurückreichende Tradition. Wenn Sie die Kerze mit der Essenz der Person, für die Sie den Zauber wirken, und mit Ihrer magischen Absicht aufgeladen haben, stecken Sie sie in den Kerzenhalter und zünden sie an. Es gibt verschiedene Möglichkeiten des Chantens, und Sie können natürlich auch Ihre eigene Form erfinden. Sie können zum Beispiel den magischen Spruch, den Sie beim Anzünden der Kerze gesprochen haben, nun chanten, also in einem rezitativen Singsang fortwährend wiederholen. Sie können aber auch, nachdem Sie den vorbereiteten magischen Spruch beim Anzünden der Kerze gesprochen haben, jetzt mit einem neuen Chant fortfahren. Beginnen Sie in jedem Fall langsam und leise, fast mit einem Wispern, und blicken Sie dabei in die Kerzenflamme. Steigern Sie dann das Tempo und die Lautstärke Ihres Sprechgesangs, bis Sie fühlen, dass Sie die Energie, die Sie aufgebaut haben, freisetzen müssen. Wenn Sie die durch das Chanten aufgebaute Energie richtig freisetzen, werden Sie danach eine betäubende Stille wahrnehmen. Spüren Sie den richtigen Zeitpunkt, um dann mit einer Aussage abzuschließen wie: »Zum Wohle aller und niemandem zu Schaden. So sei es.« Sie können auch durchaus nur ein Wort als Mantra sprechen, während Sie in die Kerzenflamme blicken. Beginnen Sie langsam, steigern Sie dann das Tempo und fühlen Sie, wie sich die Energie immer stärker aufbaut. Wie auch bei den anderen Methoden werden Sie eine »merkliche Stille« wahrnehmen, wenn die magische Energie freigesetzt wird, und Sie werden den richtigen Zeitpunkt zum Beenden Ihres Zaubers intuitiv spüren.

Auch durch Trommeln und Musizieren lässt sich außerordentlich viel Energie für den Kerzenzauber oder andere Formen von Magie aufbauen. Das Trommeln ist eine elementare Sprache, die wir in unserem Körper, in unserem Herzschlag finden. Entzünden Sie die Kerze und sprechen Sie dabei Ihren vorbereiteten magischen Spruch, Ihr Mantra oder Ihre Beschwörung. Fangen Sie an zu trommeln, während Sie die Ergebnisse Ihres magischen Wirkens visualisieren. Falls Sie ein starkes musikalisches Empfinden haben, sollten Sie unbedingt das Musikinstrument Ihrer Wahl benutzen. Steigern Sie auch hier, wie beim Chanten, das Trommeln und Musizieren, bis es einen Gipfelpunkt erreicht hat und der Moment der Freisetzung der magischen Energie gekommen ist. Sie werden danach diese »merkliche Stille« wahrnehmen und spüren, wann es Zeit ist, Ihren Zauber wie oben beschrieben abzuschließen.

Eine weitere Methode zum Aufbauen und Freisetzen von Energie und Kraft ist das Tanzen, das man als ein Chanten des Körpers betrachten könnte. Setzen Sie die Kerze, nachdem Sie sie aufgeladen haben, in den Kerzenhalter und zünden Sie sie an, sprechen Sie dabei Ihren magischen Spruch oder Ihre Beschwörung. Blicken Sie in die Kerzenflamme und beginnen Sie sich so zu bewegen, wie Sie es sich vorher überlegt haben. Wenn Sie sich in einem magischen Kreis bewegen, dann im Uhrzeigersinn. Ihr Tanzen wird allmählich seine eigene Gestalt annehmen und möglicherweise nichts mehr mit Ihrer ursprünglich erdachten Choreographie zu tun haben. Folgen Sie dieser Bewegung, lassen Sie sich von ihr tragen. Wie auch schon bei den anderen besprochenen Methoden werden Sie spüren, wann Sie aufhören sollten. An diesem Punkt werden Sie wahrnehmen, wie die Kraft und magische

Energie nach außen drängt und freigesetzt wird, und Sie werden auch intuitiv wissen, wann es gut ist, den Zauber abzuschließen mit einer Aussage wie: »Dieser Zauber diene dem Wohle aller und schade niemandem. Wie oben, so unten.«

Sie können das Meditieren, die Gesten, das Trommeln und Musizieren, das Chanten oder Tanzen auch auf jede beliebige Art kombinieren. Sie können zum Beispiel die »Energiekugel-Geste« mit einem Mantra verbinden und die Energie der Kugel mithilfe des Chantens steigern. Sie können auch Trommeln mit Tanzen verbinden, um den Rhythmus zu halten, die Energie zu steigern und in einen noch ekstatischeren Zustand zu gelangen. Es mag Sie vielleicht erstaunen, was da im Verlauf des Rituals in Ihnen aufsteigt. Denken Sie daran, dass Sie die Göttin und den Gott gebeten haben, Ihnen bei Ihrer Arbeit beizustehen. Wenn Ihnen etwas Neues, Ungeplantes in den Sinn kommt, gehen Sie dem nach. Es könnte durchaus sein, dass Ihnen das Göttliche damit den Weg zum erfolgreichen Wirken Ihrer Magie weist.

11. *Der Abschluss des Rituals*

Schließen Sie das Ritual ab, wie in Kapitel V beschrieben. Und ganz zum Schluss? Löschen Sie die Kerze nicht. Lassen Sie sie brennen und von alleine verlöschen. Wenn Sie Ihren Altar wegräumen müssen oder nicht bis zum Schluss auf die brennende Kerze aufpassen können, stellen Sie diese in einen Kamin, in die Badewanne, die Spüle oder irgendwohin, wo sie mit absoluter Sicherheit gefahrlos niederbrennen kann. Wenn Sie die Kerze bis zum Ende brennen lassen, wird sie dabei weiter die Energie Ihrer Magie freisetzen.

Einfacher Kerzenzauber

Für einen ganz einfachen Kerzenzauber braucht es kein ausgeklügeltes Ritual. Er kann zu einem Bestandteil Ihres Alltagslebens werden. Sie können ihn anwenden, wenn Sie die Atmosphäre in Ihrem Heim verändern, wenn Sie einem Freund oder einer Freundin besänftigende und beruhigende Energie senden, wenn Sie sich kurzfristig zu etwas motivieren oder auch nur ein bisschen positive Energie in die Welt schicken wollen. Der Zauber kann alle möglichen mit guten Absichten verbundenen Aktionen beinhalten, die Sie gerne durchführen wollen. Und da er auf Ergebnisse allgemeinerer Art abzielt, bedarf er weitaus weniger eines formellen Rituals.

Sagen wir, Sie möchten durch einen einfachen Kerzenzauber ganz allgemein die Atmosphäre bei sich zu Hause verändern. Das kann beinhalten, dass Sie nach einer beigelegten Auseinandersetzung die negative Energie verbannen oder die Energien reinigen wollen, dass Sie nach der Arbeit eine entspannte oder romantische Atmosphäre oder ein heilendes Umfeld für ein entspannendes Bad schaffen oder auch eine ruhige und stille Zeit vorbereiten möchten, die Sie gemeinsam mit Ihren Kindern verbringen, bevor sie zu Bett gehen. Wenn Sie nun beispielsweise nach einer Auseinandersetzung die negative Energie vertreiben möchten – und es ist wichtig, dass Sie spüren, dass diese Energie wie Zigarettenrauch in den Räumen hängen bleibt –, salben und segnen Sie ganz einfach eine Kerze, laden sie mit der Energie von Frieden auf und zünden sie an. Schauen Sie ins Kerzenlicht und visualisieren Sie, wie sich das Licht der Flamme rasch durch Ihr ganzes Haus bewegt. Visualisieren Sie unbedingt, wie sich das Licht durch Ihr Haus oder Ihre Wohnung bewegt, und nicht die Flamme! Sehen Sie, wie es in jede Nische dringt, jede Person in Ihrem Heim erreicht und dabei die Energie verändert. Lassen Sie die Kerze kurze Zeit brennen. Das war dann schon alles.

Mit dieser einfachen Methode lässt sich jede gewünschte atmosphärische Veränderung in Ihrem Heim herbeiführen. Hätten Sie gerne eine romantische Atmosphäre, lassen Sie romantische Gefühle in sich aufsteigen, übertragen deren Essenz auf die Kerze und zünden sie an. Geht es um eine stille Zeit mit Ihren Kindern, bevor sie ins Bett gehen, übertragen Sie auf die Kerze das Gefühl von Zufriedenheit, das Ihre Kinder empfinden, wenn sie malen oder einer anderen ruhigen Beschäftigung nachgehen.

Streben Sie eine nachhaltigere Veränderung in Ihrem Heim an, möchten Sie sich zum Beispiel dort dauerhaft glücklich fühlen, dann kreieren Sie ein speziell für diesen Zweck bestimmtes Kerzenarrangement. Besorgen Sie sich eine große rosafarbene Standkerze, bestreichen sie mit Öl und segnen sie. Flechten oder binden Sie einen Kranz, den Sie um den Fuß der Kerze legen, nehmen Sie dazu Kräuter oder Pflanzen, die der Jahreszeit entsprechen und die Essenz von Glück zum Ausdruck bringen, zum Beispiel Apfelblüten im Frühjahr, Lavendel im Sommer oder Wacholder im Herbst und Winter. Und während Sie die Pflanzen in den Kranz einflechten, stellen Sie sich vor, wie Ihr Heim in Glück eingehüllt ist. Danken Sie beim Arbeiten den Pflanzen für ihre Hilfe. Laden Sie die Kerze mit Glücksgefühl auf. Visualisieren Sie, wie sich Ihr Zuhause mit dem Licht dieses Glücks erfüllt, wenn sie angezündet wird. Stellen Sie dann die Kerze mit dem Kranz auf eine Platte oder in eine flache Schale, zünden Sie sie an und genießen Sie die Schwingungen! Sie können den Kranz liegen und vertrocknen lassen oder ihn auch wieder wegnehmen; achten Sie aber unbedingt darauf, dass die Kerze nicht zu weit herunterbrennt und ihn in Flammen aufgehen lässt.

Für den gleichen Zweck können Sie die Kerze auch mit Steinen oder Halbedelsteinen umgeben. Eine von Rosenquarz umgebene rosafarbene Kerze schickt wundervolle Schwingungen durch Ihr Heim. Ist die Kerze sehr groß, können Sie das Wachs auch an einer Stelle erwärmen, die Steine in die warme Masse drücken und sie so mit der Kerze verbinden.

Der einfache Kerzenzauber hilft Ihnen, sich auf die wirklich wichtigen Dinge zu konzentrieren – auf Ihr eigenes spirituelles Wachstum, die Freuden Ihres Zuhauses, das Senden liebevoller Energie an Familienangehörige und Freunde und an die Orte in der Welt, an denen Stärke und Kraft gebraucht werden. Das sanfte Licht in Ihrem Heim gibt Ihnen die Möglichkeit, sich auf all das zu konzentrieren, was Ihnen wichtig ist, und mit Freude dafür zu leben.

IV Divination

Der aus dem Lateinischen kommende Begriff Divination für Weissagung, Zukunftsschau leitet sich von *divinitas* her, was Göttlichkeit, göttliches Wesen, göttliche Weisheit bedeutet. Wir alle tragen einen Funken des Göttlichen in uns und es geht nur darum, mit ihm in Kontakt zu treten und auf unsere eigenen Fähigkeiten zu vertrauen. Divination bedeutet, Informationen von unserem höheren Selbst zu empfangen, jenem Aspekt des Selbst, der alles weiß, jenem primären Teil unserer Seele, der alle Antworten kennt.

Wir alle haben Zugang zu geheimen Informationen. Unsere persönlichen Begabungen und Befähigungen lassen uns zur einen oder anderen Form von Weissagungsmethoden tendieren. Manche Menschen haben ein Talent für das Rutengehen, andere eine Begabung für das Tarot.

Weissagung wird seit vielen Jahrhunderten in den verschiedensten religiösen Traditionen gepflegt. Die alten Griechen und Römer, Chinesen und Polynesier wandten sich täglich an ihre Orakel, um Zeichen und Anweisungen zu erbitten, und auch das Alte Testament enthält zahlreiche Hinweise auf Weissagungspraktiken.

Da alle Dinge im Universum miteinander in Beziehung stehen, existiert auch eine Beziehung zwischen der Astrologie, dem Tarot und der Numerologie. Numerologie, Astrologie und Tarot gehen Hand in Hand, wie es auch eine Verbindung zwischen den Farben, den Jahreszeiten und dem Jahreskreis gibt; nichts in unserem Universum wirkt unabhängig von allem anderen. Wenn Sie sich Kenntnisse über ein Instrument oder eine Form von Weissagung aneignen, lernen Sie dabei zugleich auch Aspekte anderer Instrumente oder Formen kennen. Sie fangen an, viele Dinge auf einmal zu lernen. Ihr Lernen potenziert sich, denn Sie setzen gleichsam eine Wissenslawine in Gang. Wenn Sie sich Kenntnisse in Numerologie aneignen, lernen Sie zugleich etwas über das Tarot, und umgekehrt. Wenn Sie Wissen über die Energien, Stärken und Schwachpunkte des Lebensrads und des Jahreskreises sammeln, lernen Sie auch etwas über die Energien des Tarot. Bleiben Sie dabei immer empfänglich und aufgeschlossen für Ihre intuitiven Fähigkeiten.

Kristallsehen

Das Kristallsehen ist eine uralte Kunst, bei der man unverwandt in eine Kristallkugel oder auf eine Fläche oder Struktur blickt und dann in einer Art Trancezustand Botschaften oder Bilder empfängt, die entweder ganz wörtlich zu nehmen oder aber symbolisch zu verstehen sind und der Deutung bedürfen. Der als Nostradamus bekannt gewordene französische Prophet Michel de Notre-Dame wandte für sein 1555 erschienenes berühmtes Werk *Les Centuries* die Methode des Kristallsehens an. Er war ein höchst gebildeter Arzt und Heiler, besaß die Gabe der Prophetie und war in den okkulten Künsten und der Astrologie umfassend bewandert und erfahren. Sein intensives Studium bewog ihn dazu, sich für seine Prophezeiungen und Weissagungen der im 16. Jahrhundert üblichen Methode des Kristallsehens zu bedienen. Er zog sich dazu zur Abendzeit in einen Raum zurück, wo er ungestört war, und blickte in eine mit Wasser gefüllte Schale, in deren Tiefe sich das Kerzenlicht spiegelte. Mit einem Stab berührte er das Wasser und den Saum seines Gewands, begrüßte die göttliche Präsenz und blickte unverwandt in die Schale, bis ihm prophetische Visionen kamen; Visionen, in denen Hitler, die Ermordung Kennedys, der saure Regen, große Hungersnöte und viele weitere Begebenheiten auftauchten, die sich inzwischen ereignet haben und noch immer ereignen.

Man kann sich bei dieser Divinationsmethode verschiedener Mittel bedienen, die mit den Elementen von Wasser, Feuer, Luft und Erde in Beziehung stehen. Am besten widmet man sich ihr an einem Abend oder in einer Nacht, in der sich der Mond in einem Tierkreiszeichen befindet, das mit dem verwendeten Element übereinstimmt. Weissagen Sie mithilfe des Feuerelements, wenn sich der Mond in Widder, Schütze oder Löwe befindet, und mithilfe des Wasserelements, wenn sich der Mond in Krebs, Skorpion oder Fische aufhält. Weissagung mithilfe des Luftelements (zum Beispiel mit Räucherwerk) funktioniert am besten, wenn sich der Mond in Zwillinge, Waage oder Wassermann befindet. Und das Weissagen mithilfe des Erdelements empfiehlt sich, wenn der Mond Stier, Jungfrau oder Steinbock durchläuft. Nachfolgend finden Sie eine Beschreibung von Weissagungsmethoden im Zusammenhang mit den einzelnen Elementen.

Wasser

Hierfür benötigen Sie eine dunkel gefärbte Schüssel oder einen kleinen Kessel, Wasser, um das Gefäß damit zu füllen, Beifuß, eine Kerze, Öl zum Segnen, eine purpurfarbene Kordel oder ein Band, um einen Kreis um das Gefäß mit Wasser und die Kerze zu formen (ca. 1,5 m lang), drei Kristalle, die jeweils nur eine Spitze aufweisen, und Zündhölzer.

Reservieren Sie sich ungestörte Zeit am Abend und setzen Sie sich vor einem Tisch auf einen bequemen Stuhl, auf dem

Sie entspannt sitzen können. Legen Sie mit der purpurfarbenen Kordel oder dem Band einen Kreis auf dem Tisch aus.

Nehmen Sie nun den Beifuß in die linke Hand, bedecken Sie ihn mit der rechten Hand und segnen Sie ihn. Dazu schließen Sie die Augen und visualisieren weißes Licht, das aus dem Universum oder von der Göttin ausgehend in Ihren Kopf einströmt und weiter in den Arm und schließlich in den Beifuß fließt. Stellen Sie sich vor, wie Sie dieses weiße, reinigende Licht einatmen und die frisch empfangene Energie in den Beifuß weiterleiten. Segnen Sie den Beifuß mit Worten wie: »Ich segne diesen heiligen Beifuß und danke für seinen Beitrag zu meiner Weissagung. Dies geschehe mit der Macht und Kraft des Herrn und der Herrin, zu niemandes Schaden und zum Wohle aller.« Streuen Sie den Beifuß innerhalb des Kreises auf den Tisch.

Salben und segnen Sie anschließend die Kerze mit einem Öl, das dem Eintauchen in das mediale Bewusstsein förderlich ist. Zum Segnen der Kerze reiben Sie sie von unten nach oben leicht mit dem Öl ein. Dazu reicht schon ein kleiner Tupfer Öl. Sprechen Sie dabei Worte wie: »Ich segne diese Kerze, damit sie den Weg in die Zukunft erhellen möge. Dies geschehe mit der Macht und Kraft des Herrn und der Herrin, zu niemandes Schaden und zum Wohle aller.« Stellen Sie die Kerze in den hinteren Abschnitt des Kreises.

Nehmen Sie das mit Wasser gefüllte Gefäß und segnen Sie den Inhalt auf ähnliche Weise wie die Kerze und den Beifuß. Stellen Sie das Gefäß in den Kreis.

Dann nehmen Sie die drei Kristalle und segnen auch diese. Platzieren Sie sie so rings um das Gefäß, dass die Spitzen auf das Zentrum gerichtet sind.

Schließen Sie nun die Augen und begeben Sie sich in einen meditativen Bewusstseinszustand. Atmen Sie ein und seien Sie sich Ihres Atems gewahr. Spüren Sie, wie er die Lungen füllt. Entspannen Sie Ihre Körpermuskeln beim Ausatmen. Benutzen Sie die in Kapitel V beschriebenen Meditationstechniken. Sobald Sie eine tiefe Entspannungsebene erreicht haben, visualisieren Sie ein dunkelblaues Licht, das in Ihrem Inneren entsteht und sich ausbreitet. Lassen Sie zu, dass dieses blaue Licht durch Ihre Poren nach außen dringt. Hüllen Sie sich selbst und den Tisch in eine große schützende Kugel aus blauem Licht ein – in eine vollkommene Lichtkugel. Mehrere Atemzüge lang beobachten Sie, wie das schützende Licht immer stärker wird. Dann konzentrieren Sie sich auf die göttliche Energie. Laden Sie diese Energie ein, den geschützten Raum auszufüllen. Jetzt konzentrieren Sie sich auf den Zweck Ihres Kristallsehens. Geht es um Ihre Zukunft? Um die Zukunft eines Freundes oder einer Freundin? Die künftigen Entscheidungen der Führungspersonen in unserer Welt? Die Zukunft der Menschheit? Lassen Sie sich noch tiefer sinken, bis Sie *wissen*, dass Sie Ergebnisse erzielen werden. Haben Sie diese tiefe Ebene von Zentriertheit erreicht, öffnen Sie die Augen und zünden die Kerze an. Tauchen Sie eine Fingerspitze ins Wasser und berühren Sie damit Ihre Stirn an der Stelle des sechsten Chakras oder Dritten Auges, als Symbol für die Vereinigung Ihres medialen Bewusstseinszentrums mit dem spirituellen Wesen des Wassers, das Ihnen sagen kann, was Sie wissen möchten.

Begeben Sie sich nun mit geöffneten Augen wieder in einen tief entspannten Zustand. Lassen Sie Ihren Geist leer werden und nehmen Sie Ihren Atem zu Hilfe, um zu der meditativen Mitte im Innern zu gelangen. Blicken Sie unverwandt ins Wasser, das Sie gesegnet haben. Erwarten Sie keine Resultate. Lassen Sie einfach nur los, vergessen Sie die Zeit und werden Sie empfänglich für Visionen, Symbole oder Gedankenfetzen.

Feuer

Weissagen mithilfe von Feuer ist weitaus weniger formell als mit Wasser, aber durchaus ebenso wirksam. Es kann sich ziemlich spontan ergeben und reicht von der stillen Meditation mit dem Licht einer einzigen Kerze bis hin zum gesellschaftlichen Ereignis, bei dem mehrere Leute um ein hoch aufloderndes Freudenfeuer sitzen.

Zum Weissagen mithilfe einer Kerze setzen Sie sich bequem vor eine Kerze, eventuell mit ruhiger Instrumentalmusik im Hintergrund. Schließen Sie die Augen und lassen Sie göttliche Energie in sich einströmen. Nehmen Sie beim Einatmen weißes Licht oder göttliche Energie in sich auf und spüren Sie das Zentrum Ihres Seins in Ihrem Herzen. Dazu verlagern Sie Ihr Bewusstsein vom Kopf in den Herzbereich. Wenn Sie dort angelangt sind, öffnen Sie die Augen und blicken unverwandt in die Kerzenflamme. Bei dieser Methode können Sie Formen und Gestalten in der Flamme wahrnehmen. Beispielsweise sehen Sie vielleicht die Form einer Kuppel in der Flamme und müssen an eine Freundin denken, von der Sie schon länger nichts mehr gehört haben. Plötzlich sehen Sie eine Flamme, die sich innerhalb dieses Kuppelgewölbes bewegt. Eine Interpretation könnte sein, dass Ihre Freundin schwanger ist, falls Ihnen dieser »Gedanke« in den Sinn kommt. Wenn sich die Flamme sehr rasch bewegt, könnte sie über diese Schwangerschaft sehr glücklich sein und »vor Freude hüpfen«. Eine andere Deutung könnte sein, dass Ihre Freundin in ihrem Innern von Problemen oder Emotionen bewegt wird, die ihr Leben stark beeinflussen. Seien Sie offen und empfänglich für Ihre Gedanken. Überprüfen und protokollieren Sie anschließend die Ergebnisse.

Das Weissagen mithilfe eines größeren Feuers kann man allein oder mit mehreren Personen unternehmen. Handelt es sich um ein Feuer im Freien und sind genügend Leute anwesend, können sich alle, die um das Feuer herumsitzen, bei den Händen fassen und gemeinsam ans »Sehen« machen. Dabei kann entweder jede Person für sich »sehen« oder Sie wählen aus Ihrer Mitte ein Orakel, eine Person, die dies für die ganze Gruppe unternimmt.

Soll jeder Anwesende für sich »sehen«, dann setzen sich alle um das Feuer, fassen sich bei den Händen und bilden einen Kreis, in dem nun Energie aufgebaut wird. Setzen Sie sich entspannt hin und lassen Sie sich von der Energie des Feuers in einen stillen, meditativen inneren Raum tragen. Konzentrieren Sie sich darauf, Energie ins Feuer und in den Kreis zu schicken. Hat die Energie eine ausreichend hohe Ebene erreicht, lassen Sie die Hände los und halten sie locker und entspannt hoch, die Handinnenflächen zum Feuer gerichtet, um Energie ins Zentrum des Kreises zu schicken. Konzentrieren Sie sich von diesem Moment an auf Ihre inneren Fragen, erwarten Sie keinerlei Resultate (wahrscheinlich der schwierigste Teil) und warten Sie ab, was auf Sie zukommt. Zum Aufbauen der Energie kann auch Trommeln eingesetzt werden. Lassen Sie sich, während Sie ins Feuer blicken, vom Rhythmus der Trommeln tiefer und tiefer in einen meditativen Bewusstseinszustand tragen. Das Trommeln vermag tatsächlich unser hektisches Denken zur Ruhe zu bringen, weil wir uns auf den Rhythmus des Trommelschlags konzentrieren und alle anderen Gedanken loslassen.

Wie schon erwähnt, können Sie aus der Gruppe auch ein Orakel wählen, eine Person, die zum Zweck des Weissagens die Energie der Gruppe in sich aufnimmt. In diesem Fall setzen sich alle bequem ums Feuer, fassen sich bei den Händen und bilden einen Kreis, schließen die Augen und begeben sich kollektiv in einen meditativen Bewusstseinszustand. Wenn das Orakel bereit ist, die Energie der Gruppe in sich aufzunehmen, sollte sie (oder er) die Augen öffnen, unverwandt ins Feuer blicken und dann leicht die Hände der beiden neben ihr sitzenden Personen drücken. Diese beiden geben dann das Signal an ihre Sitznachbarn weiter – und so fort. Wenn Sie das Signal erhalten, atmen Sie tief ein und visualisieren dabei, wie weißes Licht durch Ihren Scheitel in Sie einströmt, so als atmeten Sie durch ihn ein. Füllen Sie mit jedem Atemzug Ihren Körper immer mehr mit diesem weißen Licht. Richten Sie dann diese Energie auf das Orakel, indem Sie das weiße Licht aus Ihrer Hand in die Hand der neben Ihnen sitzenden Person fließen lassen. Wählen Sie dabei die Richtung des aus Ihrer Sicht kürzesten Abstands zum Orakel. Das Orakel wird die ankommenden Energien spüren und sich mit dem kollektiven Gruppenbewusstsein füllen. Atmen Sie weiter weißes Licht ein und schicken Sie Energie zum Orakel. Nun kann die links vom Orakel sitzende Person die erste Frage stellen, während sich das Orakel auf die Flamme konzentriert, um die Antwort zu erhalten. Dann erhalten im Uhrzeigersinn der Reihe nach alle Anwesenden die Gelegenheit, eine Frage an das Orakel zu richten.

Eine andere Weissagungsmethode mithilfe von Feuer besteht darin, bei einem heruntergebrannten Feuer still in die glimmende Glut zu blicken. Wahrscheinlich werden Sie darin viele Formen und Gestalten wahrnehmen, darunter Tiere, Insekten, Drachen, Fische, Vögel, Pflanzen oder auch Menschen. Betrachten Sie die Gestalt, die Sie darin erkennen, als ein Symbol, das der Deutung bedarf. Sie können sich entweder an die traditionellen Bedeutungen dieser Symbole halten, die Sie in einem Buch über Symbole oder Tiertotems nachlesen können, oder herausfinden, welche Gedanken Ihnen selbst im Zusammenhang damit kommen. Beispielsweise erkennen Sie die Form einer großen Spinne in der Glut. Für Sie bedeuten Spinnen vielleicht Gift und sind daher zu meiden. Sie könnten dieses Symbol also dahingehend interpre-

tieren, dass es in Ihrem Leben etwas gibt, das Sie meiden sollten. Doch die Spinne ist auch eine großartige Jägerin, Kunst-
handwerkerin und Weberin und repräsentiert in manchen
Traditionen die Sterne am Himmel. Deshalb steht die Spinne
auch für Mysterium, Kreativität, verborgenes Wissen und die
Schicksalsgöttinnen oder Parzen. Es liegt an Ihnen, die wahre
Bedeutung dessen, was Sie in der Glut gesehen haben, intuitiv zu erfassen und herauszufinden.

Luft

Das Weissagen mithilfe von Rauch bedient sich des Elements
der Luft, denn sie ist es, die den Rauch in den Äther trägt.
Der Rauch kann von unterschiedlichen Quellen herrühren,
zum Beispiel von Räucherstäbchen oder -kegeln, von einem
Feuer oder einer Räuchermischung. Die Divinationsmethode
ist dabei immer dieselbe, der Unterschied liegt nur in den verwendeten Ingredienzien.

Wie auch beim Weissagen mithilfe von Wasser oder Feuer
entspannen Sie sich zunächst und begeben sich an den stillen
und meditativen Ort in Ihrem Innern. Dann konzentrieren
Sie sich auf den Zweck der Unternehmung, bitten die Gottheit um Beistand, lassen alle Erwartungen los, blicken unverwandt in den Rauch und lauschen mit allen Sinnen auf Antworten oder Visionen, die ganz natürlich auf Sie zukommen
werden.

Beim Räuchern wirkt sich die verwendete Mischung auf
Ihre Arbeit aus. So wie man für einen bestimmten Zauber
auf die passenden astrologischen Konstellationen achtet, setzt
man auch unterschiedliche Arten von Räucherwerk für bestimmte Weissagungszwecke ein. Benutzen Sie zum Beispiel
Lavendel, wenn es um Informationen über Ihr eigenes Lie-
besleben oder das einer Freundin oder eines Freundes geht.

Basilikum dagegen eignet sich hervorragend, um etwas über den gesundheitlichen Zustand einer befreundeten oder geliebten Person in Erfahrung zu bringen. Es ist also sehr hilfreich, die Eigenschaften und Qualitäten von Kräutern und Harzen zu kennen. Um Ihre Erfahrungen zu intensivieren, können Sie auch einen Amethyst durch Räuchern reinigen und seine Energien dann mit denen des Räucherwerks vereinen. Halten Sie den Amethyst in der Hand, während Sie in den Rauch blicken, und er wird Ihre intuitiven Fähigkeiten fördern.

Besonders wirkungsvoll und daher empfehlenswert ist es, zum Weissagen Ihr eigenes Räucherwerk aus zerriebenen Kräutern und Harzen herzustellen. Der größte Vorzug gegenüber gekauften Räucherstäbchen oder Räucherkegeln ist der, dass Sie genau wissen, aus welchen Bestandteilen es sich zusammensetzt und mit welcher Absicht es hergestellt wurde. Es gibt hunderte von Rezepten für Räucherwerk – jeweils ganz spezielle Mischungen von Pflanzen, Kräutern und Harzen für eine bestimmte Intention, wie zum Beispiel Harmonie, Liebe, mediale Fähigkeiten, zur Unterstützung astraler Projektionen, zum Ehren von bestimmten Jahreskreisfesten oder Gottheiten – die Liste ließe sich endlos fortsetzen. All diese Rezepte sind auch für die Divination verwendbar und hilfreich.

Wenn Sie eine Weile mit Räucherwerk gearbeitet haben, werden Sie sich allmählich dazu inspiriert fühlen, die jeweilige Mischung aus Ihrer Intuition heraus zu kreieren, statt einem vorgegebenen Rezept zu folgen. Dies kann zu großartigen Erfolgen beim Weissagen führen. Fügen Sie in diesem Fall zur Unterstützung Ihrer medialen Fähigkeiten etwas Beifuß hinzu sowie Himbeerblätter, die das Arbeiten aus dem Herzen heraus fördern, ein wichtiger Faktor beim Weissagen. Halten Sie Ihre Rezepte und Resultate immer schriftlich fest.

Wenn Sie mit gewöhnlichem Rauch weissagen möchten, ist

es meist nicht ganz einfach, das richtige Verhältnis zwischen abgelagertem und frischem Holz zu finden. Sie brauchen genügend abgelagertes Holz, damit das Feuer brennt, und genügend frisches Holz, damit Rauch entsteht. Eine gute Möglichkeit, für ausreichend Rauch zu sorgen, ist, einen kleinen grünen Koniferenzweig (Wacholder, Fichte oder Kiefer) auf das brennende Feuer zu legen. Allerdings müssen Sie darauf achten, dass das Feuer bereits gut brennt, da ein Koniferenzweig ein kleines, noch nicht richtig brennendes Feuer leicht ersticken kann. Wenn ein Feuer Rauch entwickelt und Sie sich ganz spontan zum Weissagen entschließen, kann das zu sehr guten Resultaten führen. Es ist dann, als hätten Sie vom Element der Luft eine persönliche Einladung erhalten, als würde es das Element des Feuers zurückdrängen, um Ihnen eine Botschaft zukommen zu lassen.

Weissagen aus Dampf oder Wolken ist eine weitere Erfolg versprechende Methode. Beim Dampf ist nicht nur das Luftelement beteiligt, sondern auch Feuer und Wasser sind einbezogen, und das kann sehr beeindruckend sein. Wie beim Rauch kann das Weissagen aus Dampf eine sowohl beabsichtigte wie auch ganz spontane Angelegenheit sein. Sie können das in der Sauna machen oder sich eines dampfenden Wassertopfs bedienen. Das Weissagen aus Wolken lehrt uns, dass alles, was in unserem Leben in Erscheinung tritt, eine Bedeutung hat, wenn wir spirituell wach genug sind, um die Lehren zu vernehmen, die wir täglich erhalten. Beim Weissagen aus Wolken sollten Sie sich erlauben, wieder ein Kind zu werden. Lösen Sie sich von der Zeit und von persönlichen Problemen und öffnen Sie Ihr Herz den unendlichen Möglichkeiten des Lebens. Die Botschaft finden Sie jedoch nicht in dem flauschigen Häschen, das Sie vielleicht sehen, sondern in seinem innersten Herzschlag.

Erde

Eine der Weissagungsmethoden des Erdelements ist natürlich die Verwendung der berühmten Kristallkugel. In ihrem natürlichen Zustand ist die Kristallkugel ein Geschenk der Erde, die sie auch repräsentiert. So wie die Erde uns alles gibt, was wir brauchen, schenkt sie uns auch die Kristallkugel, damit wir mit ihrer Hilfe die Lektionen, Geheimnisse und Rätsel der Erde erkennen können. Dazu zählen auch die großen Fragen nach dem Warum unserer Existenz, sei es der Sinn des Daseins einer einzelnen Seele oder der Existenzgrund der Menschheit. Natürlich können wir auch sehr viel profaner nach unserer persönlichen Zukunft fragen. Es ist bei dieser Methode jedoch äußerst wichtig, dass wir uns für bedeutsame Botschaften öffnen und die Informationen, die wir durch dieses Geschenk der Erde erhalten, nicht auf bloße banale Wahrsagerei reduzieren.

Mit der folgenden Übung können Sie Ihre Empfänglichkeit steigern und sich stärker für das Göttliche, das Universum und die Elemente öffnen. Wählen Sie einen Zeitpunkt, zu dem Sie ungestört sein können. Setzen oder legen Sie sich bequem hin und schließen Sie die Augen. Holen Sie tief Atem, halten Sie ihn einen Moment lang an und entspannen Sie dann beim Ausatmen den ganzen Körper. Wiederholen Sie das zweimal und entspannen Sie dabei Ihre Muskeln immer mehr. Bei den nächsten drei Atemzügen lassen Sie nun beim Einatmen blaues Licht durch Ihren Scheitel ein- und beim Ausatmen durch die Poren ausströmen, sodass es Sie in einer schützenden Kugel einhüllt. Visualisieren Sie bei den nächsten drei Atemzügen, wie sich Ihr Körper zusammen mit der Luft, die Sie einatmen, mit heilendem, herrlichem grünem Licht füllt.

Nach diesen insgesamt neun Atemzügen stellen Sie sich eine Tür auf der Vorderseite Ihres Körpers vor. Visualisieren

Sie, wie diese Tür ins Innere Ihres Körpers sich öffnet und den Blick freigibt auf eine unendliche Weite aus heilendem grünen Licht, einen endlosen Wald. Lassen Sie zu, dass Ihre innere Welt ganz und gar aus Wald besteht. In diesem Wald gibt es Bäume, Stauden, Tiere, moderne Blätter, fruchtbaren Boden, Insekten und Vögel.

Gehen Sie durch die Tür und schließen sie hinter sich, um ganz und gar in Ihre innere Welt einzutauchen, und genießen Sie diesen unendlichen Wald. Nehmen Sie sein Gleichgewicht wahr. Spüren Sie die Liebe der Erde. Achten Sie auf Ihre Wahrnehmungen und Gefühle. Machen Sie sich weniger Sorgen um die Zeit? Werden Sie frei von allen Erwartungen? Spüren Sie ein Gefühl von Frieden? Ist es ein Ort, an dem Sie nichts tun und unternehmen müssen, weil alles so ist, wie es sein sollte? Gestatten Sie sich, voll und ganz die Schönheit der Erde zu fühlen und zu verstehen. Wenn Sie schließlich ganz damit angefüllt sind, öffnen Sie langsam die Tür, sodass sich der Wald verflüchtigen kann und nur noch das grüne Licht bleibt. Schließen Sie die Tür, spüren Sie Ihren physischen Körper und den Raum, der ihn umgibt. Holen Sie tief Luft und atmen langsam aus. Sobald Sie dazu bereit sind, öffnen Sie die Augen und machen sich Notizen.

Diese Übung können Sie mit verschiedenen Ökosystemen machen, von Wüstenlandschaften bis hin zu verschneiten Gebirgsregionen. Führen Sie diese Meditation auch mit dem Element des Wassers, mit Seen und Ozeanen durch. Bringen Sie eine Kerze in Ihre innere Welt für das Element des Feuers und Raum oder Himmel für das Element der Luft. Wenn Sie sich abenteuerlustig fühlen, können Sie es auch mit einem weniger friedlichen Ambiente versuchen: mit einem stürmischen Meer, einem Waldbrand oder einem Tornado.

Zusammenfassung

Verabschieden Sie sich von der Vorstellung einer persönlichen Kraft. Es geht vielmehr darum, sich auf Ihre eigene Weise von der universellen Kraft durchströmen zu lassen.

Ohne die Hilfe der Elemente und die göttliche oder kosmische Energie können Sie nicht weissagen; wenn Sie glauben, die Kraft oder Energie des Weissagens sei Ihre eigene, wird es nicht funktionieren. Wenn Sie meinen, dass *Sie* Weisheit und Wissen sammeln, statt sich klar zu machen, dass die Elemente ihre Informationen mit Ihnen teilen, dann ist Ihr Ego am Werk. Deshalb ist es so wichtig, bei jeder Form der Weissagung empfänglich zu bleiben, denn nur so können Sie die Gaben der Elemente aufnehmen. Stellen Sie sich vor, Sie schauen in eine Kristallkugel und versuchen, ein Bild wahrzunehmen oder eine Botschaft zu erhalten. Dabei schicken Sie Energie, statt zu empfangen; Sie sind nicht empfänglich. Wie können Sie Botschaften empfangen, wenn Sie Energie schicken? Lassen Sie also zu, dass die Kristallkugel ihre Botschaft, ihr Geschenk an Sie schickt.

Die Elemente haben uns Geschenke anzubieten. Wasser ist in Beziehung zu allen Wassern und deren Zyklen. Das Wasser in der Schale, mit dessen Hilfe Sie weissagen, ist in Beziehung zu den Strömen und Flüssen, die die Adern der Erde sind, ist verbunden mit den Ozeanen, ist Teil des Wassers, das in unserer Atmosphäre existiert. Wenn Sie mithilfe des Wassers in einer Schale weissagen, weissagen Sie mithilfe der Weisheit aller Wasser. Wasser ist die Kraft des Lebens. Ohne Wasser können wir nicht leben. Jeden Tag nehmen wir dieses spirituelle »Blut der Erde« in uns auf. Wer erkennt, dass die »Wasser des Lebens« in einer Schale enthalten sein können, um uns die Rätsel entschlüsseln zu lassen, die wir allein nicht zu entschlüsseln vermögen, ist weise. Und dies gilt für jedes Element. Wenn Sie mit einer Kristallkugel weissagen, tun Sie es mithilfe der Weisheit der Erde. Wenn Sie durch das Feuer weissagen, tun Sie es mithilfe der Feuer der Welt, auch jener, die in den Herzen der Menschheit brennen. Wenn Sie mit Räucherwerk weissagen, tun Sie es mithilfe der Luft, die wir seit Anbeginn der Zeit atmen.

Runen

Die Runen, die wir heute zu divinatorischen Zwecken benützen, bestehen aus einer Abfolge von fünfundzwanzig buchstabenähnlichen Symbolen. Die ursprünglichen Runen, die in Holz, Knochen oder Ton geritzt wurden, sind schon seit dem dritten Jahrhundert belegt, und es gibt Hinweise darauf, dass es sie bereits im ersten Jahrhundert gab. Krieger ritzten diese heiligen Zeichen zu ihrem Schutz und für den Sieg in der Schlacht in ihre Rüstung und ihre Waffen ein. Ebenso wurden sie an Hauseingängen oder zum Segnen der Neugeborenen auf Krippen angebracht. Es gab Runen für alle Lebensbereiche und Lebenslagen und begabte Wahrsager konnten die Runen werfen und sie in ihren weniger bekannten Bedeutungen für Herrscher und Landvolk gleichermaßen auslegen.

Aus manchen Runen gingen später bestimmte Buchstaben des angelsächsischen Alphabets hervor, doch aus den Runen selbst wurde nie eine gesprochene Schriftsprache. Sie bildeten vielmehr eine magisch-mystische Sprache und wurden zu Symbolen mit großem Informationsreichtum in Bezug auf jeden Aspekt des Lebens. Die mystische Runensprache war der Priesterschaft und den begabten Seherinnen und Sehern vorbehalten. So wie man ein Gemälde betrachtet, enthüllte sich in der Runenschau das gesamte Bild der Zukunft oder die ganze Tiefe des Selbst.

Eine Legende über die Entstehung der Runen erzählt, wie der nordische Gott Odin den beschwerlichen Weg wählte und Schmerzen durchlitt, bevor er schließlich den Gipfel seines persönlichen Wachstums erreichte und die Runen empfing. Odin, der König der Götter, hing neun qualvolle Tage ohne Nahrung und Wasser mit dem Kopf nach unten am Weltenbaum Yggdrasil. Dieser Weltenbaum, eine Riesenesche, existiert außerhalb von Raum und Zeit und zwischen seinen Wurzeln entspringt Mimir, die Quelle der Geheimnisse und der Weisheit. Am neunten Tag erspähte Odin die Runen, gewann Einsicht in ihre Geheimnisse und gab sie an die Menschen weiter, damit auch sie die Wahrheit erkennen konnten. Odin war seither der Gott der Weisheit, der Dichtung und der Magie. Jede der Gaben Odins wurde zu einem Aspekt der Runen. Wer die Bedeutungen der Runen kennt, für den enthalten sie Weisheit.

Ihr Weisheitsaspekt verbindet sich mit einem schlichten Leben, zu dem die Ernte, das Heim und die Familie gehören. Die Runen stehen für ganz schlichte menschliche Eigenschaften, Ideale, Gefühle und Wünsche. Diese Einfachheit kann uns daran erinnern, dass sich auch die kompliziertesten Probleme oder Herausforderungen auf vierundzwanzig Grundqualitäten reduzieren lassen. Daneben steht eine ewige, allwissende Qualität, dargestellt durch die fünfundzwanzigste Rune, die kein Symbol aufweist, sondern leer ist. Wenn Sie sich mit der Runentradition vertraut machen, werden Sie diese elementaren menschlichen Prinzipien verstehen. Und wenn Sie die Ursachen dieser Prinzipien begreifen (d.h. den Wunsch nach Wohlstand, nach einer Beziehung oder nach spirituellem Wachstum), werden Sie sich allmählich auch selbst besser verstehen und nach und nach erkennen, wie sich Hindernisse auflösen lassen.

Runen können aus allen möglichen Materialien bestehen

und sind in einiger Vielfalt in Esoterik- und Buchläden erhältlich. Stellen Sie Ihre eigenen Runen aus Stein, Ton oder Holz her; sogar Kronkorken lassen sich dafür verwenden. Sie können die Runen auf Steine malen oder eingravieren, sie aus Holz schnitzen, in Holzplättchen einritzen oder aufmalen. Ganz gleich, welche Art von Runen Sie basteln oder kaufen, es wohnt diesen Symbolen ein magisches Element inne, weil über viele Jahrhunderte hinweg Energie auf sie projiziert wurde. Runen können sich in magischer wie auch in spiritueller Hinsicht vorteilhaft auf Ihr persönliches Wachstum auswirken.

Es gibt nicht einfach eine einzige, präzise Methode, die Runen zu deuten. Weder ist ihre Geschichte eindeutig belegt, noch gibt es Nachweise für ihre unmittelbaren Bedeutungen; wir kennen nur Deutungen, die ihnen in alten Gedichten und Schriften gegeben wurden und über die man spekulieren kann.

Die Runen wurden in drei Kategorien oder Familien unterteilt, Aett oder Aettir genannt, die mit den Eigenschaften bestimmter nordischer Götter oder Götterfamilien gleichgesetzt wurden. Wenn man davon ausgeht, dass alle Dinge – Menschen, Tiere wie auch Gottheiten – einem einzigen kosmischen Prinzip oder Geist entstammen, kann man die fünfundzwanzig Runen auch in die Kategorien von Jungfrau, Mutter und Weise Alte einteilen. Dies sind die drei Aspekte der Göttin. Man kann die Runen-Familien aber auch als die drei Schicksalsgöttinnen oder als Musen bezeichnen. Damit soll nicht gesagt werden, dass die Runen weiblicher Natur sind; wollte man ihnen einen patriarchalen oder männlichen Aspekt geben, könnte man sie auch als Vater, Sohn und Heiliger Geist betrachten. Die Drei wird schon seit überaus langer Zeit mit Göttlichkeit assoziiert, denn sie bietet uns eine Möglichkeit, das Wesen von Gottheit in Kategorien zu fassen und zu verstehen.

Wenn Sie die Runen als Trinität ansehen, als eine Dreiheit, die eine Einheit bildet, dann stehen die ersten acht Runen für die späte Phase der Adoleszenz, für den Jungfrau-Aspekt der Göttin und für die Phase des zunehmenden Mondes. Stellen Sie sich eine Person an der Schwelle zum Erwachsenwerden vor, die nun ins Erwachsenenleben eintritt. Die Welt steht ihr weit offen mit all den Entscheidungen, die sie treffen muss, mit Gelegenheiten und Chancen, mit Wünschen nach Partnerschaft, nach materiellem Gewinn, nach Sexualität und Kreativität. Die späte Adoleszenzphase lässt sich mit dem Antreten einer Reise vergleichen. Es ist eine Zeit, in der man lernt, wie man mit anderen am besten kommuniziert. Eine Zeit, in der die jungen Erwachsenen ihre Flügel erproben. Die ersten acht Runenzeichen können als Samenkörner des Gewahrseins betrachtet werden.

Die zweite Reihe von acht Runenzeichen steht für den Mutter-Aspekt der Göttin, für den Vollmond. Dieser Aspekt bedeutet den Eintritt in die Verantwortung für andere und sich selbst. Er repräsentiert das volle Erwachsenenleben, die Entfaltung der persönlichen Effizienz und Tatkraft sowie des eigenen Potenzials. Unter diesem Aspekt stehen diese Runen für die Fähigkeit, Schutz und Nahrung zu gewähren, ebenso aber auch allmählich die Bedeutung von Stille in ihrer ganzen Fülle zu verstehen, mit all dem, was durch sie gewonnen werden kann.

Die dritte Achterreihe der Runen repräsentiert die Weise Alte und den abnehmenden Mond. Die Weise Alte ist nach einem Leben der Liebe, des Opfers, der Angst, der Freude, der Magie und des Schmerzes weise geworden. Es ist eine Zeit, in der man die gesammelten Kenntnisse und das angesammelte Wissen in Weisheit verwandelt.

Die Rune ohne Zeichen, die leere Rune, ist der Kulminationspunkt der Runenreihe. Sie ist Symbol für die Gesamtheit, die die Trinität zu Einem vereint. Es gibt keine Weise Alte, die nicht vom Mädchen, von der Jungfrau lernen kann.

Die Einteilung in die Aspekte von Jungfrau, Mutter und Weise Alte soll Ihnen einfach nur einen neuen Weg für den intuitiven Umgang mit den Runen eröffnen. Es ist nicht der traditionelle Studien- und Interpretationsweg, aber er kann hilfreich sein, um die Runen in einem neuen Licht oder aus einer frischen Perspektive zu sehen.

Runen lassen sich für magische Zwecke einsetzen. Sie funktionieren zum Beispiel sehr gut beim Arbeiten mit Feuer- und Erdmagie. Beim Arbeiten mit Feuermagie wählen Sie eine geeignete Rune aus und ritzen sie in einen Zweig oder Stab ein; verbrennen Sie dann diesen Zweig oder Stab, um die Energie auf astraler Ebene freizusetzen, damit sie sich schließlich auf der physischen Ebene manifestieren kann. Im Zusammenhang mit Heilung ist die Erdmagie besonders wirksam. Ritzen Sie den Namen der Person, die um einen Heilzauber gebeten hat, zusammen mit einer geeigneten Rune in einen Zweig oder Stab ein und visualisieren Sie dabei diese Person vor Ihrem inneren Auge als gesund. Begraben Sie dann diesen magischen Talisman in der Erde, damit die Erdenergien ihre heilende Wirkung ausüben können. Schmuck mit einer eingravierten Rune kann die Energie dieser Rune anziehen, sei es nun Wohlstand, Liebe, Arbeit oder Schutz.

Es gibt verschiedene Möglichkeiten, die Runen zum Weissagen zu benutzen. Sie können Ihr eigenes Legemuster kreieren oder eines verwenden, das beim Legen von Tarotkarten benutzt wird. Sie können als Antwort auf eine spezielle Frage eine einzige Rune aus dem Beutel ziehen. Sie können drei Runen ziehen, die dann für Vergangenheit, Gegenwart und Zukunft stehen. Sie können mit einer Kordel oder einem runden Tischtuch einen Kreis formen und dann die Runen darin auswerfen. Die Runen, die mit dem Zeichen nach oben zu liegen kommen, benutzen Sie zum Weissagen. Bei dieser Methode sollten Sie als Interpretationshilfe auch die Anzahl der

Runen beachten, die jeweils einem bestimmten Aspekt der Trinität zugehören. Wenn etliche Runen der ersten Achterreihe (Jungfrau-Aspekt) auftauchen, heißt das vielleicht, dass Sie zu einem Abenteuer aufbrechen oder etwas Neues beginnen, einen neuen Job antreten oder eine neue Partnerschaft eingehen. Die restlichen Runen werden Ihnen sagen, wie Sie mit diesem Neubeginn umgehen sollen. Nutzen Sie Ihre intuitiven Fähigkeiten zur Entwicklung einer Methode, die für Sie funktioniert.

Die Runen des Jungfrau-Aspekts in der ersten Runen-Familie (Abbildung 1):
Obere Reihe: Irdischer Reichtum; Sexualität und Wildheit; Disziplin; Gewahrsein.
Untere Reihe: Reise; Offenheit und Kreativität; Partnerschaft; Glück.

Die Runen des Mutter-Aspekts in der zweiten Runen-Familie (Abbildung 2):
Obere Reihe: Störung; Not und Elend; Reflexion; Ernte und Vollendung des Kreises.
Untere Reihe: Transformation; Magie; Schutz; Macht und Heilung.

Die Runen des Aspekts der Weisen Alten in der dritten Runen-Familie (Abbildung 3):
Obere Reihe: Sieg; Wachstum und Klärung; Vorwärtsbewegung; das Selbst.
Untere Reihe: Emotionen/Intuition; Gleichgewicht; Befriedigung; Integration.

Die letzte Rune symbolisiert die Gesamtheit, das All.

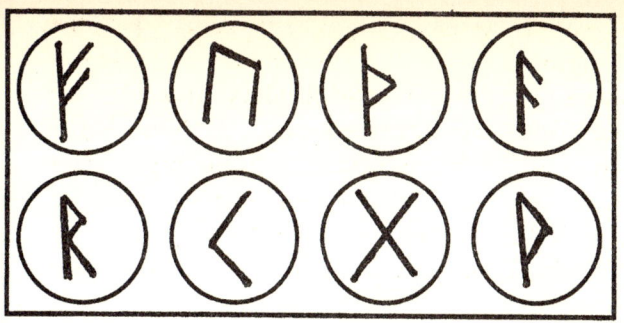

Abbildung 1

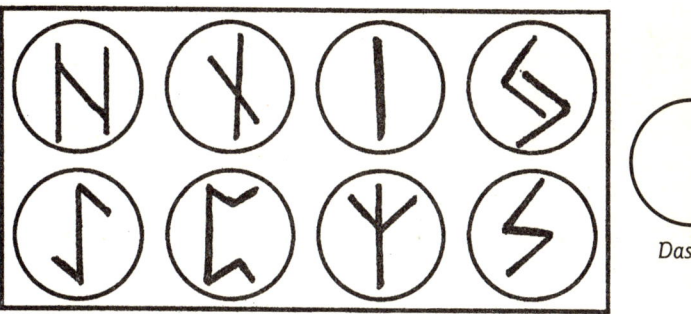

Das All

Abbildung 2

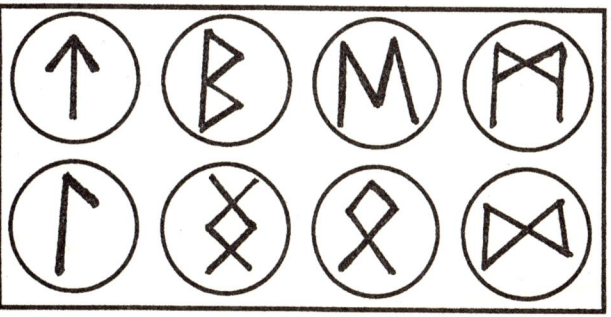

Abbildung 3

Pendel und Wünschelrute

Wünschelrutengehen und Pendeln sind uralte Divinationsmethoden. Beim Wünschelrutengehen benützt man eine gegabelte Rute aus Weide, Hasel oder anderen Hölzern, manchmal auch aus Metall, um unterirdische Wasseradern oder andere Dinge aufzuspüren. Ein Pendel ist ein an einem Faden hängender kleiner Gegenstand, durch dessen Pendelbewegungen man Ja-/Nein-Antworten erhalten kann.

In manchen ländlichen Gegenden ist es nach wie vor üblich, das Geschlecht von Federvieh mithilfe eines Pendels zu bestimmen. Man hält das Pendel über das Tier; wenn es seitlich hin- und herschwingt, handelt es sich um einen Hahn, wenn es eine Kreisbewegung vollführt, ist es eine Henne. Und es werden auch noch gerne Wünschelrutengänger beschäftigt, um den besten Punkt ausfindig zu machen, wenn man einen neuen Brunnen anlegen will. Wünschelrutengänger oder Radiästhesisten benutzen ihre Rute oder ihr Pendel auch zum Auffinden von Stellen, an denen nach Öl-, Gas- oder Erzvorkommen gebohrt werden kann, zum Entdecken von Kraftorten oder Kraftlinien, und zuweilen sind sie auch der Polizei bei der Suche nach vermissten Personen behilflich.

Die Verwendung eines Pendels für divinatorische Zwecke ist unkompliziert und für die meisten Menschen etwas ganz Natürliches. Befestigen Sie einfach einen kleinen Gegenstand, zum Beispiel einen Kristall oder Edelstein, einen Ring oder Anhänger an einem Faden oder Kettchen. Halten Sie den Faden oder das Kettchen in der rechten Hand und lassen Sie den Gegenstand über Ihrer linken Handfläche herabhängen. Fragen Sie: »Was ist die Bewegung für Ja?« Das Pendel wird sich nun entweder kreisförmig bewegen oder hin- und herschwingen. Fragen Sie anschließend: »Was ist die Bewegung für Nein?« Das Pendel wird die Bewegung ausführen, die nach der ersten Antwort noch verbleibt. Jetzt können Sie das Pendel als Orakel benutzen und Fragen stellen, die sich mit »ja« oder »nein« beantworten lassen.

Man könnte sagen, dass die Befragung des Pendels eine ideomotorische Reaktion hervorruft – eine unbewusste Bewegung des Körpers in Reaktion auf eine Vorstellung oder einen Gedanken, die dem Selbst entspringt, das alles weiß und Ihnen auf diese Weise einen kleinen Anstoß gibt. Wie alle divinatorischen Werkzeuge bietet auch das Pendel nichts anderes als die Möglichkeit, Energie zu kanalisieren und inneres Wissen in sinnvolle Antworten umzuformen.

Astrologie

Dieser Abschnitt enthält einige grundlegende Informationen über den Einsatz der Astrologie für magische Zwecke sowie über die Elemente. Das hilft Ihnen, auch andere Divinationsformen besser zu verstehen. Es empfiehlt sich, dann magisch zu arbeiten, wenn die Mondphasen und planetarischen Aspekte den jeweiligen Zauber unterstützen. So wirkt man zum Beispiel einen Zauber für das eigene Heim am günstigsten, wenn sich der Mond im Tierkreiszeichen Stier befindet. Zwar ist es nicht unabdingbar, ein Ritual für einen bestimmten Zweck mit dem Lauf des Mondes zu verbinden, aber solch eine Koordination macht Ihre Arbeit wirkungsvoller. Besorgen Sie sich also Bücher und Kalender, die Sie über den Lauf des Mondes informieren.

Stellen Sie sich vor, dass der Einfluss des Mondes sich als personifiziertes Tierkreiszeichen darstellt, das mit Ihnen befreundet ist und Sie regelmäßig besucht, um Sie zu unterstützen! Machen Sie sich ein Bild von jedem Tierkreiszeichen und geben Sie jedem eine Persönlichkeit, damit sich Ihre Beziehung zu den Zeichen festigt und Sie vertraut mit ihnen werden. Damit ist nicht gemeint, dass Sie eine in einem bestimmten Zeichen geborene Person kennen, also zum Beispiel eine im Zeichen Jungfrau geborene Frau namens Doris, und ihr dann alle Merkmale der Jungfrau zuschreiben. Vielmehr geht es darum, für jedes Zeichen eine Persönlichkeit zu erschaffen, die Ihnen hilft zu verstehen, auf welche Weise Ihr magisches Arbeiten durch dieses Zeichen beeinflusst wird. Jede dieser zwölf Persönlichkeiten des Zodiaks gehört einer der vier Element-Familien an – Feuer, Erde, Luft und Wasser – und wird zudem als männlich oder weiblich betrachtet. Wenn Sie sich über Element, Geschlechtszugehörigkeit, Farbe und Persönlichkeit mit diesen Familien vertraut machen, werden Sie sehr viel leichter verstehen, was es mit den Kräften und Einflüssen der einzelnen Zeichen auf sich hat und welche Art von Magie am besten zu welchem Zeichen passt. Der Mond wechselt etwa alle zwei Tage in das nächste Tierkreiszeichen über; nehmen Sie sich also einige Wochen Zeit, um sich mit den Persönlichkeiten aller Zeichen vertraut zu machen.

Die Feuer-Familie

Wenn Sie sich mit den Eigenschaften des Feuers vertraut machen, die sowohl positiv wie auch negativ wahrgenommen werden können, werden Sie auch die Feuer-Familie des Zodiaks besser verstehen. Denken Sie darüber nach. Feuer kann Ihnen am heimischen Herd Wärme und Trost schenken, doch bereits ein Funke desselben wärmenden Feuers kann dafür sorgen, dass Ihr Haus binnen weniger Minuten niederbrennt. Die Mitglieder der Feuer-Familie – Widder, Löwe und Schütze – legen ähnliche Eigenschaften an den Tag, denn sie können schnell aufflammen oder auch milde Wärme schenken. Widder, Löwe und Schütze helfen mit geschwinder Tatkraft und haben ein hitziges Temperament, können aber auch in Herzensangelegenheiten Trost schenken. Das Feuer wird auch mit dem Phönix assoziiert, dem mythischen Vogel, der neugeboren aus der Asche emporsteigt. Widder ist das erste Zeichen des Tierkreises und ganz entschieden ein Zeichen der Wiedergeburt. Ein leuchtendes Feuer strahlt Helligkeit aus und niemand tut sich so gerne strahlend auf der Bühne hervor wie der Löwe. Wahrhaftigkeit und Ehrlichkeit sind die klärenden Eigenschaften, die dem Schützen zugeschrieben werden. Welche anderen Eigenschaften und Merkmale sind mit dem Feuer verbunden, die Ihnen ein klares geistiges Bild dieser Zeichen vermitteln?

Widder (21. März bis 19. April)

Widder ist ein männliches Feuerzeichen und wird vom Planeten Mars regiert, der nach dem römischen Kriegsgott benannt wurde. Das Symbol für das Widderzeichen ist ein Widder, der mit ihm assoziierte Edelstein der Diamant und die ihm zugeordnete Farbe das Rot. So betrachtet, wäre Ihr Widder-Verbündeter ein groß gewachsenes, attraktives männliches Wesen in einer roten Robe, mit einem großen Diamantring am Finger und Haar, das sich vor der Stirn ringelt wie die Hörner eines Widders. Widder ist eine aggressive Führerpersönlichkeit, erfüllt von der Leidenschaftlichkeit des Feuers. Magische Unterstützung erhalten Sie vom Widder, wenn sich der Mond im Zeichen des Widders befindet, bei allen Neuanfängen (wenn Sie zum Beispiel nach einem Umzug oder dem Verlust Ihres Arbeitsplatzes neu beginnen), bei der Verfolgung von Zielen, der Beilegung von Zwistigkeiten zwischen zwei Personen und wenn es um Selbstvertrauen geht. Da Widder Gesicht und Kopf regiert, wird jeder Zauber in diesem Bereich (zum Beispiel bei Kopfschmerzen) von ihm unterstützt.

Löwe (23. Juli bis 22. August)

Löwe ist ein männliches Feuerzeichen und wird von der Sonne regiert, der Lebenspenderin der Erdenbewohner. Symbol für das Löwezeichen ist ein Löwe, der mit ihm assoziierte Edelstein der Rubin und die ihm zugeordnete Farbe das Gold. So betrachtet, könnte Ihr Löwe-Verbündeter ein lebhaftes, herrisches männliches Wesen sein, vielleicht mit einem muskulösen Oberkörper, einer goldfarbenen Robe und einer Rubinkrone auf dem Haupt (schließlich ist der Löwe schon seit langem König!). Vielleicht ähnelt sein Haar der prächtigen Mähne des Löwen. Die Einstellung des Löwen ist die eines verwöhnten, exzentrischen Filmstars voll theatralischem Überschwang. Er ist jederzeit bereit, Ihnen zu zeigen, wie Sie auf sich selbst achten und sich verwöhnen, anderen gegenüber aber autoritär auftreten können. Wenn sich der Mond im Zeichen des Löwen befindet, bitten Sie um seinen magischen Beistand in Dingen, bei denen es um Zuversicht, Autorität und Mut sowie die Heilung des Herzens auf physischer wie emotionaler Ebene geht.

Schütze (22. November bis 21. Dezember)

Schütze ist ein männliches Feuerzeichen, das vom Planeten Jupiter regiert wird, dem Planeten des Wachstums, des Glücks und der optimistischen Einstellung. Symbol für das Schützezeichen ist der Zentaur und Bogenschütze, der mit ihm assoziierte Edelstein ist der Topas und die ihm zugeordnete Farbe Purpur. So betrachtet, wäre Ihr Schütze-Verbündeter vielleicht ein überaus intelligentes und wohlgebautes männliches Wesen mit dunklem, lockigem Haar, einer purpurfarbenen Robe und einem mit Topasen besetzten Bogen, mit dem er seine Pfeile abschießt. Der Schütze ist optimistisch und vergnügt, gelehrt, aber sehr direkt. Er wird an Sie glauben, ganz gleich, was Sie unternehmen. Wenn sich der Mond im Zeichen des Schützen befindet, unterstützt Sie der Schütze bei der magischen Arbeit im Bereich von Reisen, Prophetie, Wahrheit und Glück. Weil Schütze auch die Oberschenkel und die Leber regiert, sind Zauber für diese Bereiche ebenfalls Erfolg versprechend.

Die Erd-Familie

Das Element der Erde ist die Verkörperung des Weiblichen, der schöpferischen Kräfte, der Häuslichkeit, Zufriedenheit, des Herdes, des Zuhauses und der Familie. Durch die Erneuerung des Frühlings, die Fülle des Sommers, den Wechsel und die Veränderungen im Herbst und das kontemplative Ausruhen im Winter zeigt uns die Erde den Umgang mit den Zyklen des Lebens. Die Mitglieder der Erd-Familie – Stier, Jungfrau und Steinbock – verkörpern die Eigenschaften und Merkmale der Erde. Ein jedes kennt die Fülle, bekennt sich aber auch zu einer kälteren Seite im Innern. Der stetige Stier bewegt sich durch die Jahreszeiten, beobachtet, wie sie sich verändern, und kommt zu dem Schluss, dass die Dinge konstant sind und sich nicht verändern. Die Jungfrau ahmt die Natur nach – alles ist so, wie es sein sollte, scheint aber für ein skeptisches Auge ein wenig chaotisch zu sein; daher versucht sie ständig, Ordnung in dieses augenscheinliche Chaos zu bringen. Der Steinbock sieht ein Signalzeichen in den wechselnden Jahreszeiten und spart in einem stetigen Rhythmus der Vorbereitung auf den Winter. Achten Sie auf alle weiteren Merkmale und Eigenschaften, die Ihnen zum Element Erde einfallen und die eine klarere Vorstellung von der astrologischen Erd-Familie vermitteln können.

Stier (20. April bis 20. Mai)
Stier ist ein weibliches Erdzeichen, das von dem nach der römischen Göttin der Schönheit benannten Planeten Venus re-

giert wird. Symbol für das Stierzeichen ist der Stier, der mit ihm assoziierte Edelstein der Smaragd und die ihm zugeordnete Farbe Mauve oder Malve. So betrachtet, könnte Ihre Stier-Verbündete eine körperlich fitte und außergewöhnlich starke, attraktive Frau sein, die eine malvenfarbene Robe und eine Halskette aus Smaragden trägt. Vielleicht besitzt sie langes fließendes Haar in einem dunklen, satten Erdton. Ihre Stier-Verbündete wäre eine stabile, nachdenkliche und geduldige Persönlichkeit, die Ihnen praktische Ratschläge gibt. Wenn sich der Mond im Zeichen des Stiers befindet, steht Ihnen Stier in Dingen der Liebe und der Dauerhaftigkeit einer Liebe oder Ehe bei, bei Erwerbungen sowie den Künsten und Vergnügungen jeglicher Art. Da Stier Kehle und Hals regiert, ist ein Zauber für Heilung in diesen Bereichen ebenfalls Erfolg versprechend.

Jungfrau (23. August bis 22. September)

Jungfrau ist ein weibliches Erdzeichen, das von Merkur regiert wird, dem Planeten, der – wie bereits erwähnt – nach dem Götterboten der alten Griechen benannt wurde. Symbol für das Jungfrauzeichen ist die Gestalt einer Jungfrau, der mit ihm assoziierte Edelstein der Saphir und die ihm zugeordnete Farbe Marineblau. So betrachtet, könnte Ihre Jungfrau-Verbündete eine schlanke, sportliche, in eine marineblaue Robe gewandete Frau sein, die eine saphirbesetzte Krone trägt. Ihr Gesicht strahlt Reinheit aus und ihre Augen spiegeln eine Weisheit, die weit über ihr Alter hinausgeht. Aufgrund ihrer Intelligenz und ihres logischen Denkvermögens bietet Sie Ihnen für jedes emotionale Problem eine auf neutrale Fakten gegründete Lösung an. Wenn sich der Mond im Zeichen der Jungfrau befindet, hilft Ihnen die Jungfrau-Verbündete, wenn es bei Ihren magischen Unternehmungen um Diäten und allgemeine Gesundheitsprobleme geht, um Ordnung im eigenen Haus und darum, dass Dinge nicht mehr hinausgezögert werden. Weil Jungfrau den Darm und das Nervensystem regiert, ist ein Heilzauber für diese Bereiche ebenfalls Erfolg versprechend.

Steinbock (22. Dezember bis 19. Januar)
Steinbock ist ein weibliches Erdzeichen, das von Saturn, dem nach dem römischen Gott des Ackerbaus benannten Planeten, regiert wird. Symbol des Steinbockzeichens ist ein Steinbock oder Ziegenbock, der mit ihm assoziierte Edelstein der Granat und die ihm zugeordnete Farbe Dunkelgrün. So betrachtet, könnte Ihre Steinbock-Verbündete eine unerschütterliche und stattliche Frau sein, die insgeheim ein Herz aus Gold hat, eine lange waldgrüne Robe und einen mit Granaten besetzten Kopfschmuck trägt. Die Steinbock-Verbündete ist eine Matriarchin, die dafür sorgt, dass Sie Disziplin lernen oder andernfalls die Konsequenzen dafür zu tragen haben. Wenn sich der Mond in Steinbock befindet, hilft Ihnen die Steinbock-Verbündete bei allen magischen Unternehmungen, die auf Disziplin, Motivation, Ehrgeiz, Karriere und Geld ausgerichtet sind – Dinge, die der »Vorbereitung auf den Winter« dienen. Weil Steinbock die Knie, Knochen und Zähne regiert, ist ein Heilzauber für diese Bereiche ebenfalls Erfolg versprechend.

Die Luft-Familie

Die positiven und negativen Eigenschaften des Elements Luft gelten auch für die astrologische Luft-Familie. Schließen Sie die Augen und konzentrieren Sie sich einen Augenblick lang auf die Eigenschaften und Qualitäten der Luft. Wir brauchen Luft, um zu leben, doch ist der Atem eine unwillkürliche Funktion. Wir konzentrieren uns beim Meditieren auf die

Luft und den Atem und können dadurch zu höheren spirituellen und meditativen Ebenen gelangen. Wenn wir gesund sind, sind der Atem und die Leben spendende Luft für uns selbstverständlich. Die Luft kann eine sanfte, kühlende Brise oder Stürme von der Gewalt eines Hurrikans bringen. Die Mitglieder der Luft-Familie – Zwillinge, Waage und Wassermann – legen die positiven und negativen Eigenschaften des Luftelements an den Tag. Sie können jeden Augenblick bewusst wahrnehmen und das Leben voller Enthusiasmus genießen oder aber mental so fokussiert sein, dass sich ihr analytisches Wesen über die Intuition hinwegsetzt. Zwillinge verfügt über ausgezeichnete kommunikative und mentale Fähigkeiten. Waage ist das Zeichen von Gerechtigkeit, Ordnung und Gleichgewicht, und diese Balance schließt auch die Harmonie von Körper, Geist und Seele ein. Wassermann zeichnet sich durch wissenschaftliche Methodik aus, ist aber auch offen für die Kreativität, die der wissenschaftlich orientierte Geist braucht. Wenn Sie sich die Eigenschaften und Merkmale des Luftelements lebhaft vor Augen führen, können Sie die Luft-Familie leichter personifizieren.

Zwillinge (21. Mai bis 21. Juni)

Zwillinge ist ein männliches Luftzeichen, das vom Planeten Merkur regiert wird, der nach dem Götterboten der alten Griechen benannt ist. Dieses Zeichen wird durch ein Zwillingspaar symbolisiert und ist mit dem Achat und der Farbe Gelb assoziiert. So betrachtet, könnte Ihr Zwillinge-Verbündeter ein sehniges, sportlich durchtrainiertes (durch all seine Botendienste für die Götter) männliches Wesen sein, das eine mit außergewöhnlich schönen Achaten besetzte gelbe Robe trägt. Er mag aussehen wie eine wundervolle, zum Leben erwachte alte Statue. Seine Beredsamkeit ist unübertroffen und sein rasch arbeitender Verstand wird Ihnen immer verschiedene Lösungen für Ihr Dilemma aufzeigen. Wenn sich der Mond in Zwillinge befindet, finden Sie Unterstützung für alle magischen Unternehmungen, bei denen es um die Anpassung an Veränderungen, um neue Ideen und das Schreiben geht. Da Zwillinge die Arme, Hände und Lungen regiert, ist ein Zauber für diese Bereiche ebenfalls Erfolg versprechend.

Waage (23. September bis 22. Oktober)
Waage ist ein männliches Luftzeichen, das von der Venus, dem Planeten der Schönheit und Liebe, regiert wird. Symbol für das Waagezeichen ist eine Waage, der mit ihm assoziierte Edelstein der Opal, die ihm zugeschriebene Farbe Lavendel. So betrachtet, könnte Ihr Waage-Verbündeter ein liebreizend anzusehendes männliches Wesen in einer lavendelfarbenen Robe sein, das eine an einer Kette aus Opalen befestigte Waagschale in den Händen hält. Waage ist ein verständnisvoller, charmanter, gesellschaftlich gewandt auftretender Freund, der bei jeder Auseinandersetzung alle Seiten zu sehen vermag. Wenn sich der Mond in Waage befindet, hilft Ihnen dieser Verbündete bei allen magischen Unternehmungen, bei denen es um Vereinigung, künstlerische Bemühung, Harmonie, das Gleichgewicht zwischen Körper, Geist und Seele und juristische Angelegenheiten geht. Da Waage den unteren Rückenbereich und die Nieren regiert, ist ein Zauber für diese Bereiche ebenfalls Erfolg versprechend.

Wassermann (20. Januar bis 18. Februar)
Wassermann ist ein männliches Luftzeichen, das vom Planeten Uranus regiert wird, dem Planeten der Veränderung, des Unerwarteten und der Wissenschaft. Symbol für das Wassermannzeichen ist der Wasserträger, der mit ihm assoziierte Edelstein ist der Amethyst und die ihm zugeordnete Farbe ein elektrisches Blau. So betrachtet, könnte ihr Wassermann-Ver-

bündeter ein schrullig aussehender Kerl sein, dem mehr daran liegt, nach Sinn und Zweck zu forschen und in die Tiefen des Geistes einzutauchen, als sich seiner äußeren Erscheinung zu widmen. Da Wassermann sich gern von anderen unterscheidet, macht es ihm nichts aus, eine elektrisch blaue Robe zu tragen und ein wunderschönes, mit Amethysten besetztes Wassergefäß in Händen zu halten. Wassermann ist ein überaus freundlicher Intellektueller, der gerne sein Wissen und seine Visionen mit anderen teilt. Wenn sich der Mond in Wassermann befindet, unterstützt er Sie, wenn es um Wissenschaft und Freundschaft, Visionssuche und das Durchbrechen von Suchtmustern geht. Da Wassermann die Unterschenkel, Knöchel und das Blut regiert, ist ein Zauber für diese Bereiche ebenfalls Erfolg versprechend.

Die Wasser-Familie

Das weibliche Element des Wassers besitzt viele positive und auch negative Eigenschaften. Die wichtigsten Merkmale des Wassers sind, dass es stets den leichtesten Weg nimmt und dass es sanft dahinfließt, um dem Meer zu begegnen, dabei aber auch katastrophal zerstörerisch werden kann. Weil es zu fließen weiß und auch weiß, dass es letztlich ins Meer münden wird, ist dieses Element mit Wissen und Intuition verbunden. Krebs, Skorpion und Fische demonstrieren immer wieder diese Eigenschaften. Krebs-Geborene können tiefe Intuition an den Tag legen, doch wenn sie sich von ihr bedroht fühlen, kann ihr äußerer »Panzer« schützend erstarren. Skorpion-Geborene sind berühmt dafür, dass sie die Extreme eines Wasserzeichens ausleben; sie sind die Ersten, die »mit dem Strom fließen«, und dann auch die Ersten, die sich umdrehen, den Damm brechen und der Flut freien Lauf lassen. Fische-Geborene hingegen können aufgrund ihrer Intuition so sensibel auf die Gefühle anderer reagieren, dass sie unter Umständen davon überwältigt werden und in ihrem eigenen – wirklichen oder eingebildeten – Leid und Kummer ertrinken. Welche weiteren Merkmale und Eigenschaften des Wassers können Sie den folgenden Persönlichkeiten zuordnen?

Krebs (22. Juni bis 22. Juli)
Krebs ist ein weibliches Wasserzeichen, das vom Mond regiert wird, der das Gefühl und die Intuition beeinflusst. Symbol für das Krebszeichen ist ein Krebs und es wird mit der Perle und der Farbe Silber assoziiert. So betrachtet, könnte Ihre Krebs-Verbündete eine Frau sein, die eine Perlenrobe trägt und langes, fließendes, silbriges Haar besitzt. Ihre Augen sind vielleicht blau wie der Ozean, wie zwei tiefe, verborgene Teiche der Weisheit. Die Krebs-Verbündete ist empfänglich und mitfühlend und erteilt Ihnen so kluge, aus der Intuition geborene Ratschläge, dass Sie sich nicht mehr selbst zu bemitleiden brauchen! Wenn sich der Mond im Zeichen des Krebses befindet, wird Ihnen die Krebs-Verbündete beim Wirken aller Zauber beistehen, die mit dem eigenen Heim und dem Loslassen von unerwünschten Emotionen und Gefühlen zu tun haben. Doch möglicherweise wird der Zauber nicht ganz so funktionieren, wie Sie sich das gedacht haben, denn der Krebs bewegt sich seitwärts, um an sein Ziel zu gelangen! Dem Krebs unterstehen Brustkorb, Brüste und Magen, weshalb auch ein Heilzauber für diese Bereiche Erfolg versprechend ist.

Skorpion (23. Oktober bis 21. November)
Skorpion ist ein weibliches Wasserzeichen, das von Pluto regiert wird, dem Planeten, der nach dem Gott der Toten benannt wurde. Das Ende trägt dabei auch das Geschenk eines Anfangs in sich. Dieses Zeichen wird durch einen Skorpion

symbolisiert und ihm sind der Aquamarin und die Farbe Karmesinrot zugeordnet. So betrachtet, könnte Ihre Skorpion-Verbündete eine sexy Frau in einer karmesinroten Robe sein, mit einem Stirnband und einem großen Aquamarin an der Stelle, wo sich das Dritte Auge befindet. Ihr Gesicht ist umrahmt von den mutwilligen Locken ihres langen roten Haars, die zuweilen auch einen heimlichen Gesichtsausdruck verbergen. Die Skorpion-Verbündete hat keine Angst, ihre heftigen Emotionen zu zeigen, um das Beste aus Ihnen herauszuholen. Wenn sich der Mond im Zeichen des Skorpions befindet, hilft Ihnen die Skorpion-Verbündete bei Ihren magischen Unternehmungen, wenn es um Macht, mediale Fähigkeiten und darum geht, Ihr Sexleben wieder mit Leidenschaft zu erfüllen. Da dem Skorpion die Fortpflanzungsorgane unterstehen, sind Heilzauber für Prostata, Eierstöcke, Gebärmutter und so weiter ebenfalls Erfolg versprechend.

Fische (19. Februar bis 20. März)
Fische ist ein weibliches Wasserzeichen, das von Neptun regiert wird, dem Planeten voller Illusionen und Mysterien, der nach dem Gott des Meeres benannt wurde. Symbol für dieses Zeichen sind zwei Fische, der mit ihm assoziierte Edelstein ist der Blutstein und die ihm zugeordnete Farbe die von Meerschaum. So betrachtet, könnte Ihre Fische-Verbündete ein fast anderweltliches Geschöpf sein, eingehüllt in ein Gewand von der Farbe des Meerschaums, das eine Halskette mit Delfinen aus Blutstein trägt. Die Fische-Verbündete ist ein höchst spirituelles Wesen, das hinter Ihre Masken und Ihren Abwehrpanzer schauen kann, wenn Sie den Mut haben, sie darum zu bitten. Wenn sich der Mond im Zeichen der Fische befindet, hilft Ihnen die Fische-Verbündete, wenn es bei Ihren magischen Unternehmungen um spirituelle Angelegenheiten, Telepathie und Träume geht, sowie auch bei musikalischen und

intellektuellen Bemühungen. Da Fische die Füße regiert, ist auch ein Heilzauber für diesen Bereich Erfolg versprechend.

Die Element-Familien zusammenfügen

Wenn Sie erst einmal ein Gespür für die Einflüsse innerhalb der Element-Familien entwickelt haben, erweitern Sie Ihre Einsichten und Erkenntnisse, indem Sie visualisieren, wie sich diese Familien untereinander beeinflussen. Beginnen Sie mit der Luft. Wie wirkt sich Luft auf Feuer aus? Luft kann entweder mit Feuer harmonieren oder es auslöschen. Luft kann ohne Feuer existieren, aber Feuer nicht ohne Luft. Wie wirkt sich Luft auf Wasser aus? Auf Erde? Gehen Sie alle Elemente durch und erforschen Sie auf diese Weise ihre Beziehungen zueinander.

Luft:	Feuer	*Wasser:*	Erde
	Wasser		Feuer
	Erde		Luft
Feuer:	Luft	*Erde:*	Wasser
	Wasser		Luft
	Erde		Feuer

Numerologie

Zahlen haben eine Bedeutung. Jede Zahl von Eins bis Neun steht für einen bestimmten grundlegenden Wert wie zum Beispiel Kooperation, Arbeitsethik, Familie oder Spiritualität. Jeder Mensch hat eine Schicksalszahl, und wenn Sie Ihre Schicksalszahl ausfindig gemacht haben, werden Sie die Richtung, die Ihr Leben nimmt, besser verstehen.

So wie Sie von Ihrer Intuition Gebrauch machten, um mehr über die Elemente herauszufinden, können Sie sie auch einsetzen, um mehr über die Zahlen in Erfahrung zu bringen. Wenn Sie mit der Numerologie in ihren Grundzügen bereits vertraut sind, führen Sie sich vor Augen, was Sie über die Zahlen bisher gelernt haben, und denken Sie darüber nach, wie diese Vorstellungen wohl zustande gekommen sein mögen. Die Zahl Eins zum Beispiel steht für Zuversicht, Selbstvertrauen und Führerschaft. Nun, es braucht *einen* Leiter mit Zuversicht und Selbstvertrauen, um eine Gruppe gut zu führen. So gesehen, ist die der Zahl Eins zugeordnete Bedeutung also durchaus sinnvoll. Wenn Sie im Bereich der Numerologie ein Neuling sind, dann denken Sie mal über die Zahlen Eins bis Neun nach und schreiben ihre möglichen Bedeutungen auf. Überprüfen Sie anschließend, wie nahe Sie an die traditionellen Bedeutungen herangekommen sind.

Um Ihre Schicksalszahl ausfindig zu machen, berechnen Sie die Quersumme Ihres Geburtsdatums. Dazu zählen Sie zuerst die einzelnen Zahlen des Datums zusammen. Wenn Sie zum Beispiel am 1. Januar 1960 geboren wurden, würde Ihre Schicksalszahl folgendermaßen berechnet:

$$
\begin{array}{rl}
01 & \text{(der erste Tag des Monats)} \\
01 & \text{(der Monat Januar)} \\
+ \quad \underline{1960} & \text{(das Geburtsjahr)} \\
\overline{1962} &
\end{array}
$$

Dann addieren Sie dieses Ergebnis wie folgt: 1 + 9 + 6 + 2 = 18
Addieren Sie nun dieses Ergebnis wie folgt: 1 + 8 = 9
Ihre Schicksalszahl ist 9.

Die Numerologie hat viele Aspekte und Ihre Schicksalszahl ist nur einer davon. Wollten Sie diese allein zum Definieren

Ihres numerologischen Selbst verwenden, wäre das so, als würden Sie sich in der Astrologie ausschließlich auf Ihr Sonnenzeichen stützen, obwohl es in Ihrem Horoskop noch den Aszendenten, den Mond und all die anderen Planeten und Aspekte zu berücksichtigen gilt. Dennoch ist die Kenntnis Ihrer Schicksalszahl in gewissem Maße nützlich und aussagekräftig. Hier folgen einige Aspekte der einzelnen Ziffern als Schicksalszahlen:

Eins: Die Eins ist die Zahl für Führerschaft, Kreativität, Selbstvertrauen, Zuversicht und Meisterschaft. Personen mit der Schicksalszahl Eins müssen führen lernen und zugleich begreifen, dass die einzigartigen Qualitäten jedes Einzelnen die Substanz des Ganzen bilden. Auch wenn eine Gruppe von zehn Leuten als Gruppe betrachtet wird, so gibt es doch innerhalb der Gruppe unterschiedliche Individuen. Die Eins steht für das Samenkorn, das eingepflanzt wird. »Einser« müssen lernen, dass sie die Bürde nicht allein zu tragen brauchen und dass jedes Ende auch einen Anfang bedeutet. Eins ist die Zahl des Magiers im Tarot und steht für die Beherrschung der Elemente.

Zwei: Die Zwei steht für Gleichgewicht, für Dualität, für Licht und Dunkelheit. Personen mit der Schicksalszahl Zwei müssen lernen, zwischen Männlichem und Weiblichem, zwischen Geben und Empfangen die Balance zu halten. Mit anderen zusammenzuarbeiten und sich zu verbünden gehört zu ihren Lektionen. Und oft lernen »Zweier« Ihre Lektion des Gleichgewichts so gründlich, dass sie gar nicht zu erkennen vermögen, dass sie aus dem Gleichgewicht geraten sind. Zwei ist die Zahl der Hohepriesterin im Tarot und verkündet die Notwendigkeit von Bewusstheit und Intuition.

Drei: Die Zahl Drei steht für Manifestation. Sie ist das einzelne Samenkorn der Eins plus das Gleichgewicht der Zwei. Aus dieser Verbindung entstehen Einheit und Vollendung. Personen mit der Schicksalszahl Drei genießen Gesellschaft und arbeiten gut in Stellen, bei denen sie es mit Menschen zu tun haben. Ihre Geselligkeit macht die »Dreier« aber auch verletzlich und zu den Lektionen, die sie zu lernen haben, gehört die Erkenntnis, dass sie die Gedanken oder das Handeln anderer Menschen nicht kontrollieren können. Dreier sind hervorragend beim Manifestieren durch Geduld. Drei ist die Zahl der Herrscherin im Tarot und steht für Fruchtbarkeit, Heim und Herd.

Vier: Während die Dreier durch Geduld manifestieren, richten die Vierer ihren Blick auf ein Ziel und leisten die Hintergrundarbeit, um dieses Ziel zu erreichen. Personen mit der Schicksalszahl Vier sind solide Stützen der Gesellschaft. Vierer müssen lernen, sich nicht mit Haut und Haaren in die Arbeit zu stürzen oder sich für andere aufzuopfern. Die Vier ist die Zahl des Herrschers im Tarot, der standfest ist und sein Reich überblickt.

Fünf: Wo immer Personen mit der Schicksalszahl Fünf auch hingehen, die Veränderung wird ihnen nachfolgen. Der ständige Wandel lehrt sie die Lektionen der Anpassungsfähigkeit und Akzeptanz. »Fünfer« müssen sich immer wieder neuen Umständen anpassen, ob sie diese Veränderungen nun selbst bewusst herbeiführen oder sie sich von außen zu ergeben scheinen. Der Wandel entsteht auch aus ihrer eigenen Langeweile. Daher ist Disziplin eine Lektion, die in ihrem Leben immer wieder auftaucht; mangelnde Disziplin führt zu einem Mangel an Freiheit – und Freiheit schätzen Fünfer außerordentlich. Fünf ist die Zahl des Hierophanten oder Hohepriesters im Tarot und steht für spirituelles Studium sowie für Kontrolle.

Sechs: Sechs ist eine Zahl der Ausgeglichenheit und Verantwortung, die lehrt, dass in der Einheit Stärke liegt. Zwei einen Bau stützende Säulen funktionieren besser als eine; vier funktionieren besser als zwei. Personen mit der Schicksalszahl Sechs neigen dazu, sich auf ihren Standpunkt zurückzuziehen und ihn zu behaupten, statt sich der Masse anzuschließen, obwohl letzteres gewöhnlich die bessere Lösung für sie wäre. Die Zahl Sechs ist die Zahl der Liebenden im Tarot und steht für Menschen, die sehr unterschiedlich sind und sich aneinander reiben, bis sie schließlich die Kraft erkennen, die in ihrer Unterschiedlichkeit liegt.

Sieben: Die Sieben ist eine höchst spirituelle Zahl, die mit einsamer Aktivität in Einklang steht. Personen mit der Schicksalszahl Sieben müssen ihre Einzigartigkeit in diesem Dasein begreifen und zur Würdigung der Stärke ihrer Weisheit gelangen. Dies ist der Ort, wo sich Geist und Materie begegnen. Sieben ist eine heilige Zahl; sie repräsentiert die Tonleiter, die Farben des Regenbogens, die Tage der Woche, die wichtigsten Chakren. Sieben ist die Zahl des Wagens im Tarot, der sich allein auf die Reise begibt und dabei das Gleichgewicht zu bewahren sucht.

Acht: Die Acht ist die Zahl irdischen Wissens und irdischer Kraft. Menschen mit der Schicksalszahl Acht haben ein erstaunliches Händchen für Finanzen, Hypotheken, Geschäfte, Immobilien und rechtliche Angelegenheiten. Das kann jedoch eine Falle sein, wenn von diesen Fähigkeiten unrechter Gebrauch gemacht wird. »Achter« lernen ihre wichtigen Lektionen nur schwer, wenn sie es zu bequem haben. Die Acht ist im Tarot die Zahl der Kraft (in manchen Decks auch der Ausgleichung oder Gerechtigkeit) und steht für die Fähigkeit, Angst zu überwinden, um die Wahrheit zu finden.

Neun: Diese Zahl entspricht dem Gipfelpunkt einer langen Reise und steht für Weisheit, die aus Wissen destilliert wurde. Neun ist der vollendete Kreis und symbolisiert wie die Eins Führerschaft. Doch während die Eins Führerschaft in irdischen Angelegenheiten wie zum Beispiel in unternehmerischen Dingen meint, bezieht sich die Führerschaft der Neun auf spirituelle Dinge. Der Eremit mit seiner den Weg erhellenden Laterne und seiner vollendeten Reise entspricht im Tarot der Neun.

Dies ist nur eine ganz grob skizzierte Einführung in die Numerologie, gedacht als Grundlage für das Tarot und andere Methoden, die auf Zahlen gründen. Es empfiehlt sich unbedingt, die Numerologie eingehender zu studieren.

Tarot

Man glaubt, dass die früheste Form des Tarots altägyptischer Herkunft ist und dass das fahrende Volk der Wahrsagerinnen, Musiker und Zirkuskünstler, das man Zigeuner nannte, die Karten von dort mitbrachte. Hier besteht allerdings eine Unstimmigkeit, da man annimmt, dass die Zigeuner ursprünglich aus Indien stammen. Wie auch immer, das Tarot hat sich jedenfalls in verschiedenen Formen mit unterschiedlicher Beliebtheit in ganz Europa ausgebreitet. Während der Zeit der Inquisition waren Tarotkarten, ja sogar die normalen Spielkarten, dem gewöhnlichen Volk allerdings verboten.

Das moderne Tarotdeck besteht aus achtundsiebzig Karten. Davon bilden zweiundzwanzig Karten die Großen Arkana und sechsundfünfzig Karten die Kleinen Arkana, die in etwa den gewöhnlichen Spielkarten mit ihren vier Farben entsprechen.

Doch ist das Tarot nicht zum Spielen gedacht. Es gibt uns vielmehr ein ausgezeichnetes Mittel an die Hand, um mit einem bewussteren, liebevolleren, verständnisvolleren Aspekt in uns Kontakt aufzunehmen, mit jenem Aspekt, der die Antworten auf die Lektionen des Lebens kennt. Es kann uns ein Kommunizieren ermöglichen, das unsere normalen Fähigkeiten bei weitem übersteigt. Wenn Sie das Tarot zur Förderung Ihrer medialen und intuitiven Fähigkeiten nutzen, lässt sich das mit dem Einsatz von Hanteln zur Stärkung Ihrer Muskeln vergleichen. Sie kommunizieren mit einem Aspekt Ihrer selbst, der mit dem Göttlichen in Berührung steht, und deshalb ist es sehr wichtig, dass Sie äußerst respektvoll und verantwortungsbewusst mit den Karten umgehen. Es geht beim Tarot nicht einfach nur ums Wahrsagen. Sein Sinn ist vielmehr, dass Sie sich mit einem Aspekt Ihres Selbst vereinen, der Ihnen die Bedeutung Ihrer Lebenslektionen aufzeigt und Sie schließlich befähigt, auch anderen Menschen bei ihren Lektionen zu helfen.

Sie verfügen nun schon über einige Grundkenntnisse in Bezug auf die Elemente und die Numerologie. Wenn Sie dieses Wissen auf das Tarot anwenden und mit Ihrer Intuitionsgabe kombinieren, sind Sie bereits zur Hälfte am Ziel.

Es gibt vier Farben im Tarot, die Kelche, Schwerter, Stäbe und Pentakel (oder Münzen) genannt werden. Jede dieser Farben ist mit einem Element verbunden. Die Kelche sind mit dem Wasserelement und daher mit Bewegung, Veränderung, weiblicher und spiritueller Energie assoziiert. Die Schwerter sind dem Luftelement zugeordnet, das verbunden ist mit dem Aufnehmen und Verarbeiten der Informationen, die uns überall umgeben. Die Stäbe korrespondieren mit dem Feuerelement und stehen für Leidenschaft, schnelles Handeln, Energie, Geschwindigkeit und Wärme. Die Pentakel sind mit dem Element der Erde assoziiert, das mit Wohlstand, Gedeihen, Wärme, Weiblichkeit, Häuslichkeit und Familie in Verbindung steht.

Wenn Sie sich mit den Korrespondenzen zwischen den Farben und den Elementen vertraut gemacht haben, dann setzen Sie die numerologischen Werte mit den Eigenschaften der Elemente in Verbindung. So steht das Pentakel-Ass für die »Eins« und damit für Führerschaft und die Quelle von Neuem, verbunden mit dem Element der Erde, mit Wohlstand und Gedeihen. So könnten Sie, wenn Sie ein Pentakel-Ass ziehen, daraus ablesen, dass sich vielleicht ein neues Abenteuer am Horizont abzeichnet, das sich für Sie günstig auswirken und möglicherweise Wohlstand bringen wird.

Die Sache wird sehr viel einfacher, wenn Sie sich mit den Karten als Ganzes vertraut machen und sich nicht die klassischen Bedeutungen der achtundsiebzig Karten einzeln und unabhängig voneinander einzuprägen versuchen. Wenn Sie sich merken, dass es innerhalb der Kleinen Arkana vier Farben gibt und dass die Großen Arkana intuitiv gedeutet werden können, brauchen Sie nur fünf statt achtundsiebzig Informationen zu integrieren. Und das kann das Gehirn sehr viel leichter in Kategorien unterbringen!

Es ist wichtig, die klassischen Bedeutungen der Tarotkarten zu kennen, doch empfiehlt es sich, ein Gleichgewicht zu halten. Wenn Sie das Tarot intuitiv zu erfassen lernen, schärft das Ihre Wahrnehmungsfähigkeit ganz enorm. Gehen Sie zu diesem Zweck die Großen Arkana durch und halten Sie Ausschau nach Symbolen, die Sie ansprechen. Schreiben Sie Ihre Eindrücke von jeder Karte auf, auch wenn Sie die traditionellen Bedeutungen nicht kennen. Notieren Sie die Stimmung, die eine Karte zum Ausdruck bringt, ihre Farben und was sie für Sie bedeuten. Untersuchen Sie jeden Aspekt einer Karte. Vergleichen Sie anschließend Ihre Gedanken und Einsichten mit den nachfolgenden klassischen Bedeutungen der Großen Arkana. Prüfen Sie, ob Ihre eigenen Antworten die Bedeutung der Karten für Sie deutlicher machen. Wahrscheinlich können Sie sich nach dem Ende dieser Übung problemloser mit den Karten identifizieren. Vielleicht haben die Karten Ihnen auch gewisse Lebenslektionen vermittelt. Achten Sie auf alles, was die Karten Ihnen erzählt haben!

Wenn Sie Karten ziehen, sollten Sie nicht nur die folgenden Beschreibungen durchlesen, sondern sich vor allem in Bezug auf die feineren Einzelheiten Fragen stellen, denn das kann Ihnen zeigen, warum diese oder jene Karte in diesem Augenblick in Ihrem Reading auftaucht. Zum Beispiel: Warum sind auf der Karte Kerzen zu sehen? Sind sie angezündet oder gelöscht? Welche Tageszeit ist es? Wenn es Tag ist, ist es sonnig oder bewölkt? Welche Bedeutung hat das auf der Karte gezeigte Wetter? Warum haben diese Symbole zu diesem Zeitpunkt für dieses Reading Bedeutung?

Wenn Sie Punkt für Punkt Fragen zu den Einzelheiten stellen, wird das Ihre Kenntnis der Karten noch vertiefen und verfeinern. Die folgenden dem Robin-Wood-Tarot entnommenen Bemerkungen zu den Großen Arkana geben nicht nur bloße Beschreibungen, sondern versuchen auch die Symbole zu erläutern, über die die Karten mit Ihrem höheren Selbst kommunizieren.

1. Der Magier: Ein kraftvoll aussehender Mann, ein Magier, der anscheinend Macht über die Elemente hat, die in Form der vier Farben symbolisch auf der Karte dargestellt sind. Auf seinem Gewand sieht man weiße Rosen, die für Tod und Wiedergeburt stehen. Hinter ihm stehen zwei brennende Kerzen, eine schwarz, eine weiß, ein Symbol für Gleichgewicht oder das Wandern zwischen den Welten. Auf dem Kopf trägt er ein Hirschgeweih und vielleicht verfügt er auch über die Qualitäten eines Schamanen oder ist in dessen Geheimnisse eingeweiht. Der Magier lässt das Symbol für Ewigkeit, Alpha und Omega, Anfang und Ende, über seiner Hand schweben, und es leuchtet. Sein Gesicht strahlt Selbstvertrauen aus; dies ist ein Mann, der genau weiß, wie alles in seinem Reich genutzt und angewendet wird.

2. Die Hohepriesterin: Eine zuversichtlich blickende Frau hält unter dem Vollmond ein Buch und eine Kristallkugel in ihren Händen. Sie trägt ein langes Gewand, ein Pentakel um den Hals und einen Stirnreif mit einem Halbmond. Hinter ihr sind zwei Bäume zu sehen; der eine steht im Schatten und wirkt dunkel, der andere steht im Mondlicht und ist hell, was Gleichgewicht symbolisiert. Der Mond steht für Mysterium und Rätselhaftigkeit, doch die Frau verfügt offensichtlich über ein Wissen, das es ihr ermöglicht, mithilfe ihres Buches und ihrer Kristallkugel in die Geheimnisse des Mondes einzutauchen.

3. Die Herrscherin: Eine zufrieden und glücklich blickende Frau sitzt am Spinnrad und spinnt. Die teuren Stoffe ihrer Kleidung in Königspurpur und im Grün des Herzens und der Erde zeugen von Reichtum; sie trägt eine mit Edelsteinen besetzte Krone. Diese Frau verkörpert Majestät. Um sie herum herrscht Fülle – grüne Täler, Sommer, eine Zeit der Üppigkeit. Das Spinnrad symbolisiert Zyklen und Kreisläufe und die Frau ist fruchtbar und hochschwanger. Über ihr hängt an einem Baum das Ankh, das ägyptische Symbol des Lebens. Sie erträgt geduldig ihre Zeit der »guten Hoffnung«, wie auch die ganze Karte eine Atmosphäre von Geduld und Langmut ausstrahlt. Alles ist so, wie es sein soll.

4. Der Herrscher: Ein kraftvoller Mann, der die Armlehne seines Thronsessels umklammert, einen Brustharnisch und prachtvolle purpurfarbene Gewänder trägt und ein Zepter mit einem Ankh an seiner Spitze in der Hand hält. Niemand stürzt diesen Mann von seinem Thron. In den Thronsessel sind zwei Vögel eingeschnitzt, vielleicht Raben. Möglicherweise sind es die mythischen Vögel, die Odin auf seinen Reisen begleiteten. An der Seite des Throns hängt an einem Riemen ein Trinkhorn, das die Wasser des Wissens symbolisieren könnte oder das Eintreten in einen höheren Gewahrseinszustand. Der Thron befindet sich hoch auf einem Berg und in einiger Entfernung sieht man einen Adler fliegen. Die Füße des Herrschers ruhen symbolisch auf der Weltkugel.

5. Der Hierophant: Der Papst mit einer großen goldenen, edelsteinbesetzten Krone. Sein Körper ist ganz und gar in feine goldfarbene und rote Gewänder gehüllt. Er trägt weiße Handschuhe und hält ein Goldzepter in der Hand. Er ist ein schwermütiger, blasser Mann. Zwei junge Knaben knien vor ihm, als erhielten sie seinen Segen oder würden von ihm unterwiesen. Die drei Gestalten befinden sich in einer Kathedrale zwischen zwei Säulen, an denen Schnitzereien in Form eines weiblichen und eines männlichen Kopfes (Gleichgewicht) sowie eines Reisenden und einer bäuerlichen Gemeinschaft zu erkennen sind. Es wirkt, als hätte der Hierophant diese Schnitzereien schon viele, viele Jahre lang nicht mehr wahrgenommen. Für ihn scheint es nur die heiligen Schriften und seine Gelehrsamkeit zu geben.

6. Die Liebenden: Ein Mann und eine Frau wandern nackt Arm in Arm. Hinter ihnen steht ein Baum, der halb Eiche, halb Apfelbaum ist. Der Apfelbaum und die Frau befinden sich auf der linken, weiblichen Seite der Karte. Die Frau lässt beglückt den Mond in ihrer rechten Handfläche schweben, das Symbol der Göttin. Sie ist Trägerin des weiblichen Aspekts der Göttlichkeit und der Mysterien des Mondes. Der Mann befindet sich auf der rechten, männlichen Seite der Karte, vor der Eiche. Die Eiche ist ein Symbol für männliche Kraft und Stärke. Der Mann lässt die Sonne in seiner linken Handfläche schweben, das Symbol des Gottes. Mann und Frau sind zufrieden mit ihrer Verbindung. Sie schreiten gemeinsam voran im Wissen, dass ihre Vereinigung ein Ganzes erschafft. Der Himmel ist blau und zu ihren Füßen sind fruchtbare Täler zu sehen.

7. Der Wagen: Ein gut aussehender, blonder junger Mann singt und spielt die Harfe, während er einen von zwei Einhörnern (eines schwarz und eines weiß) gezogenen Wagen lenkt. Die Kleidung des jungen Mannes zeugt von Reichtum und auf seiner Brustplatte strahlt das Symbol der Sonne. Am Wagen ist das Yin/Yang-Symbol angebracht, um Gleichgewicht auszudrücken. Der Wagen fährt so rasch, dass er jedes Hindernis mühelos bewältigt. Der Nachteil dieses Tempos könnte allerdings sein, dass man nicht absteigen kann, ohne sich zu verletzen.

8. Die Kraft: Eine junge Frau, eine weiß gekleidete Jungfrau mit einem Blütenkranz im Haar, rein und zufrieden, hat offensichtlich einen Löwen gezähmt. In seiner Mähne stecken Blumen und er blickt in ihren Armen zufrieden drein, so wie auch sie zufrieden scheint, ihn in ihren Armen zu halten. Die Blumen in der Mähne des Löwen und im Haar der jungen Frau verweisen darauf, dass zwischen dem Tier und der Frau Übereinstimmung und vielleicht auch Ähnlichkeit besteht, die die Angst vertrieben und an ihrer Stelle Vertrauen gesetzt hat. Der Himmel ist blau und die beiden befinden sich unter einer Eiche, dem Symbol für männliche Kraft und Stärke.

Eine Pranke des Löwen ist angehoben, so als sei sie verletzt. Vielleicht hat die Frau auch einen Dorn aus ihr gezogen und so sein Vertrauen gewonnen, und nun lässt er sich von ihr beruhigen und besänftigen.

9. Der Eremit: Ein sehr alter, weißbärtiger Mann in zerlumpten Gewändern trägt eine Laterne. Er steht auf dem Gipfel eines hohen Berges, hält die Laterne hoch und sieht mit leichtem Lächeln nach unten. Es scheint ein Lächeln des Verstehens, der Weisheit und der Meisterschaft zu sein. Seine hagere Hand umklammert einen Wanderstab mit einer roten Feder an der Spitze. Rot ist das Symbol für Erde und Herz und die Feder ein Symbol des Hinauffliegens zu größeren Höhen. Es sieht so aus, als hielte er die Laterne für jemand anderen, der am Fuß des Berges wartet und vielleicht für seine eigene Reise bereit ist. Es könnte aber auch sein, dass er zufrieden ist, die Welt hinter sich gelassen zu haben.

10. Das Rad des Schicksals: Eine Silberkugel rollt auf dem äußeren Rand eines Rads entlang wie beim Roulette, das ja ein Glücksspiel ist. Innerhalb des Rads sieht man eine Frau in verschiedenen emotionalen Zuständen abgebildet. Zu Beginn scheint die Frau glücklich zu sein und ist von Sternen, vielleicht Glückssternen, umgeben, dann wird sie zunehmend traurig und deprimiert, doch am Ende des Kreislaufs ist sie wieder glücklich. Damit scheint das Jahresrad mit seinen acht Jahreskreisfesten und die zyklische Natur des Lebens gemeint zu sein. Diese Karte steht für Anfang und Ende und dann wieder einen neuen Anfang. Die Silberkugel zeigt in ihrem Lauf eine Vorwärtsbewegung an.

11. Die Gerechtigkeit: Eine streng und entschlossen wirkende Frau in roter Robe hält ein leuchtendes Schwert und eine

Waagschale in Händen. Das Schwert symbolisiert schnelles Handeln und scharfen Verstand, die Waagschale steht für intellektuelle Ausgewogenheit. Sie blickt weise und wissend, sie steht zwischen zwei Säulen und Säulen tragen normalerweise Bauten. Diese Frau ist geerdet und weiß, was sie tut. Die Waagschale repräsentiert auch das Tierkreiszeichen Waage, das Zeichen für Ausgewogenheit und Harmonie. Hinter der Frau ist eine fruchtbare, üppig grüne Landschaft unter einem blauen Himmel zu sehen. Wenn erst einmal Recht gesprochen und der Gerechtigkeit Genüge getan ist, ist das fruchtbare Land erreichbar.

12. Der Gehängte: Ein Mann hängt mit dem Kopf nach unten an einem Ast zwischen zwei Baumstämmen, die Hände hinter dem Rücken verschränkt oder gefesselt. Er umklammert mit seinen Beinen den Ast, und wenn er loslassen würde, würde er zu Boden fallen. So hängt er buchstäblich in der Luft und hat anscheinend auch keine andere Wahl, als dort zu hängen. Vielleicht besteht hier ein Zusammenhang mit dem kopfüber am Weltenbaum hängenden Odin, der dadurch die Runen und das mit ihnen verbundene Wissen erhielt. Die Situation ist mit dem Härten von Stahl vergleichbar: Je größer die Hitze, in der der Stahl geschmiedet wird, desto stärker der Stahl. Auf dieser Karte ist der Himmel grau, aber aus dem Kopf des Mannes tritt weißes Licht aus, was auf Erleuchtung hinweist.

13. Der Tod: Eine in einen roten Umhang mit Kapuze eingehüllte und darin verborgene Gestalt steht in einem Wald und hält eine große schwarze Fahne mit einer weißen Rose darauf. Vor der Figur schwebt ein Schmetterling. Es ist Frühling und überall sind frische, junge Pflanzen im Wald zu sehen. Die Erde ist dunkelbraun und scheint sehr fruchtbar zu sein.

Man kann nicht erkennen, ob es sich um eine männliche oder weibliche Gestalt handelt. Die Farbe Weiß hat schon von jeher die Bedeutung von Reinheit und die Rose und die weißen Baumstämme vermitteln ein Gefühl von Erneuerung und Wiedergeburt. Auch der Schmetterling ist ein Symbol für erneuertes Leben. Auch eine Raupe meint vielleicht, in ihrem Leben gäbe es nichts weiter als ihren Kokon, bis sie sich dann daraus befreit und wundersamerweise zum Schmetterling wird. Da alles im Leben zyklischer Natur ist, steht der Tod für Leben.

14. Die Mäßigkeit: Eine männliche Gestalt mit Flügeln, vielleicht ein Engel, steht mit einem Fuß im Wasser und mit dem anderen auf festem Grund. Ein Dreieck schmückt heraldisch sein weißes Gewand. Mühelos jongliert er mit drei runden, glänzenden Gegenständen. In einiger Entfernung bricht die Sonne hinter Wolken hervor. Das Wasser symbolisiert den spirituellen Aspekt seines Wesens, während der feste Grund für das Wissen steht, wie man das Spirituelle ins irdische Reich integriert. Dieser Mensch oder Engel vereinigt beides in seinem Wesen. Das Dreieck könnte den dreifachen Aspekt der Göttin symbolisieren – Jungfrau, Mutter und Weise Alte – oder, da es von einem Viereck umschlossen wird, das Wurzel-Chakra und unsere Verbindung zur Erde. Die Lockerheit, mit der der Engel jongliert, lehrt uns, entspannt zu bleiben und die Dinge so zu nehmen, wie sie kommen.

15. Der Teufel: Während viele Tarotdecks hier einen klischeehaften Teufel zeigen, der als Marionettenspieler an den Strippen eines Mannes und einer Frau zieht, zeigt das Robin-Wood-Tarot einen Mann und eine Frau, die mit einer mit geschnitzten Affen verzierten und mit Gold und Juwelen gefüllten Schatztruhe Tauziehen spielen. Der Mann und die Frau versuchen mit aller Kraft, den Schatz jeweils in ihre Richtung zu ziehen, aber die Truhe ist mit schweren Ketten an ihrem Platz festgekettet, was die beiden offensichtlich nicht bemerken. Sie befinden sich in einem dunklen Tunnel, der einen Ausgang hat. Sie brauchen den Schatz nur loszulassen. Diese moderne Interpretation der Karte will uns vielleicht sagen, dass wir immer eine Wahl haben, auch wenn wir uns einem Hindernis gegenübersehen, das wir anscheinend nicht zu kontrollieren vermögen. Das lässt mehr Raum für persönliches Wachstum als die herkömmlichen »bindenden Ketten« auf dieser Karte.

16. Der Turm: Ein hoher Turm ist das zentrale Thema dieser Karte. Er ist vom Blitz getroffen, steht nun in Flammen und ist offensichtlich am Zusammenbrechen. Die Leute stürzen sich von oben in die Tiefe, um dem Zugriff der Flammen zu entkommen, doch sie springen mit Sicherheit in den Tod, denn unter ihnen branden gewaltige Meereswogen gegen den Turm an. Ihnen bleibt offensichtlich keine andere Alternative, als dem einen Tod zu entfliehen, um sich in den anderen zu stürzen. Der Himmel ist düster und Unheil verkündend und man kann davon ausgehen, dass sich das stürmische Gewässer nicht so bald beruhigen wird.

17. Der Stern: Eine schöne, nackte junge Frau mit langem fließendem Haar kniet und gießt aus zwei Gefäßen Wasser in einen Fluss. Sie wird vom Licht eines sehr großen hellen Sterns beleuchtet, der Führung oder göttliches Licht zu symbolisieren scheint. Sieben kleinere Sterne umgeben den Hauptstern in einem Kreis. Wie schon der Engel der Mäßigung, so hat auch diese Frau einen Fuß im Wasser, was auf okkulte Kenntnisse und Wissen um alle mystischen Dinge verweist. Die Nacktheit der Frau deutet auf die Reinheit ihrer Gedanken hin, ohne Masken oder Schnörkel.

18. Der Mond: Ein Hund und ein Wolf befinden sich an einem Teich und heulen den Mond an. Auch eine kleine Wasserkreatur erweist dem Mond auf ihre Art Ehre. Hier bekennen sich sowohl ein domestizierter Hund, der ein Halsband trägt, als auch ein wildes Tier, herkömmlicherweise Herrscher in dunklen nächtlichen Wäldern, zum Mond, der Geheimnisse und Mysterien symbolisiert. Der Hund ist als »der beste Freund des Menschen« bekannt, während der Wolf wegen seiner Wildheit lange gefürchtet wurde, aber in einigen Kulturen wegen seines Wesens auch geschätzt wird. Die beiden Tiere befinden sich zwischen zwei Säulen aus Felsgestein und sind sich offensichtlich der Feindschaft, die zwischen ihnen herrscht, nicht bewusst, was auf Ausgewogenheit zwischen den beiden hinweist. Ein Pfad führt von den beiden Tieren fort.

19. Die Sonne: Ein sorgloses, lächelndes Kind mit blondem Haar reitet auf einem weißen Pony. Die Sonne scheint mit goldenem Licht hell auf das Kind herab. In einiger Entfernung blühen große Sonnenblumen. Im Haar des Kindes steckt eine rote Feder. Es trägt eine Fahnenstange mit einem Adler an der Spitze, an der eine rote Fahne befestigt ist. Das Pferd symbolisiert unsere Möglichkeit, weiter zu reisen, als wir es könnten, wenn wir einzig auf uns selbst angewiesen wären. Bei aller Freude und allem Glück befindet sich jedoch hinter dem Pferd und dem Kind eine Steinmauer, weshalb der Freude und der Reise des Kindes Grenzen gesetzt sind.

20. Das Gericht: Diese Karte zeigt den sich aus dem Feuer erhebenden Phönix. Ein Feuer brennt in einem riesigen Kessel, der für die Erde steht und den Mutterschoß, in dem neue Dinge erschaffen und geboren werden. Triumphierend entsteigt eine Frau den Flammen, gemeinsam mit dem flammenden Phönix als ihrem Schatten, der sie zu beschützen scheint. Das Feuer ist so heftig, dass es aussieht, als ginge die Sonne hinter dem Phönix auf. Dies ist das Selbst, das durch Lektionen hindurchgegangen ist und sich nun daraus erhebt. Es hat eine Läuterungsphase oder schwierige Zeiten durchlebt und wird nun verjüngt und mit neuer Weisheit wiedergeboren.

21. Die Welt: Eine Frau trägt in Siegerpose Stäbe in den Händen und springt durch einen großen Kranz in eine andere Dimension, wie es scheint. Sterne erhellen ihren Weg. Die vier Elemente – Erde, Luft, Feuer und Wasser – sind als die Domäne dieser siegreichen Frau dargestellt. Sie scheint alles glücklich beherrschen zu können und tut es auch. Sie hat gewonnen, sie hat gesiegt; sie hat einen Bereich verlassen und sich erfolgreich zum nächsten begeben.

0. Der Narr: Ein junger Erwachsener spielt die Flöte und ist so sorglos, dass er auf Zehenspitzen am Rande eines Abgrunds dahinwandert. Die Zehenspitzen symbolisieren mangelnde Standfestigkeit. Ein weißer Hund bellt und tänzelt verspielt zu seinen Fersen, hält sich aber doch ein wenig zurück, da er wahrscheinlich nicht mit dem Narren in den Abgrund fallen will. Ein Kranz aus weißen Rosen ziert das Haupt des Narren; sie sind, wie auch die umherfliegenden Schmetterlinge, ein Symbol für Erneuerung. Es ist ein warmer, sonniger Tag und es weht eine angenehme leichte Brise. Der Narr steht für das Ende der Reise und für jemanden, der durch alle Phasen der Großen Arkana hindurchgegangen ist, ohne eine Lektion zu lernen. Somit symbolisiert er, wie auch der Magier, den Anfang und das Ende. Außerdem zeigt er uns, dass wir das Leben nicht allzu ernst nehmen sollten; schließlich wird es immer wieder einen neuen Anfang geben.

(Anmerkung: Manche Tarotdecks hatten früher zwei Narren, einen am Anfang und einen am Ende der Großen Arkana.)

Machen Sie von diesen Beschreibungen wie auch von Ihren persönlichen Einsichten Gebrauch, um Ihre Intuition beim Umgang mit den Karten zu schulen. Wie könnte zum Beispiel in einem konkreten Reading die Aussage über den Wagen gedeutet werden, dass er wegen seiner Schnelligkeit jedes Hindernis mühelos bewältigt, man andererseits aber bei diesem Tempo nicht absteigen kann, ohne sich zu verletzen? Könnte es sein, dass Ihr Leben so schnell dahinrast, dass Sie nicht mehr darauf achten, was um Sie herum vorgeht?

Zum Legen können Sie irgendeines der gebräuchlichen Legesysteme wählen, die bei den meisten Tarotdecks erläutert sind. Doch wenn Sie gelernt haben, die Symbole zu deuten und die Bedeutungen der Karten intuitiv zu erfassen, dann werden Ihre Readings mehr Tiefe und Kraft haben.

V   Visualisierung und Ritual

Wirksame Magie und effektive Rituale beruhen auf wirksamem Visualisieren. Visualisierung ist ein machtvolles Werkzeug, der Anker aller magischen Unternehmungen. Dabei geht es um die Kunst, den Geist so zu entspannen, dass Sie Situationen, Dinge oder Ereignisse so vor sich sehen können, wie Sie sie gerne hätten. Dem Visualisieren sind keine Grenzen gesetzt. Sie können eine Freundin, der es nicht gut geht, vollständig gesund vor sich sehen. Sie können sich selbst wohlhabender sehen. Sie können widrige Umstände oder schwierige Situationen in Ihrem Leben oder auch in der Welt als glücklich gelöst vor sich sehen. Sie können Ihren Lieblingsparkplatz an einer Einkaufsstraße unbesetzt vor sich sehen. Visualisierung bedeutet zu wissen, wie eine bestimmte Situation am besten zu bewältigen ist, wie die effektivsten Resultate herbeigeführt werden können, und diese Resultate im Geist vor sich zu sehen.

Visualisierung

Visualisierung ist für Rituale unerlässlich, um einen wirksamen Kreis herzustellen, um einen Ort außerhalb von Zeit und Raum zu schaffen und um Begebenheiten so vor sich sehen zu können, wie sie sich Ihrem Wunsch nach ereignen sollen.

Zum Visualisieren braucht es einige Voraussetzungen. Als Erstes müssen Sie lernen, den Körper zu entspannen. Erst wenn der Körper ganz und gar entspannt ist, können Sie Ihr geistiges Tempo so verlangsamen, dass Sie im Innern die von Ihnen gewünschten Bilder aufbauen können. Der Geist, der sich zwischen verschiedenen Facetten des Bewusstseins hin- und herbewegt oder die Bewusstseinsebenen wechselt, verlangsamt buchstäblich sein Tempo. Die Frequenzen unserer Gehirnwellen verändern sich nämlich je nach unserer momentanen Bewusstseinsebene. Wenn wir wach und aktiv sind und unseren normalen Beschäftigungen nachgehen, befinden wir uns auf einer Bewusstseinsebene, die man Beta-Ebene nennt und die eine Frequenz von 14 bis 21 Schwingungen pro Sekunde aufweist. Die Alpha-Ebene, die beim Visualisieren und Arbeiten mit Magie erwünschte Ebene, hat eine Frequenz von 7 bis 14 Schwingungen pro Sekunde. Im Alpha-Zustand sind Körper und Geist entspannt, doch wir sind ganz wach und aufmerksam. Die Theta-Ebene, der entspannte Dämmerzustand vor dem Einschlafen, in den man uns zum Beispiel auch vor operativen Eingriffen versetzt, hat eine Frequenz von 4 bis 7 Schwingungen pro Sekunde. Und die Delta-Ebene, die Ebene des Tiefschlafs, hat eine Frequenz von weniger als 4 Schwingungen pro Sekunde.

Die verschiedenen Ebenen der Gehirnwellenaktivität haben auch verschiedene Funktionen und Nutzanwendungen. Die Delta-Ebene hilft uns, Probleme zu lösen und durch Träume die Ereignisse des Tages zu sortieren und zu verarbeiten. Die Alpha-Ebene ist die Ebene, auf der wir visualisieren und Dinge auf der astralen Ebene geschehen lassen, bevor sie sich auf der physischen Ebene ereignen.

Es gibt verschiedene Methoden, den entspannten Zustand der Alpha-Ebene zu erreichen. Dazu zählt zum Beispiel das Rückwärtszählen, während Sie ganz bewusst den Körper entspannen und sich dann in den Alpha-Zustand versetzen. Um den Körper zu entspannen, nehmen Sie als Erstes eine bequeme Körperhaltung ein. Setzen Sie sich mit entspanntem, aber geradem Rücken auf einen bequemen Stuhl oder legen Sie sich hin – was immer Ihnen lieber ist. Für den Anfang ist das Sitzen mit geradem Rücken vielleicht besser, damit Sie nicht einschlafen, was leicht passieren kann, solange Sie noch nicht an den Alpha-Zustand gewöhnt sind. Sie können auch den folgenden Abschnitt auf Tonband aufnehmen, um etwas zu haben, auf das Sie sich beim Entspannen konzentrieren können. Das hat zudem den Vorteil, dass Sie sich nicht so viel merken müssen. Sie können sich in völligem Vertrauen auf das, was als Nächstes kommt, tiefer entspannen, während Sie auf Ihre eigene Stimme lauschen, die Sie in den Alpha-Zustand führt. Denken Sie daran, wenn Sie das Folgende auf Tonband aufnehmen, zwischen den Sätzen immer eine Pause zu machen, damit Ihr Geist mit den Worten Schritt halten kann.

Suche dir einen Konzentrationspunkt an der Wand. Lass zu, dass sich dein Körper vollkommen entspannt. Atme tief ein und lass den Atem langsam wieder ausströmen, wobei Muskeln und Körper ganz leicht und locker werden. Nimm noch einen tiefen Atemzug, atme aus, lass den Körper vollkommen entspannen. Beim Einatmen nimmst du reine, gesunde Luft in dich auf, die deinen Körper durch und durch reinigt, und friedvolle Gedanken strömen in dich ein. Dein Körper entspannt sich immer mehr. Alle Muskeln entspannen sich immer mehr. Atme weiter sanft ein und aus. Jetzt entspanne bewusst deine Zehen. Die Schwerkraft unterstützt dich, sodass du immer tiefer auf dem Stuhl, dem Boden oder dem Bett einsinkst. Entspanne nun die Fersen. Entspanne Schienbeine und Unterschenkel. Lass zu, dass der Atem sich immer mehr beruhigt. Entspanne die Knie, die Oberschenkel. Entspanne bewusst den Beckenbereich, den Bauch, den ganzen Rücken.

119

Entspanne die Schultern. Beobachte deinen Atem und lass dich tief in den Stuhl, den Sessel oder das Bett einsinken. Lass zu, dass sich dein Körper mehr und mehr entspannt. Entspanne Nacken, Hals, Oberarme, Unterarme. Entspanne die Hände, die Finger. Entspanne dich ganz und gar. Entspanne die Gesichtsmuskeln, die Muskeln um die Augen. Entspanne die Stirn. Entspanne die Kopfhaut. Atme weiter sanft ein und aus, entspanne dich dabei mit jedem Atemzug tiefer und tiefer, lass dich von der Schwerkraft gezogen tiefer und tiefer hinabsinken.

Dies ist eine Methode zur völligen Körperentspannung. Wenn Sie diesen Abschnitt auf Kassette aufnehmen, wird Ihr Geist beim Zuhören nicht abschweifen, sondern ist beschäftigt und bleibt auf die Entspannung konzentriert.

So wie den Körper müssen Sie nun auch den Geist bis hin zu dem Punkt entspannen, an dem Sie wirkungsvoll visualisieren können. In diesem geistig entspannten Zustand wird die rechte Gehirnhälfte genutzt, deren Domäne Kreativität und Intuition sind, während das logische Denken von der linken Gehirnhälfte regiert wird. Es gibt viele Methoden, um in den Alpha-Zustand zu gelangen. Sie können, bei Zehn beginnend, rückwärts zählen und sich dabei immer tiefer und tiefer entspannen. Sie können sich aber auch mithilfe von Farben in einen anderen Bewusstseinszustand versetzen, wobei Sie am besten die den Chakren zugeordneten Farben verwenden. Oder Sie visualisieren eine Rosenknospe, die sich in einiger Entfernung vor Ihnen befindet, eine wunderschöne rote Rose. Sehen Sie sie ganz klar und deutlich vor sich: den Stängel, die Blätter, die Dornen und die fest geschlossene Blütenknospe. Beobachten Sie dann, wie die Rose allmählich aufblüht. Mit jedem Blütenblatt, das sich langsam öffnet und entfaltet, öffnet sich ein weiterer Teil Ihres Gehirns und entspannt sich. Und Sie spüren, wie Ihr Gehirn und Ihr Geist mit jedem sich öffnenden und entfaltenden Blütenblatt in absolute Schönheit getaucht und im wundervollen, herrlichen Duft der Rose gebadet werden. Die Rose blüht immer weiter auf, öffnet sich langsam und erfüllt Ihren Geist mit Schönheit. Ist die Rose ganz aufgeblüht, visualisieren Sie, wie Sie sie in eine Vase stellen. Wenn Sie die Rose vollkommen visualisiert haben, befinden Sie sich nun im Alpha-Zustand.

Wenn Sie erst einmal mehr Erfahrung mit dem Eintauchen in den Alpha-Zustand haben, wird es später schon genügen, die Augen zu schließen und die Rose zu visualisieren, um auf die Alpha-Ebene zu gelangen. Und auf dieser Ebene müssen Sie sein, um Ihren magischen Kreis aufzubauen. Sie müssen die aufblühende Rose visualisieren, Ihren Geist verlangsamen und zur Ruhe bringen können. Sie müssen sich total entspannen können bis hin zu dem Punkt, an dem Sie wie auf einer inneren Leinwand Dinge ablaufen sehen – Dinge, die sich ereignen sollen, Magie, die Sie bewirken wollen. Sie müssen in Ihrem Geist den magischen Kreis vollständig aufbauen können.

Üben Sie diese Dinge, bis Sie den Alpha-Zustand erreichen und sich dabei auf einen Kerzenzauber konzentrieren können oder darauf, in Ihrem Inneren die Energien von Steinen und Kristallen, Kräutern und Pflanzen zu spüren, die Sie zum Heilen oder zum magischen Arbeiten verwenden. Gelingt es Ihnen schließlich, rasch und effektiv in den Alpha-Zustand überzuwechseln, können Sie sich an ein konkretes Ritual machen.

Während Sie im Alpha-Zustand sind, sollten Sie Ihrem Gehirn immer suggerieren, dass Sie gesund und von Liebe erfüllt sind und liebevolle Energie anziehen. Sie können Ihren Geist in diesem Zustand buchstäblich darauf programmieren, jedes gewünschte Ziel zu erreichen, zum Beispiel auch zu wissen, wie Sie erfolgreich magisch arbeiten. Und Sie können sogar Menschen auf geistiger Ebene herbeirufen, um mit ihnen zu sprechen und schwierige Angelegenheiten zu diskutieren. Manchmal lassen sich auf diese Weise auch Streitigkeiten beilegen.

Magie erfordert Konzentration, und wenn Sie diesen Zustand der Konzentration, der Fokussierung auf der Alpha-Ebene durch Übung und Disziplin öfter erreichen, stärkt das Ihren Geist. Je mehr Sie meditieren, visualisieren und Ihren Geist entspannen, desto stärker werden Sie und desto kraftvoller werden Ihre Zauber. Sie sollten imstande sein, sich im normalen Wachzustand jederzeit in den Alpha-Zustand zu begeben.

Körperentspannung ist ein wunderbares Werkzeug, aber wenn Sie weiter üben und meditieren, werden Sie feststellen, dass Sie auch beim Joggen in den Alpha-Zustand übergehen können. Das kann sogar zum Bestandteil Ihres Jogging- oder Fitnessprogamms werden. Sie werden in diesem Zustand übrigens länger laufen können, so wie jede Form von Übung leichter wird, wenn Sie im Alpha-Zustand mental richtig fokussiert sind. Sie können sich dann zum Beispiel auch suggerieren, dass Sie keinen Muskelkater bekommen.

Ein weiterer Anwendungsbereich ist, wie schon erwähnt, die Kommunikation mit anderen. Wenn Sie in einer Beziehung ein Problem haben, begeben Sie sich einfach durch das Visualisieren der Rose oder eine andere Ihnen angenehme Methode in den Alpha-Zustand, visualisieren die betreffende Person und sprechen mit ihr aus dem Herzen heraus. Das kann bereits im Vorfeld Gefühle von Zorn und Ärger ausräumen, die bei Konflikten häufig auftauchen.

Ritual

Es gibt eine Richtung in der Hexenkunst, die die Auffassung vertritt, dass magische Rituale auf die vorgeschriebene traditionelle Weise durchgeführt werden müssen und dass diese Magie eine wissenschaftliche Methode ist, mit deren Hilfe man alles erreichen kann, was man will, sofern man die nötigen Schritte unternimmt. Hier gilt die Annahme, die Magie funktioniere dadurch, dass man die richtigen Kräuter verwendet, das Ritual korrekt durchführt und die Energie während der richtigen Mondphase in den Äther entlässt.

Eine andere Richtung vertritt hingegen die Auffassung, dass die Magie durch den Geist bewirkt wird. Die Durchführung der einzelnen rituellen Schritte führt nur dazu, dass man sich besser konzentrieren und den Geist dazu bringen kann, die für das Wirken der Magie nötigen Dinge zu tun. Das heißt, man geht davon aus, dass jeder dieser Schritte dem Geist hilft, die nötige Vision aufzubauen und zu halten, um die entsprechende Wirkung zu erzielen.

Es gibt auch Anhängerinnen und Anhänger des Wicca-Kults, die sich zwischen diesen beiden Extremen angesiedelt sehen.

Durch Intuition und persönliches Experimentieren können Sie herausfinden und entscheiden, was für Sie am besten funktioniert. Manche Küchenchefs würden sich nie ohne ihre Lieblingsrezepte in die Küche begeben, wo sie sich dann unter Einsatz ihres ganzen Könnens gewissenhaft daran halten. Andere dagegen denken nicht im Traum daran, ein Kochbuch zu benutzen, und sind der Meinung, dass ihre Intuition ihnen noch immer zu ihren besten Rezepten verholfen hat. Beide können köstliche Gerichte zaubern. So verhält es sich auch mit der Magie. Ob Anfängerin oder erfahrener Obermagier, beide können mit ihrem Zauber Resultate erzielen, mit oder ohne Erfolg. Doch welcher Richtung Sie auch anhängen, die Fähigkeit zu visualisieren ist für die magische Arbeit unerlässlich.

Was nun die effektive Durchführung eines Rituals angeht, so gibt es hier ein paar Grundprinzipien zu beachten. Ein wesentliches Moment ist, dass Sie genau wissen, warum Sie ein Ritual durchführen, zum Beispiel um ein Jahreskreisfest zu feiern oder für eine Einweihung oder um einen Zauber zu wirken. Und Sie müssen eine Entscheidung treffen, wie Sie das Ritual durchführen wollen. Schreiben Sie in einer Zusammenfassung auf, was Sie tun möchten, und kreieren Sie ein Ritual, das für Sie Bedeutung hat. Wenn Sie ein Ritual aus einem Buch übernehmen und es dabei Dinge gibt, die für Sie keinen Sinn ergeben oder nicht stimmig sind, dann lassen Sie diese weg, denn sie würden sowieso nicht wirken. Wicca ist eine wunderbare Lebensauffassung, weil alles darauf abzielt, sich selbst im Universum zu Hause zu fühlen. Kreieren Sie also unter allen Umständen ein Ritual, das *für Sie* Bedeutung hat.

Tragen Sie die Gegenstände zusammen, die Sie brauchen. Prüfen Sie, ob all diese Gegenstände gesegnet worden sind, damit alles in Ihrem magischen Kreis, Sie eingeschlossen, geweiht und geheiligt ist. Gegenstände, die Sie ausschließlich für magische Zwecke verwenden, müssen nicht erneut gesegnet werden, doch alles, was Sie auch für profane Zwecke benutzen, sollte jedes Mal aufs Neue geweiht werden. Hier folgt eine kurze Auflistung von Gegenständen für Ihren Altar (vgl. auch Kapitel II):

- Symbol für die Göttin, zum Beispiel eine Kerze oder kleine Statue.
- Symbol für den Gott, zum Beispiel eine Kerze oder Statue.
- Schale mit Wasser, stellvertretend für das Wasserelement.
- Rote Kerze, stellvertretend für das Feuerelement.

- Schälchen mit ein wenig Salz, Meersalz vielleicht, stellvertretend für das Erdelement.
- Räucherwerk, stellvertretend für das Luftelement.
- Becher oder Kelch, mit Wein, Wasser oder Saft gefüllt.
- Pentagramm (es reicht aus, wenn es auf Papier gezeichnet ist).

Andere hilfreiche Gegenstände sind ein Stab, ein Kessel, eine Glocke, ein Athame und etwas Öl zum Weihen und Segnen. Dies sind nur die grundlegend notwendigen Dinge. Je nach magischem Vorhaben sind unter Umständen auch noch andere Dinge erforderlich, wie zum Beispiel Tarotkarten zum Weissagen oder für einen speziellen Zauber präparierte Kerzen.

Als Nächstes sollten Sie Ihren Körper für das Ritual vorbereiten. Vielleicht möchten Sie zur Reinigung am Tag des Rituals fasten, allerdings nur, wenn Sie keine gesundheitlichen Störungen haben und problemlos fasten können. Auch schon ein vierstündiges Fasten ist hilfreich.

Eine weitere Möglichkeit, Körper und Geist zu reinigen, zu segnen und auf das Ritual vorzubereiten, ist das rituelle Bad. Lassen Sie Badewasser ein und stellen Sie Räucherwerk, ein wenig Meersalz, eine Kerze, vorbereitetes Öl und geweihtes Wasser bereit.

Nehmen Sie das Räucherwerk und sprechen Sie: »Ich segne dieses Räucherwerk und weihe es, damit es meinen Körper, meinen Geist und meine Seele reinigen möge.« Stellen Sie sich dann vor, wie Energie von der Göttin oder aus dem Universum durch Sie hindurch in das Räucherwerk einfließt, während Sie es entzünden. Halten Sie es über die Badewanne und visualisieren Sie, wie es das Wasser reinigt. Segnen Sie das Wasser mit ähnlichen Worten: »Dieses Wasser sei gesegnet und mit dem Element der Luft von allen Unreinheiten gereinigt, damit es meinen Körper von seinen Unreinheiten zu befreien vermag.« Lassen Sie das Räucherwerk brennen.

Segnen Sie das Salz, das für das Element Erde steht, in gleicher Weise. Streuen Sie es dann ins Badewasser. Segnen Sie ebenso die Kerze, die das Feuerelement symbolisiert, zünden Sie sie an und führen Sie sie mit Worten des Segens über das Badewasser. Segnen Sie anschließend das mitgebrachte Wasser und gießen Sie es langsam ins Badewasser. Seien Sie sich bei allem sehr bewusst, wozu diese Dinge dienen. Das Räucherwerk steht für die Luft und den Osten und ist dazu gedacht, Sie rein, hell, licht und spirituell werden zu lassen. Das Salz steht für die Verbindung zu Mutter Erde, sodass wir leichten und sanften Schritts über sie wandeln. Das Wasser steht für die mystischen Elemente und den Westen und es reinigt sehr stark auf der spirituellen Ebene. Die Kerze steht für das Feuer und den Süden und soll Sie und Ihre Gedanken läutern und Ihnen Energie geben. Fügen Sie zum Schluss dem Badewasser ein paar Tropfen geweihtes Öl hinzu.

Konzentrieren Sie sich während des Badens auf das bevorstehende Ritual, danken Sie jedem Teil Ihres Körpers für die Arbeit, die er für Sie tut, und segnen Sie jedes Chakra. (In Kapitel VII finden Sie weitere Informationen zu den Chakren.) Jeder Mensch erlebt ein rituelles Bad ein wenig anders. Zumeist ist es eine Zeit der Reinigung und Läuterung und es dient vor allem dazu, sich selbst zu segnen und Liebe zu schenken. Sie können auch Kristalle und Edelsteine in die Badewanne legen, um Ihre Meditation zu unterstützen und leichter in den Alpha-Zustand zu gelangen.

Ist die Zeit für ein rituelles Bad zu knapp, können Sie sich auch mit einer Räucherung reinigen und segnen. Die Räuchermischung für diesen speziellen Zweck können Sie selbst zusammenstellen oder fertig kaufen, Sie können dazu aber auch ein kleines Salbeibüschel verwenden. Bei Jahreskreisfesten ist das rituelle Bad der Räucherung vorzuziehen, da diese Form der Reinigung ein Baden in den Wassern der Intuition symbolisiert und stärker hilft, den Körper ganz zu entspannen und sich von allen Spannungen der profanen Welt zu befreien.

Die Räucherung ist ein einfacher Vorgang. Segnen Sie das Räucherwerk oder den Salbei und segnen und reinigen Sie sich dann selbst dadurch, dass Sie den aufsteigenden Rauch zu sich heranfächeln. Dabei konzentrieren Sie sich in der Folge auf das Reinigen und Segnen der sieben Chakren. Im Allgemeinen werden für diesen Segen »der Herr und die Herrin« angerufen, aber Sie können sich dabei an jede Gottheit oder jedes göttliche Prinzip wenden, mit der oder dem Sie sich wohl fühlen, sei es Diana, Cernunnos, Isis oder auch Jesus Christus, je nachdem, was Ihrer Neigung entspricht. Sagt Ihnen die Vorstellung von einem göttlichen oder kosmischen Prinzip mehr zu, können Sie zum Beispiel auch »die Weisheit des Universums« oder »die kosmische Weisheit« anrufen. Alle Wesenheiten oder Religionen entspringen schließlich derselben schöpferischen Kraft universeller Energie.

Wenn Sie nun den Rauch der Reihe nach zu Ihren sieben Hauptchakren leiten, gehen Sie in etwa folgendermaßen vor. Führen Sie den Rauch zu Ihrem Scheitel, dem Sitz des siebten Hauptchakras, und sprechen: »Ich segne und reinige mein siebtes Chakra, damit ich für die Weisheit des Herrn und der Herrin offen bin und den besten Gebrauch von dieser Weisheit zu machen weiß.« Führen Sie den Rauch zur Mitte der Stirn, zum Sitz des sechsten Hauptchakras oder Dritten Auges: »Ich segne und reinige mein Drittes Auge, damit ich für die Visionen des Herrn und der Herrin offen bin und sehe, was ich sehen soll.« Führen Sie den Rauch zur Kehle, zum Sitz des fünften Hauptchakras: »Ich segne und reinige mein Kehlkopf-Chakra, damit ich dem Herrn und der Herrin übermittle, was ich, in Worten ausgedrückt und in seiner Weisheit vernehmbar, zu übermitteln habe.« Führen Sie den Rauch zum Herzen, zum Sitz des vierten Hauptchakras: »Ich segne und reinige mein Herz-Chakra, damit ich meiner höchsten Liebe Ausdruck gebe und von der höchsten Liebe meines Herzens her arbeite, damit diese Liebe vom Herrn und der Herrin empfunden wird und ich die Liebe fühle, die von ihnen kommt.« Führen Sie den Rauch zum Solarplexus, dem Sitz des dritten Chakras: »Ich segne und reinige mein Macht- und Kraftzentrum, damit ich meinen Weg gehe im Wissen um Sinn und Zweck meiner persönlichen Kraft, die ein Aspekt des Herrn und der Herrin in mir ist.« Führen Sie den Rauch zum Bereich unterhalb des Nabels, dem Sitz des zweiten Chakras: »Ich segne und reinige mein Zentrum der Kreativität und Sexualität, damit meine Kreativität den Herrn und die Herrin in mir ausdrückt.« Führen Sie den Rauch zur Region des Steißbeins, dem Sitz des ersten Chakras: »Ich segne und reinige mein Wurzel-Chakra, damit ich meine Beziehung zur Mutter Erde besser verstehe.«

Sie können ähnliche Worte auch während eines rituellen Bades verwenden und über sie meditieren, um so in den Alpha-Zustand zu gelangen.

Machen Sie sich nach dem Bad oder der Räucherung auf eine Art und Weise zurecht, die Ihnen das Gefühl vermittelt, dass Sie sich von Ihrem üblichen Alltags-Ich unterscheiden. Mit anderen Worten, tragen Sie ein für dieses Ereignis speziell angefertigtes rituelles Gewand oder auch etwas aus Naturfasern oder anderen natürlichen Stoffen, in dem Sie sich außerordentlich wohl und anders fühlen als sonst. Vielleicht möchten Sie besonderen Schmuck anlegen oder ein anderes Parfüm benutzen als das, das Sie normalerweise nehmen. Verwenden Sie Düfte oder Dinge, die Sie sich speziell für Rituale vorbehalten.

Haben Sie sich in dieser Weise vorbereitet, können Sie daran gehen, den Bereich zu segnen und zu weihen, in dem Sie Ihren magischen Kreis schaffen und Ihr Ritual durchführen wollen. Dazu wählen Sie zunächst den Ort aus, reinigen dann den gesamten Bereich von aller Negativität, markieren die vier Himmelsrichtungen, ziehen physisch den Kreis und laden ihn mit Energie auf. Ein solcher Kreis ist ein magischer und heiliger Ort außerhalb von Zeit und Raum. Es besteht ein markanter Unterschied zwischen dem, was sich innerhalb, und dem, was sich außerhalb seiner Grenzen befindet.

Die vier Himmelsrichtungen stehen für die Elemente, die Erzengel, wenn Sie so wollen, und die Jahreszeiten. Dadurch, dass die vier Himmelsrichtungen auch für die vier Jahreszeiten stehen, liegt der Kreis außerhalb der Zeit oder »zwischen den Zeiten«. Da er innerhalb der Grenzen der vier Himmelsrichtungen gezogen wird, die die Totalität der universellen Energie und unsere Mutter Erde repräsentieren, existiert er außerhalb des Raumes oder »zwischen den Räumen«.

Es ist schön, wenn Sie Ihr Ritual im Freien durchführen und dadurch mit den Naturkräften in Berührung sein können; sollte das nicht möglich sein, schaffen Sie einfach drinnen genügend Platz. Achten Sie auf Sicherheit, wenn Sie im Freien arbeiten. Wählen Sie ein Terrain ohne hohes Gras oder hohe Pflanzen und räumen Sie lose herumliegende Steine beiseite. Sie müssen sich im Kreis bewegen können, ohne zu stolpern. Sollten Sie mit der Gegend nicht vertraut sein, kann es von Vorteil sein, wenn Sie mit der Wünschelrute einen Kraftort ausfindig machen. Benutzen Sie dazu einfach einen kleinen, abgefallenen, gegabelten Zweig. Halten Sie ihn sanft an den gegabelten Enden, sodass das mittlere Ende zum Boden hin weist. Begeben Sie sich in den Alpha-Zustand und gehen Sie dann das Terrain ab, bis der Zweig leicht nach unten gezogen zu werden scheint. Dieses Gefühl weist darauf hin, dass Sie den Platz für Ihr Ritual gefunden haben. Sollten Sie das Ritual in Ihrer Wohnung oder in Ihrem Haus durchführen, suchen Sie sich einen Ort, an dem Sie ungestört sind. Sorgen Sie auch dafür, dass Sie nicht mitten im Ritual durch ein klingelndes Telefon unterbrochen werden können, denn das wirkt sehr irritierend.

Haben Sie Ihren Platz gefunden, reinigen Sie ihn mit dem Besen von aller Negativität. Wenn Sie keinen Besen haben, benützen Sie die Hände. Da die rechte Hand diejenige ist, die Energie aussendet, wird sie vorzugsweise dafür eingesetzt. Begeben Sie sich in den Alpha-Zustand und visualisieren Sie, wie jegliche Negativität mit dem Besen oder der Hand sanft aus diesem Bereich weggefegt wird. Setzen Sie dann die Reinigung Ihres rituellen Bereichs fort, wie in Kapitel II beschrieben.

Wenn Sie damit fertig sind, markieren Sie (unter Umständen mithilfe eines Kompasses) die vier Himmelsrichtungen mit Gegenständen Ihrer Wahl. Sie können dazu zum Beispiel Steine, Blumen oder Kiefernzapfen nehmen. Wichtig ist, dass Sie den exakt nach Norden weisenden Punkt ausfindig machen, denn dort sollte sich Ihr »Stein des Nordens« befinden und in diese Richtung sollte auch Ihr Altar weisen. Wenn es absolut gefahrlos ist, können Sie auch Kerzen zur Markierung der Himmelsrichtungen verwenden: Grün für den Norden, Gelb für den Osten, Rot für den Süden und Blau für den Westen. Haben Sie keine farbigen Kerzen, nehmen Sie weiße. Sie können zur Markierung auch Räucherwerk benutzen oder große Kristalle, die dem Kreis beträchtliche Energien zuführen. Benutzen Sie Gegenstände, die zu Ihrer Persönlichkeit oder zum Anlass passen. Alles Mögliche kann zur Markierung und Symbolisierung der Himmelsrichtungen dienen, von einfachen Stöcken bis hin zu kunstvollen Altären zu Ehren der

Elemente. Wichtig ist nur, dass der Altar und der »Nordstein« präzise nach Norden weisen.

Den Kreis, der sich innerhalb der Markierungen der vier Himmelsrichtungen befinden sollte, legen Sie dann mit einer speziell für diesen Zweck angefertigten Schnur, ritzen ihn in den Boden ein oder markieren ihn mit Blumen, Steinen oder Kristallen. Sie können auch Kiefernzapfen oder andere natürliche Gegenstände dazu verwenden.

Nun ist es an der Zeit, Energie für den Kreis aufzubauen. Sie breiten dabei ein Energienetz über dem Kreis aus, indem Sie ihn mit geweihten Gegenständen abschreiten, die die Elemente symbolisieren: Salz für das Erdelement, Räucherwerk für das Luftelement, eine rote Kerze für das Feuerelement und Wasser für das Wasserelement.

Beginnen Sie mit dem Salz für das Element Erde. Begeben Sie sich in den Alpha-Zustand, nehmen Sie das Salz und streuen Sie es, im Uhrzeigersinn voranschreitend, in einem Kreis aus. Es muss keine dicke Linie sein. Sprechen Sie dabei Worte wie zum Beispiel diese: »Ich segne diesen Kreis im Namen der Herrin und des Herrn und schaffe mit dem Salz der Erde diesen geschützten Bereich, der erfüllt ist mit den Kräften und Energien der Erde.« Gehen Sie im Kreis herum und wiederholen Sie dabei diese Aussage mehrmals.

Nehmen Sie als Nächstes das Räucherwerk und gehen damit im Kreis herum. Sprechen Sie dabei: »Ich begehe hier und jetzt diesen Kreis mit dem Element der Luft, um ihn mit den Eigenschaften des Luftelements zu schützen. Ich segne diesen Kreis mit dem Element und den Kräften der Luft.«

Nehmen Sie nun die rote Kerze, zünden sie an und schreiten Sie wieder den Kreis ab. Fühlen Sie mit jeder Umrundung, wie sich die Energie innerhalb des Kreises aufbaut, wie Sie Ihr persönliches Universum erschaffen, ein Universum außerhalb von Zeit und Raum. Gehen Sie mit der Kerze im

Kreis herum und sprechen Sie Worte wie: »Ich segne hier und jetzt diesen Kreis mit dem Element des Feuers.« Sie können weitere Worte hinzufügen, um das Element des Feuers zu ehren und zu fühlen, wie sich die Energie des Kreises immer mehr aufbaut.

Nehmen Sie jetzt das gesegnete Wasser und verteilen es in feinen Tropfen mit der Hand. Sie können auch ein Blatt oder einen kleinen Kieferznzweig dafür nehmen. Schreiten Sie dabei den Kreis ab und sprechen Sie: »Ich segne hier und jetzt diesen Kreis mit der Energie der heiligen Wasser der Welt.«

Nun haben Sie Ihren heiligen Raum gut vorbereitet und müssen den Kreis nur noch versiegeln. Nach dem Versiegeln mit Athame oder Stab verlassen Sie den Kreis erst wieder, nachdem er aufgelöst worden ist; oder aber Sie schneiden mit dem Athame eine Öffnung in den Kreis und versiegeln ihn nach ihrer Rückkehr erneut. Zum Versiegeln des Kreises begeben Sie sich in den Alpha-Zustand, nehmen Athame oder Stab und begeben sich zum Stein oder Kristall am Nordpunkt. Spüren Sie, wie Sie von Energie durchströmt werden. Visualisieren Sie die Energie. Fühlen Sie, wie die Energie durch Ihren Scheitel in den Körper einströmt und durch Ihren Arm und Stab fließt. Gehen Sie im Uhrzeigersinn im Kreis herum und visualisieren Sie, wie sich ein kraftvoller, strahlend weißer oder elektrisch blauer Ring um Ihren Kreis legt, der durch Ihren Stab erschaffen wird. Beobachten Sie, wie aus diesem Ring allmählich eine Art Blase entsteht, die Sie völlig einhüllt. Es ist eine Kuppel, die sich nicht nur über Ihren Kreis wölbt, sondern auch unter Ihnen existiert und die Erde durchdringt. Sprechen Sie beim Gehen folgende oder ähnliche Worte: »Durch die Macht der Göttin und des Gottes erschaffe ich hiermit diesen Ort vollkommener Liebe. Dieser Kreis verkörpert hier und jetzt all die liebevollen Kräfte der Göttin und des Gottes und des Universums. Dieser Kreis bildet hier und jetzt einen Schutzkreis, aus dem kein Schaden hervorgehen und in den nichts Schädliches eindringen kann. Durch die Kräfte der Göttin und des Gottes ist dieser Kreis nun versiegelt.« Nachdem Sie den Kreis versiegelt haben, legen Sie den Stab wieder auf den Altar.

Der nächste Schritt besteht in der Anrufung der Wächter, das heißt der vier Himmelsrichtungen Norden, Osten, Süden und Westen. Dafür gibt es viele wunderschöne Ritualtexte, die zumeist sehr poetisch sind und herrliche Bilder unserer Mutter Erde in all ihrer Kraft und Schönheit heraufbeschwören. Die Wächter schützen und helfen uns bei unseren magischen Unternehmungen. Verwenden Sie den hier angebotenen Text oder kreieren Sie Ihren eigenen. Machen Sie sich dabei die Kenntnisse zunutze, die Sie aus Ihrer Beschäftigung mit den Elementen und ihren Energien sowie der Astrologie gewonnen haben.

Begeben Sie sich in den nördlichen Abschnitt des Kreises. Der Norden steht für unsere Mutter Erde und ihre Stärke. Wenn Sie die Wächter des Nordens anrufen, rufen Sie die gleichen Energien wie die von Stier, Jungfrau und Steinbock. Das sind die Energien von Liebe, Integrität, Erfolg und Geld (Geld verstanden als eine auf Erden verwendete Form von Energie, die für Wohlbefinden steht). Grün ist die Farbe, die in erster Linie für die Erde steht, und sie ist auch die Farbe des Herz-Chakras. Nehmen Sie Ihren Stab in die rechte Hand und strecken Sie beide Arme leicht ausgebreitet in die Höhe. Visualisieren Sie dabei die Farbe Grün. Rufen Sie die Wächter des Nordens mit Ihren eigenen oder mit folgenden Worten an:

> »Hüter und Wächter des Nordens, kommt aus der mystischen Mitternacht eurer weichen, grünen, fruchtbaren Felder zu uns. Bringt uns die Energie der Erde von euren sanften Hügeln, hoch aufragenden

Bergen, machtvollen Steinen, klaren Kristallen
und geheimen Höhlen. Seid unsere Hüter und Wächter,
während wir dieses Ritual (Jahreskreisfest, Vollmond
oder anderes Ereignis) feiern.«

Fühlen Sie, wie die Energie in den nördlichen Abschnitt des Kreises fließt. Sobald Sie die Präsenz gespürt haben – was sich anfühlt, wie wenn jemand mit starkem Charakter den Raum betritt –, senken Sie den Stab und begeben sich zum östlichen Abschnitt des Kreises.

Visualisieren Sie nun die Farbe Gelb, die für das Element der Luft steht. Wenn Sie die Wächter des Ostens anrufen, rufen Sie die gleichen Energien wie die von Zwillinge, Waage und Wassermann. Dies sind die Energien von Kommunikation, Gleichgewicht, Intellekt, Geist und Zukunft. Rufen Sie die Wächter des Ostens mit ihren eigenen oder mit folgenden Worten:

»Hüter und Wächter des Ostens, kommt aus der
mystischen Morgendämmerung auf euren stillen, sanften
Brisen zu uns. Bringt uns von den hohen Wolken die
Energie der Luft, tanzend durch grüne Bäume, brausend
über die weiten Ebenen und wirbelnd über dieses Feld.
Seid unsere Hüter und Wächter, während wir dieses
Ritual feiern.«

Spüren Sie, wie die Energie in den östlichen Abschnitt des Kreises fließt. Sobald Sie die Präsenz wahrgenommen haben, begeben Sie sich in den südlichen Abschnitt des Kreises.

Halten Sie Ihren Stab hoch und visualisieren Sie die Farbe Rot, die für das Element des Feuers steht. Wenn Sie die Wächter des Südens anrufen, rufen Sie die gleichen Energien wie die von Widder, Löwe und Schütze. Das sind die Energien von Leidenschaft, raschem Handeln, Optimismus, Stolz, spirituellem Bemühen und Prophezeiung. Rufen Sie die Wächter des Südens mit Ihren eigenen oder mit folgenden Worten:

> *»Hüter und Wächter des Südens, kommt von dem*
> *zauberhaften Mittag mit euren leidenschaftlichen roten*
> *Flammen zu uns. Bringt uns die Energie des Feuers von*
> *euren glühenden Kohlen der Weissagung, euren*
> *spielerischen Kerzenflammen, heilenden Herdfeuern*
> *und höllisch wütenden Waldbränden. Seid unsere Hüter*
> *und Wächter, während wir dieses Ritual feiern.«*

Fühlen Sie, wie die Energie in den südlichen Abschnitt des Kreises fließt. Haben Sie die Präsenz gespürt, senken Sie den Stab und begeben sich in den westlichen Abschnitt des Kreises.

Heben Sie den Stab in die Höhe und visualisieren Sie die Farbe Blau, die für das Element des Wassers steht. Wenn Sie die Hüter des Westens anrufen, rufen Sie dieselben Energien wie die von Krebs, Skorpion und Fische. Das sind die Energien von Intuition, Veränderung, Kreativität, Mysterium, Kraft und Intensität. Rufen Sie die Wächter des Westens mit Ihren eigenen oder mit folgenden Worten:

> *»Hüter und Wächter des Westens, kommt aus dem*
> *bezaubernden Zwielicht eurer sanften blauen Wasser*
> *zu uns. Bringt uns die Energie und Intuition des*
> *Wassers von euren freundlichen Flüssen, friedlichen*
> *Regenfällen, sprudelnden Quellen und wogenden*
> *Ozeanen. Seid unsere Hüter und Wächter, während*
> *wir dieses Ritual feiern.«*

Wenn Sie die vier Himmelsrichtungen anrufen, bringt Ihnen das die Energien von (1) Liebe, Integrität, Erfolg und Geld aus dem Norden, (2) Kommunikation, Gleichgewicht, Intellekt, Geist und Zukunft aus dem Osten, (3) Leidenschaft, raschem Handeln, Optimismus, Stolz, spirituellem Bemühen und Prophezeiung aus dem Süden und (4) Intuition, Veränderung, Kreativität, Mysterium, Kraft und Intensität aus dem Westen. Das sind kurz zusammengefasst die Energien der vier Himmelsrichtungen, und dabei haben Sie noch nicht einmal die Göttin und den Gott angerufen! So umfassend ist die Kraft, die Ihnen aus dem Universum zur Verfügung steht. Machen Sie weisen Gebrauch davon. Nachdem Sie die vier Himmelsrichtungen angerufen haben, kehren Sie zum Altar zurück, um nun die Göttin und den Gott anzurufen.

Meditieren Sie über die Energien der Göttin und des Gottes, um sich zu zentrieren und ins Gleichgewicht zu bringen. Wenn Sie diese Gestalten einfach als Gott und Göttin ehren wollen, kann die Göttin eine namenlose weibliche Gestalt und der Gott eine namenlose männliche Gestalt sein. Sie können sich für diesen Zweck aber auch ein Pantheon aussuchen, das heißt ein System von Gottheiten aus einer speziellen Kultur. Sie können zum Beispiel das griechische, keltische oder auch ägyptische Pantheon wählen – was immer Ihnen zusagt. Wenn Sie Kerzen haben, die die Göttin und den Gott symbolisieren, zünden Sie diese jetzt an, um sich mit dem Licht und der Liebe in Einklang zu bringen, die die Göttin und der Gott repräsentieren.

Den Herrn und die Herrin in den Kreis zu holen bedeutet ganz einfach, sie einzuladen, bei dem Ritual unterstützend anwesend zu sein, und sie wissen zu lassen, dass Sie ihre Gesellschaft genießen und mit ihnen arbeiten möchten. Es ist eine gute Gelegenheit, um zu spüren, wie sie den Kreis betreten, und zu beobachten, auf welche Weise Sie dies spüren oder wahrnehmen. Sprechen Sie einfach mit ihnen und lassen Sie sie wissen, dass Sie ihre Präsenz fühlen möchten. Sie können

Ihr eigenes Gedicht verfassen, um sie zu ehren, oder aus einem Buch ein entsprechendes Gedicht auswählen. Wenn Sie selbst ein Gedicht schreiben, hilft Ihnen das, das Göttliche kennen zu lernen und eine Beziehung dazu aufzubauen. Sie werden mehr Freude und Liebe erfahren, wenn Sie sich selbst etwas erarbeiten, statt das Gedicht eines anderen Menschen zu zitieren. Und Sie werden Trost und Stärke fühlen.

Zünden Sie die Kerze an, die die Göttin symbolisiert, und meditieren Sie einen Moment lang über ihre Gegenwart. Bringen Sie irgendetwas zur Unterstützung Ihres Kreises vor und sprechen Sie dabei aus dem Herzen heraus. Wiederholen Sie diesen Vorgang, indem Sie sich nun an den Gott wenden. Sie dürfen durchaus auch dramatisch werden, wenn Sie wollen. Sollten Sie sich zum Beispiel mitten in einem Wald befinden, wo niemand Sie hören kann, können Sie auch aus Leibeskräften nach dem Gott und der Göttin rufen. Und es kann durchaus sein, dass sich dabei die Baumwipfel in einer plötzlichen Brise bewegen!

Haben Sie die Göttin und den Gott in Ihren Kreis gerufen, lassen Sie sie wissen, was Sie feiern, sei es nun Mittsommer, Samhain, den Vollmond oder irgendein anderes Ritual. Stellen Sie sich auch vor. Sprechen Sie: »Ich bin es, _____ (benutzen Sie den magischen Namen, den Sie sich gegeben haben). Ich ehre euch und feiere dieses Ritual mit euch, und ich bin hier, um in reiner Absicht zum Wohle aller zu wirken.«

Von diesem Moment an können Sie feiern, wenn der Kreis zur Feier eines Jahreskreisfestes oder Vollmondes errichtet wurde. Bei einem Jahreskreisfest sollten Sie sich über Hintergründe und Zweck informieren und vielleicht ein Gedicht zu seinen Ehren verfassen. Bei einem Vollmond stellen Sie fest, in welchem Zeichen er sich befindet, und schreiben ein Gedicht, erfinden einen Chant oder trommeln ein wenig zu Ehren dieses Vollmonds und der Dinge, die sich damit verbinden.

Nun ist es auch an der Zeit, die Magie zu wirken, sei es ein Kerzenzauber, Steinzauber, Knotenzauber oder irgendeine andere Form von Magie, die Ihrem Gefühl nach passt, um das gewünschte Ergebnis herbeizuführen. Sammeln Sie sich innerlich. Dazu sollten Sie erst einmal visualisieren, wie Sie stärker werden und sich mehr und mehr im Einklang mit dem Universum befinden. Dadurch werden Sie empfänglicher, intuitiver und liebevoller. Sobald Sie sich im Alpha-Zustand befinden, segnen und entzünden Sie etwas Räucherwerk und sprechen Worte wie: »Dieses Räucherwerk repräsentiert alles, was ich bin, und alles Gute, zu dem ich fähig bin. Ich schicke es als Botschaft an die Göttin und den Gott, dass ich bereit bin für ihren Segen und für weitere Gaben der Intuition und des Talents, durch meinen Willen und zum Wohle aller. So sei es.« Meditieren Sie über das brennende Räucherwerk. Seien Sie sich bewusst, dass es Ihren Willen darstellt, der ins Universum aufsteigt, um Ihr höchstes Wohl zur Entfaltung zu bringen.

Nun kann ein Zauber gewirkt oder divinatorisch gearbeitet werden. Anschließend werden durch Tanz, Chanten oder Meditieren Kraft und Energie aufgebaut. Wenn Sie spüren, dass der richtige Augenblick gekommen ist, entlassen Sie die aufgebaute Energie ins Universum. Spüren Sie, wie die Energie sich löst und nach außen bewegt.

Danach ist es Zeit für Kuchen und Wein (oder Saft oder Wasser). Segnen Sie den Saft oder Wein und bringen Sie dabei zum Ausdruck, dass er für die Wasser der Erde steht und ein Zeichen unseres Vertrauens ist, dass wir nie dürsten werden. Gießen Sie ein wenig davon auf die Erde als Symbol dafür, dass Sie der Göttin und dem Gott immer etwas von sich selbst geben. Segnen Sie den Kuchen, bringen Sie dabei zum Ausdruck, dass er die Erde repräsentiert, und lassen Sie ein wenig davon zu Boden fallen. Kuchen und Wein werden

Ihnen helfen, sich zu erden. Nach all dem Meditieren und magischen Wirken im Alpha-Zustand brauchen Sie etwas, das Sie wieder auf die irdische Ebene zurückbringt!

Nach Kuchen und Wein können Sie den Gottheiten, der Göttin und dem Gott dafür danken, dass sie bei Ihnen waren. Verabschieden Sie sich von der Göttin und löschen Sie ihre Kerze. Sie können Ihre eigenen Worte finden oder sprechen: »Ich danke dir, Herrin, dass du dich diesem Kreis angeschlossen hast, und ich danke dir für den Segen, den wir während unserer Arbeit empfangen haben. Ich sage dir Lebewohl.« Verabschieden Sie sich von dem Gott auf die gleiche Weise, löschen Sie seine Kerze und verwenden Sie ähnliche Worte oder finden Sie Ihre eigenen.

Verabschieden Sie sich nun von den vier Himmelsrichtungen. Begeben Sie sich in den nördlichen Abschnitt des Kreises und sprechen Sie: »Mysterium der Mitternacht, Energie des Nordens und der Erde, kehrt in euer Heim zurück. Wir danken euch für eure Wachsamkeit und segnen euch zum Abschied.« Begeben Sie sich in den östlichen Abschnitt und sagen etwas Ähnliches wie: »Mystische Morgendämmerung, Energie des Ostens und der Luft, kehrt in euer Heim zurück. Wir danken euch für eure Wachsamkeit und segnen euch zum Abschied.« Begeben Sie sich in den südlichen Abschnitt und sagen Sie etwas Ähnliches wie: »Zauberhafter Mittag, Energie des Südens und des Feuers, wir danken euch für eure Wachsamkeit und segnen euch zum Abschied.« Begeben Sie sich in den westlichen Abschnitt und sagen Sie so etwas Ähnliches wie: »Bezauberndes Zwielicht, Energie des Westens und des Wassers, wir danken euch für eure Wachsamkeit und segnen euch zum Abschied.« Spüren Sie bei diesen Äußerungen jedes Mal, wie die Energie den Bereich verlässt.

Um den Kreis auf der physischen Ebene aufzulösen, nehmen Sie Ihren Stab oder Ihr Athame und begeben sich wieder in den nördlichen Abschnitt. Durchstechen Sie die »Mauer« des Kreises auf Hüfthöhe und schreiten Sie den Kreis im Uhrzeigersinn ab. Manche Hexen bewegen sich dabei auch gegen den Uhrzeigersinn. Tun Sie das, was Sie für sich als richtig empfinden. Visualisieren Sie, wie beim Gehen die Kraft in den Stab oder in den Griff des Athame zurückgesogen wird. Spüren Sie, wie der Kreis buchstäblich ins Inneres Ihres Werkzeugs einfließt, sodass die äußere Welt wieder ihre Herrschaft über den Bereich übernehmen kann. Sprechen Sie beim Gehen Worte wie: »Hiermit öffne ich das Siegel dieses Kreises, der ein Ort zwischen Zeit und Raum war. Der Kreis wird geöffnet, die Macht verbleibt bei diesem Stab. Es sei gesegnet.« Wenn Sie wieder im Norden anlangen, existiert der Kreis nicht mehr.

Ganz zum Schluss waschen Sie die Teller und Gläser, die Sie benutzt haben, und räumen alle Werkzeuge weg, von denen Sie Gebrauch gemacht haben.

Der Kreis auf astraler Ebene

Wirksame magische Rituale können auch in einer anderen als der physischen Welt stattfinden! Begeben Sie sich in der Meditation an einen speziellen Ort, den Sie sich erschaffen haben, vielleicht in einem Wald oder nahe am Meer. Visualisieren Sie einen Altar und bringen Sie entweder Ihre Werkzeuge aus der physischen Welt mit oder erschaffen Sie eigene astrale Werkzeuge. Benutzen Sie diese Werkzeuge, um sich selbst und das Terrain zu segnen, bauen Sie einen Kreis auf, rufen Sie die vier Himmelsrichtungen und die Elemente, die Göttin und den Gott, wirken Sie Ihre Magie, genießen Sie Kuchen und Wein, verabschieden Sie sich vom Gott und von der Göttin sowie von den Elementen und lösen Sie den Kreis wieder auf.

Sie werden feststellen, dass Sie durch diese astrale Arbeit Ihre Werkzeuge auf der physischen Ebene besser zu verstehen und nutzen lernen. Wenn Sie so vorgehen, dann visualisieren Sie die Elemente, sehen die Grenzlinie Ihres Kreises als Laserlicht, riechen das Räucherwerk, schmecken den Kuchen und den Wein. Und wenn Sie Ihre Magie wirken und mit Ihren Werkzeugen auf astraler Ebene arbeiten, dann visualisieren Sie, wie die Energie sich auf den Weg macht, um Ihre Weisungen zu befolgen.

Visualisierung und Magie

Lernen Sie so viel wie möglich über den Geist und seine Funktionsweise, ebenso über Magie und ihre Wirkungsweise. Manche Hexen behandeln die Magie wie eine Wissenschaft, die Schritt für Schritt erlernt werden muss, andere wie eine auf Intuition gegründete Kunst. Beide Ansätze haben schon erstaunliche Resultate zuwege gebracht. Tarot ist ein gutes Beispiel für den Unterschied zwischen den beiden Methoden. Sie können das Tarot studieren, indem Sie die klassischen Bedeutungen der achtundsiebzig Karten erlernen, und Ihre Tarot-Readings werden sehr effektiv sein. Sie können aber auch Symbole deuten lernen und dann intuitiv erfassen, was die Symbole auf den Karten im Zusammenhang mit einer bestimmten Person bedeuten. Auch dann werden Ihre Readings sehr effektiv sein. Finden Sie selbst heraus, welche Methode für Sie am besten funktioniert.

Der wichtigste Aspekt ist, dass Sie sich allmählich eine Bibliothek für Ihre Forschungen und Protokolle aufbauen. Viele Hexen besitzen zahlreiche Bücher, von Grimoires (Zauberbüchern) und Kräuterbüchern bis hin zu Werken über die verschiedenen Religionen. Hexen studieren das Universum und nehmen ihre Studien ernst. Ob Sie sich nun vom Hexenwesen als einer Ausdrucksform von Religion und Spiritualität angezogen fühlen oder von der Magie als einem Werkzeug, das Ihnen hilft, in Ihrem Leben erfolgreich und glücklich zu sein, wichtig ist, dass Sie sich Ihr persönliches System aufbauen.

Wichtig ist auch, dass Sie sich Aufzeichnungen machen. Daher empfiehlt es sich, ein Tagebuch zu führen, in dem Sie die Ergebnisse Ihrer magischen Unternehmungen festhalten, ebenso die Mondphasen und andere astrologische Konstellationen, die Jahreskreisfeste und andere wichtige Informationen. Sie können dazu auch einen Ordner mit Unterteilungen anlegen: Protokolle, Kräuter, Rituale, Meditationen und so weiter. Insgesamt wird daraus Ihr persönliches »Buch der Schatten«, Ihr Hexen-Zauberbuch und das Vermächtnis Ihres magischen Lebens.

VI   Kräuter

In früherer Zeit gab es in jeder Dorfgemeinschaft eine im Kräuterwesen erfahrene und bewanderte Person. Sie wusste, wie man Pflanzen und Kräuter einsetzt, um Krankheiten zu heilen, von der einfachen Erkältung bis hin zu rätselhafteren und bedrohlicheren Leiden. Die Kräuter wurden dabei als Heilmittel eingenommen. Kräuterspezialisten in den Städten setzten außerdem eine Art Aromatherapie ein, die im Mittelalter sehr beliebt war und Öle für Körper, Geist und Seele umfasste. Sie wussten aber auch, wie man Kräuter für magische Zwecke einsetzt, beispielsweise um jemandem zu einer guten Ernte zu verhelfen, und wie man Räucherwerk oder Tinkturen für Liebes- und Wohlstandszauber herstellt.

Heute unterscheidet man beim Einsatz von Kräutern und Pflanzen drei verschiedene Bereiche:

- Kräuterheilkunde zum Heilen auf der physischen Ebene,
- Aromatherapie zur Heilung auf der physischen wie auch auf der mentalen und spirituellen Ebene,
- Kräutermagie, bei der Pflanzen und Kräuter auf vielfältige Weise eingesetzt werden, um positive Veränderungen herbeizuführen.

Wie auf so vielen Gebieten hat auch in der Kräuterkunde eine Spezialisierung eingesetzt und die in den verschiedenen Bereichen Praktizierenden haben jeweils sehr unterschiedliche Ansichten über die Verwendung von Kräutern.

Jemand, der Kräuterheilkunde praktiziert, wird Ihnen für eine Erkältung vermutlich *Echinacea* und für eine ernstere Krankheit andere Pflanzenheilmittel zum Einnehmen geben und Ihnen Ratschläge für Ihre Ernährung und Lebensweise erteilen, damit Sie zur bestmöglichen Gesundheit gelangen. Jemand, der Aromatherapie praktiziert, wird Ihnen dagegen eine Aromamassage zur Entspannung und zum Stressabbau verabreichen, weitere Behandlungsmethoden zur Heilung auf physischer Ebene anbieten und zudem naturreine ätherische Öle einsetzen, um Ihre spirituellen Bewusstseinszentren zu öffnen. Und eine Magie praktizierende Kräuterhexe wird Ihnen möglicherweise ein mit bestimmten Kräutern gefülltes und mit einem Zauber aufgeladenes Püppchen geben, das Ihren Körper symbolisiert, um Sie gesunden zu lassen, Ihnen Wohlstand zu bescheren und vielleicht sogar Ihr Leben zu verändern. Wenn wir aus einem dieser Gründe Kräuter in unser Leben bringen, werden wir vermutlich bald mehr Respekt für unsere Mutter Erde entwickeln und eine intensivere Verbindung mit ihr aufbauen.

Wir Menschen verfügen über eine Vielzahl unterschiedlichster Talente, respektieren einander dafür und erkennen dabei unsere Unterschiede an. Denken Sie zum Beispiel an einen Arzt, einen Schauspieler, einen Lehrer oder einen Schreiner: Jede dieser Personen leistet einen wichtigen Dienst für unsere Gemeinschaft und jede wird dafür respektiert. Und so können Sie auch für die Talente und Fähigkeiten jeder Pflanze Achtung und Respekt entwickeln. Genau wie wir Menschen hat jede Pflanze ihre eigene Besonderheit, ihre eigene Spezialität oder ihren speziellen Zweck. Wenn Sie sich dieser Fähigkeiten bewusst werden, werden Sie das Pflanzenreich mit ganz neuen Augen sehen. Pflanzen sind nicht nur schön und versorgen uns mit Sauerstoff, sie lehren uns auch auf der Ebene von Körper, Geist und Seele.

Wenn Sie mit Kräutern arbeiten wollen, um sich mit ihren heilenden Eigenschaften unter dem Aspekt innerlich anwendbarer Arzneien vertraut zu machen, finden Sie viele einschlägige Bücher, mit deren Hilfe Sie diese Techniken erlernen können. Dabei hat sich ein neuer Begriff herausgebildet – komplementäre Medizin. Kräuterheilkunde und andere alte Praktiken, die nicht der etablierten medizinischen Praxis entsprechen, werden nun nicht mehr als alternative, sondern als komplementäre Medizin bezeichnet. Dieser Begriff weist darauf hin, dass alte und neue Methoden kombiniert werden, statt ausschließlich der einen oder der anderen Medizin den Vorzug zu geben. Die Verbindung der wissenschaftlichen Erkenntnisse und Erfahrungen des modernen Arztes mit der Weisheit der alten Kräuterkundigen und Kräuterheiler kann zu einem breiten Spektrum an Optionen führen und Ihnen das Gefühl geben, selbst in hohem Maße an Ihrem Weg zur Heilung beteiligt zu sein. Beim komplementären Heilansatz können Sie für jede Krankheit sowohl Ihren Arzt aufsuchen als auch Kräuter einsetzen. Informieren Sie aber Ihren Arzt über die Kräuter, die Sie parallel anwenden.

Dieses Kapitel befasst sich mit der magischen Ebene der Kräuteranwendung, obgleich sich auch ein paar Tipps für die häufigsten Leiden darin finden. In den folgenden Abschnitten erhalten Sie Informationen über Sachets, Puppen, Kräuterkissen, Kränze, Öle und Räucherwerk. Für diese Zwecke werden Kräuter und Pflanzen innerhalb des magischen Wirkens am häufigsten eingesetzt, mit oder ohne Ritual. Jede Arbeit mit Kräutern sollte in liebevollem Geist, für Ihr eigenes und das Wohl anderer und selbstverständlich mit Ehrerbietung und Dankbarkeit gegenüber den benutzten Kräutern und Pflanzen unternommen werden.

Das Aufladen von Kräutern

Ganz gleich, mit welchem Kraut und zu welchem Zweck Sie arbeiten, Ihr magisches Wirken sollte immer damit beginnen, dass Sie das Kraut mit der persönlichen Absicht aufladen, die Sie mit seinem Gebrauch verbinden.

Dabei halten Sie die Pflanze zunächst in der Hand, bedanken sich bei ihr und lassen sie wissen, dass Sie ihre Hilfe bei Ihren magischen Unternehmungen zu schätzen wissen. Begeben Sie sich in den Alpha-Zustand. Entspannen Sie Körper und Geist, werden Sie für das Universum empfänglich. Visualisieren Sie, wie universelle, liebevolle Energie und Kraft in Form von weißem Licht durch Ihren Scheitel oder das siebte Chakra in Sie einströmen und Ihren Körper erfüllen. Verbinden Sie die mit dem Aufladen des Krauts verbundene Absicht mit diesem Licht in Ihrem Körper. Wenn Sie eine Pflanze mit der Absicht aufladen, Wohlstand herbeizuführen, dann konzentrieren Sie sich auf das Gefühl, entspannt und wohlhabend zu sein. Lenken Sie dann diese Energie über den Arm in die Hand und lassen Sie sie in das Kraut einfließen. Spüren Sie, wie das Kraut Ihre Absicht und Energie in sich aufnimmt und sich weitet. Sie können dazu auch etwas sprechen, wie zum Beispiel: »Ich erfülle diesen Ingwer mit dem Licht und der Liebe des Universums sowie mit der Intention, meine Wohlstandsabsicht ins Universum zu schicken.«

Jede Pflanze, mit der Sie arbeiten, sollte mit der entsprechenden magischen Absicht verbunden und mithilfe einer Anrufung mit ihr aufgeladen werden. Für jedes Kraut oder jede Pflanze wird dieselbe Prozedur durchgeführt:

1. Bedanken Sie sich bei der Pflanze.
2. Begeben Sie sich in den Alpha-Zustand und erfüllen Sie sich mit Licht und der entsprechenden Intention.

3. Lassen Sie das Licht und die Intention für Ihre persönlichen Zwecke in die Pflanze einströmen.
4. Begleiten Sie dies mit einer Anrufung.

Wenn Sie bei einer magischen Unternehmung mehrere Kräuter oder Pflanzen verwenden, sollten diese einzeln aufgeladen werden. Diese Technik können Sie auch in der Küche anwenden, um die Kräuter zu segnen, die Sie beim Kochen verwenden. Ihre Mahlzeiten können dadurch zu einer Quelle spiritueller Nahrung und Energie werden.

Die Verwendung von Kräutern

Sachets

Unter einem Sachet wird ganz allgemein ein mit Kräutern gefülltes Säckchen verstanden, das mit einer Schnur zugezogen wird oder auch zugenäht sein kann. Oft haben Sachets auch die Form von niedlichen Herzchen, sind mit einer Borte umnäht und mit getrockneten Blumen und aromatisch duftenden Pflanzen gefüllt. Eng verwandt mit dem Sachet ist das Potpourri aus Blüten und Pflanzen, das sich einfach in einer offenen Schale befindet. Sowohl aus dem Sachet wie aus dem Potpourri kann mehr werden als das, wofür sie ursprünglich gedacht waren, nämlich einen angenehmen Duft in Ihrem Heim zu verbreiten. Die Kräuter und Pflanzen, die Sie aussuchen, um sie in ein Säckchen oder eine Schale zu füllen, können einen bestimmten Sinn, eine bestimmte Bedeutung haben und die Schwingungen in Ihrem Zuhause verändern.

Sie können Sachets aus einer Vielfalt von Gründen anfertigen, Ihrer Fantasie sind dabei keine Grenzen gesetzt. Sie können hergestellt werden, um das Glück oder die Liebe anzuziehen, um eine angenehme Atmosphäre in Ihrem Heim zu schaffen oder damit Ihnen das Essen gut gerät. Sie können ganz einfach oder mit ausgeklügelten Verzierungen versehen sein. Da sich mit ihrem Wesen eine eher breit gestreute und umfassende magische Absicht verbindet, sind die magischen Zwecke, für die sie eingesetzt werden, auch eher allgemeiner Art. Wenn Sie zum Beispiel ein Sachet anfertigen, um die Atmosphäre in Ihrem Heim aufzuhellen, wird das nicht unbedingt zwei Kleinkinder davon abhalten, sich um ein Spielzeug zu streiten, aber nach dem Streit wird sich die Spannung schneller auflösen.

Um ein Sachet anzufertigen, suchen Sie sich einfach ein Stück Stoff von einer Farbe, die mit Ihrer Absicht übereinstimmt – zum Beispiel Rosa für Frieden in den eigenen vier Wänden –, und entsprechende Kräuter oder Pflanzen. Für das Thema Frieden sind zum Beispiel Rosen, Gardenien und Basilikum gut geeignet. Sie müssen zuerst sachgemäß getrocknet und dann aufgeladen werden. Anschließend legen Sie die getrockneten Kräuter und Pflanzen in die Mitte des Stoffs. Raffen Sie den Stoff an den Rändern zusammen, sodass ein Säckchen entsteht, und verschnüren Sie es mit einem Band oder einer Schnur. Visualisieren Sie beim Verschnüren Ihr gewünschtes Ziel. Wenn Sie sich zum Beispiel Liebe wünschen, visualisieren Sie, während Sie das Band um das Säckchen wickeln, wie Sie von Liebe umgeben sind. Ihr Sachet kann beliebig groß oder klein sein, sodass Sie es bei sich tragen oder auch als unauffällige Dekoration für Ihr Heim verwenden können.

Aufwändiger wird es, wenn die angestrebte Wirkung bereits äußerlich zu erkennen sein soll. Wenn Sie sich zum Beispiel eine friedvollere Atmosphäre zu Hause wünschen, können Sie ein Friedenssymbol auf das Säckchen sticken oder applizieren und es dann mit entsprechenden Kräutern und Pflanzen füllen, zum Beispiel Gardenien oder Rosenblättern.

Wenn Sie sich mehr Liebe in Ihrem Leben wünschen, können Sie ein herzförmiges Sachet anfertigen, es vernähen und eventuell mit Spitzenborte verzieren. Füllen Sie es mit Lavendel, Himbeerblättern, Erdbeerblättern oder einer Kombination daraus. Für ein Sachet für Schwung und Kraft bei der Arbeit nähen Sie zwei runde gelbe Stoffkreise als Symbol für die Sonne (Kraft) zusammen und füllen es mit Zimt, Gardenie und Kiefernnadeln. Sachets funktionieren auch, wenn man sie nicht sieht, weshalb Sie sie durchaus in der Schreibtischschublade an Ihrem Arbeitsplatz verwahren können.

Puppen

Bei den für magische Zwecke verwendeten Puppen handelt es sich um kleine, einfach zusammengenähte Püppchen, die so simpel aussehen wie Lebkuchenfiguren und auch nur zwanzig Zentimeter groß sein können. Sie werden aus Stoff von der Farbe genäht, die dem angestrebten Ziel entspricht, zum Beispiel Grün für Heilung oder Liebe, Gelb für Kraft und Macht. Die Puppe wird dann mit entsprechend aufgeladenen Kräutern und Pflanzen gefüllt, damit sie die gewünschten Resultate anzieht. Es muss hier klargestellt werden, dass es sich dabei nicht um Voodoo-Puppen handelt. Die beiden Arten von Puppen sind zwar verwandt, was die magische Praxis angeht, werden aber mit völlig unterschiedlichen Absichten eingesetzt. Wie bei allen magischen Unternehmungen gilt auch hier die Goldene Regel: »Schade niemandem und tu, was du willst.«

Benutzen Sie während der Herstellung die Puppe als Fokus für die magische Absicht. Visualisieren Sie beim Zuschneiden des Stoffes die Person, für die Sie den Zauber wirken wollen. Sehen Sie sie so deutlich wie möglich vor sich – ihre Gesichtszüge, ihr Haar, ihre Kleidung. Visualisieren Sie dann beim Zusammennähen der Puppe, wie das, was Sie für diese Person zu bewirken versuchen, in ihr versiegelt wird. Bei einem Heilzauber zum Beispiel visualisieren Sie beim Zusammennähen der Puppe, wie Gesundheit in die Person einströmt, wie Sie diese in ihr versiegeln und ein Schutzschild um sie herum aufbauen. Lassen Sie am Kopf der Puppe eine kleine Öffnung. Laden Sie die entsprechenden Kräuter auf und füllen Sie die Puppe damit, wobei Sie visualisieren, wie die betreffende Person mit Energie zur Heilung erfüllt wird – bzw. mit der nötigen Energie, um Liebe anzuziehen, wohlhabend zu sein, stark und mächtig zu werden und so weiter.

Wenn Sie verschiedene Pflanzen verwenden, gibt es mehrere Möglichkeiten. Sie können die Kräuter einzeln in die Puppe stecken und sich dabei auf die jeweils damit verbundene Absicht konzentrieren. Wenn zum Beispiel jemand einen Zauber zur Veränderung vieler Aspekte seines Lebens wünscht, können Sie die Puppe mit Kraft, Liebe und Frieden auspolstern. Visualisieren Sie jede dieser Qualitäten, während Sie das entsprechende Kraut in die Puppe stecken. Eine andere Möglichkeit ist es, die Kräuter in einem Mörser zu zerreiben und miteinander zu vermischen, sodass sich alle ersehnten Qualitäten in der betreffenden Person vereinen, und schließlich die Puppe damit zu füllen. Visualisieren Sie dabei die gewünschten Qualitäten. Beide Methoden sind wirksam. Experimentieren Sie damit (vorzugsweise mit Ihnen selbst als Versuchsperson), um festzustellen, welche Methode für Sie am besten funktioniert.

Wollen Sie für sich selbst – oder für andere Menschen auf deren Wunsch – eine wirkungsvolle Liebeszauberpuppe anfertigen, dann füllen Sie sie mit Zutaten, die für die Wesensart des ersehnten Menschen repräsentativ sind. Eine solche Puppe ist nicht dazu bestimmt, eine ganz bestimmte Person anzuziehen, auf die Sie ein Auge geworfen haben; sie soll vielmehr einen Menschen anziehen, der zu Ihnen passt, der Ihre Interessen und Vorstellungen teilt. Tatsächlich sollten Sie sicherstellen, dass Ihr Zauber nicht eine ganz bestimmte einzelne Person anzieht, sondern der Göttin Raum lässt, den Einen oder die Eine zu finden, der oder die für Sie richtig ist. Ein Liebeszauber sollte spezifisch und doch vieldeutig sein. Dann werden die Ergebnisse Ihre kühnsten Träume übertreffen.

Diese spezielle Liebeszauberpuppe verlangt Ihnen einiges ab, da Sie eine ganze Zeit lang eine Menge Erdbeeren essen müssen, um an reichlich Erdbeerblätter zu kommen. Fangen Sie im späten Frühling an, denn dann beginnt die beste Zeit für alle Zauber, die etwas zu Ihnen bringen sollen. Machen Sie sich jedes Mal, wenn Sie eine Erdbeere essen, bewusst, dass diese Frucht für Sie Liebe anziehen wird. Lassen Sie die Kelchblätter der Früchte an einem schattigen und luftigen Ort trocknen, wo sie nicht faulen oder zerdrückt werden. Am besten ist es, sie auf einem Sieb oder Rost zu lagern, damit die Luft überall gleichmäßig durchstreifen kann. Oder man legt sie auf Küchentücher aus Papier, wobei sie sich meist stark zusammenrollen und dann ganz natürlich durchlüftet werden.

Sammeln Sie außerdem Kräuter, die für die Wesensart der ersehnten Person stehen. Wichtig ist, dass Sie genau wissen, was Sie wollen. Die meisten Leute können problemlos sagen, was sie *nicht* wollen. Hier ist es aber wichtig, zu wissen, was Sie wollen. Diese Art von Magie arbeitet nach dem Prinzip, dass Sie die Puppe, das heißt sich selbst (oder die Person, für die Sie den Liebeszauber machen), mit den Aspekten anfüllen, die Sie anziehen wollen. Wünschen Sie sich eine leidenschaftliche Beziehung, dann geben Sie ein Stück Ingwer in die Puppe. Wünschen Sie sich einen spirituellen Partner, dann nehmen Sie ein paar Gardenienblüten. Suchen Sie einen Menschen mit Führungsqualitäten, dann füllen Sie ein wenig Weihrauch in die Puppe. Ist Ihnen der kreative Typ lieber, greifen Sie zu etwas Benzoe. Grundfüllstoff der Puppe sollten aber die über eine gewisse Zeit hinweg gesammelten Erdbeerblätter sein. Wenn Sie es eilig haben, können Sie ja einen Monat lang jeden Abend Erdbeeren verspeisen, sie Ihren Gästen servieren und auch sonst alles Erdenkliche unternehmen, um an die Blätter zu kommen!

Als Nächstes suchen Sie sich einen grünen oder rosafarbenen Stoff aus, der das Herz symbolisiert. Schneiden Sie aus dem Material eine menschliche Gestalt zu; sie braucht nicht kunstvoller auszusehen als eine Puppe aus Papier oder eine Lebkuchenfigur. Diese Figur wird Sie oder die Person symbolisieren, für die Sie den Zauber wirken. Begeben Sie sich, wenn Sie die Figur ausschneiden, in den Alpha-Zustand und visualisieren Sie sich selbst und jeden Aspekt Ihrer selbst, der Ihnen wichtig ist. Damit senden Sie eine Botschaft mit einer Aussage über Ihre Wesensnatur aus, um jemanden anzuziehen, der diese Qualitäten an Ihnen schätzt. Füllen Sie nun die Puppe abwechselnd mit den Erdbeerblättern sowie den anderen Kräutern und Pflanzen. Visualisieren Sie dabei die einzelnen Charakteristika, die Sie anziehen möchten. Füllen Sie zum Beispiel eine Lage Kiefernnadeln ein, wenn Sie Reichtum anziehen möchten oder eine Person, die Wachstum anstrebt (spirituelles oder persönliches Wachstum). Achten Sie darauf, dass Sie sich immer auf den ganz speziellen Zweck konzentrieren, dem das jeweilige Kraut dienen soll, da Kräuter meist viele Aspekte haben. Füllen Sie darauf eine Lage Erdbeerblätter in die Puppe ein. Dann beispielsweise eine Lage Kamille, wenn Sie einen sanften Typ anziehen möchten. Darauf wieder eine Lage Erdbeerblätter. Konzentrieren Sie sich bei jeder Lage, die Sie hinzufügen, auf den entsprechenden Persönlichkeitsaspekt, den Sie sich wünschen.

Außerdem können Sie bei dieser Art von Puppenzauber

Kräuter, die mit den Chakren korrespondieren, an entsprechender Stelle platzieren. Wenn Sie sich zum Beispiel eine leidenschaftliche Beziehung wünschen, verwenden Sie Ingwer oder Lavendel im Bereich des zweiten Chakras der Puppe, gefolgt von einer Lage Erdbeerblätter. Wenn Sie eine Person anziehen möchten, die künstlerisch begabt oder in einem künstlerischen Beruf tätig ist, geben Sie zerkleinerte Orangenschale in die Hände der Puppe. Wenn Ihnen Intelligenz wichtig ist, füllen Sie den Kopf mit Andorn, Salbei oder Benzoe (weitere Anregungen finden Sie in den Listen von Kapitel VIII).

Der Kernpunkt ist, dass Sie Ihre Puppe mit der Absicht füllen, Persönlichkeitsaspekte anzuziehen, die Sie sich im Hinblick auf eine langfristige Beziehung wünschen. Sie können die Puppe im Verlauf eines Rituals segnen und dann an gut sichtbarer Stelle in Ihrem Heim aufstellen oder ihr ohne Ritual einfach nur täglich Energie schicken.

Zum Zeichen dafür, dass die Puppe Sie repräsentiert, bekleiden Sie sie mit etwas, das typisch für Sie ist. Wenn Sie zum Beispiel jeden Tag eine Schleife im Haar tragen, befestigen Sie eine kleine Schleife am Kopf der Puppe. Tragen Sie häufig Röcke, nähen Sie der Puppe einen Rock. Wenn Sie einen Pferdeschwanz oder einen Ohrring tragen, versehen Sie die Puppe mit einem Pferdeschwanz oder einem Ohrring (keine Angst, Ihr Ohr wird nicht zu bluten anfangen, wenn Sie der Puppe ein Ohrloch stechen!). Sie können der Puppe auch das Symbol Ihres Sternzeichens aufnähen. Sorgen Sie in jedem Fall dafür, dass sie etwas von Ihrer Persönlichkeit zum Ausdruck bringt. Dadurch werden Sie sich auch besser vorstellen können, dass diese Puppe in der Tat Sie repräsentiert. Soll die Puppe eine andere Person darstellen oder für eine andere Person bestimmt sein, versehen Sie sie mindestens mit einem bezeichnenden Merkmal der oder des Betreffenden.

Solche Puppen können aus einer Vielzahl von Gründen

angefertigt werden. Der Liebeszauber war nur ein Beispiel, wie Sie eine Puppe füllen in der Absicht, etwas Bestimmtes anzuziehen. Soll die Puppe dem Zweck des Heilens dienen, platzieren Sie ein geeignetes Heilkraut an die Stelle, wo die Heilung erfolgen soll. Füllen Sie zum Beispiel den Kopf mit Kamille, wenn die betreffende Person unter Kopfschmerzen leidet.

Dem magischen Arbeiten mit solchen Puppen sind keine Grenzen gesetzt. Sie können sogar eine kugelförmige Puppe anfertigen, die die Erde symbolisiert, sie mit Heilkräutern füllen und ihr zusammen mit anderen Menschen Heilenergie schicken. Sie können eine Erdpuppe für den Weltfrieden anfertigen und ihr bestimmte Anweisungen beilegen wie zum Beispiel: »Sende dieser Puppe eine Woche lang Friedensenergie und schicke sie dann auf die Reise.« Dann geben Sie sie an eine Freundin weiter, diese sendet sie einem Freund und so weiter. Vielleicht möchten Sie der Puppe auch noch eine Liste beilegen, auf der ihr Geburtsort eingetragen ist und alle weiteren Orte hinzugefügt werden können. Millionen von Menschen beten immer mal wieder für den Weltfrieden. Solch eine Puppe ist einfach nur eine Form, wie dieses Gebet um die Welt reisen kann.

Die fertige Puppe kann in Ihrem Heim verbleiben und Sie an Ihre magische Absicht erinnern oder der Person übergeben werden, für die der Zauber gedacht ist. Hat der Zauber seinen Zweck erfüllt, können Sie die Puppe begraben, um die Energien zur Erde zu schicken, sodass sie verfügbar werden für alle, die sie benötigen. Danken Sie den Energien der Puppe für ihre Arbeit. Falls Sie die Puppe einem anderen Menschen übergeben, sollten Sie ihn informieren, wie der Zauber auf diese Form angemessen vollendet werden kann.

Kräuterkissen

Das Kräuterkissen ähnelt dem Sachet, doch verbinden sich mit ihm spezifischere und direktere Absichten. Ein solches Kissen kann eine einfache, quadratische Stoffhülle sein und zum Beispiel mit der Absicht gefüllt werden, im Traum Probleme zu lösen. Schon ein zehn Quadratzentimeter großes Stoffkissen von entsprechender Farbe reicht aus. Füllen Sie es einfach zu gleichen Teilen mit Kräutern der folgenden Wirkung:

1. ein beruhigend wirkendes Kraut für den Schlaf, zum Beispiel Kamille oder Lavendel,
2. ein dem Träumen förderliches Kraut wie zum Beispiel Gardenie oder Jasmin,
3. ein Kraut, das für das gewünschte magische Ergebnis steht. Wenn Sie zum Beispiel mitten in einer kreativen Unternehmung ins »Stocken« geraten sind, fügen Sie Orangenschalen zur Förderung der Kreativität hinzu.

Ihr Kissen sollte also aus drei Teilen bestehen, einem für den Schlaf, einem für Träume und einem für den Aspekt, den Sie anziehen möchten. Nehmen wir an, Sie führen am nächsten Tag ein Vorstellungsgespräch für einen Job, den Sie gerne hätten. In diesem Fall mischen Sie einen Teil Kamille für erholsamen Schlaf, einen Teil Lavendel für Träume und einen Teil Lorbeer für die gewünschte Anstellung. Als Ingredienzien für den mit dem Kissen verbundenen Zauber können Sie alle Kräuter verwenden, die Ihrer magischen Absicht entsprechen. Visualisieren Sie das erwünschte Ergebnis, während Sie die Kräuter aufladen. Füllen Sie sie dann ins Kissen, nähen Sie es zu, legen Sie es neben Ihr Kopfkissen und schlafen Sie einfach ein. Wenn Sie noch bessere Ergebnisse erzielen möchten, dann segnen Sie das Kissen während eines Rituals im magischen Kreis.

Kränze

Der Kranz steht für den ewigen Kreis des Lebens. Er symbolisiert die Erde und das Universum, ebenso den magischen Kreis, der sich ja von der Erde und dem Universum herleitet. Er dient dazu, einen Gegenstand oder Menschen in die Absicht einzuhüllen, die sich mit dem Kranz verbindet. Fertigen Sie zum Beispiel einen Kranz für die Haustür an, so wollen Sie damit Ihr Zuhause mit Liebe, Schutz oder einem anderen Aspekt der verwendeten Kräuter und Pflanzen umgeben. Fertigen Sie einen Kranz aus Heilkräutern für eine Wohnung, so verbindet sich damit die Absicht der Heilung für die Bewohner. Die Kränze, die Mädchen und junge Frauen bei der Maifeier (Beltane) als Kopfschmuck tragen, können aus speziellen und entsprechend aufgeladenen Blumen angefertigt werden, die ihren Trägerinnen Liebe bringen sollen; Kränze, die den Männern als Kopfschmuck dienen, können aus Blättern bestehen, die als magische Botschaft die Persönlichkeit ihres Trägers zum Ausdruck bringen.

Wenn Sie einen Kranz für Ihr Zuhause binden möchten, können Sie dazu einen Holzreif und anderes Material zum Stecken und Befestigen verwenden, das in Bastelgeschäften oder Blumenläden erhältlich ist. Benutzen Sie Kräuter oder Pflanzen, die Ihren Absichten entsprechen. Vor allem in der Stadt eignen sich Kränze besonders gut, um die wechselnden Jahreszeiten zu symbolisieren, zum Beispiel ein Frühlingskranz aus frischem Buchs, ein Sommerkranz aus getrockneten Blüten, ein Herbstkranz aus bunten Herbstblättern und für den Winter natürlich der beliebte Kranz aus Tannen-, Kiefern- oder Wacholderzweigen. Wenn Sie der Jahreszeit entsprechende Kränze anfertigen, stimmt Sie das auf den Rhythmus der Erde ein und hilft Ihnen außerdem, etwas über die Elemente zu lernen und die Botschaften der Jahreszeiten zu verinnerlichen. Ein Kranz an der Haustür erfreut nicht nur alle, die über die Schwelle treten, sondern segnet und reinigt sie auch. Sie können einen solchen Kranz auch mit der Absicht aufladen, dass er nur jene zum Eintreten einlädt, die Liebe und Freundschaft in Ihr Zuhause bringen.

Öle

Schon die alten Hebräer, Ägypter, Griechen und Römer benutzten Duftöle zum Weihen und für andere zeremonielle Zwecke. Priester und Magier salbten ihren Körper mit Ölen, um die Wahrnehmungsfähigkeit ihrer Sinne zu erhöhen und Visionen auszulösen. Öle wurden auch zur Reinigung und als Opfergabe für die Gottheiten benutzt.

Viele dieser Traditionen werden noch heute gepflegt. Bei magischen Unternehmungen werden ätherische Öle und Ölmischungen zum Salben von Menschen, Kerzen und Talismanen verwendet und auch zur Verstärkung eines Zaubers eingesetzt. Der allgemeine Gebrauch von naturreinen ätherischen Ölen ist relativ neu, was an der Weiterentwicklung der erforderlichen Herstellungsverfahren liegt. Heute sind solche Öle praktisch zur Massenware geworden und ihr Einsatz bei magischen Unternehmungen ist sprunghaft angestiegen.

Die eigene Herstellung ätherischer Öle ist kostspielig, zeitaufwändig und braucht viel Platz, denn dazu sind riesige Mengen an frischen Pflanzen nötig. Für die Herstellung von Salböen kaufen Sie sich deshalb am besten die gewünschten ätherischen Öle und mischen diese dann mit einem Basisöl, zum Beispiel Sonnenblumen-, Jojoba-, Mandel- oder Olivenöl. Vergewissern Sie sich aber, dass die gekauften ätherischen Öle naturrein sind. Es sind viele synthetische Duftöle auf dem Markt, die fantastisch riechen, aber magisch gesehen wertlos sind.

Wenn Sie zum Purismus neigen, können Sie auch Ihr eigenes Öl herstellen, indem Sie ein Basisöl Ihrer Wahl mit der geistigen Energie einer Pflanze, ihrem »Qi«, aufladen. Ein solches Öl ist nicht zur Aromatherapie geeignet, da es nicht den gleichen aromatischen Wert hat, aber es trägt die magische Intention, den Geist und die Eigenschaften der Kräuter, Harze und Pflanzen in sich. Für die Herstellung solcher Ölmischungen brauchen Sie:

1. Flaschen oder Fläschchen, die sich mit Schraubverschlüssen oder Korken fest verschließen lassen (kleinere Mengen sind besser, weil Öle sich im Allgemeinen nicht allzu lange halten).
2. Kräuter, Pflanzen, Blumen oder Harze (getrocknet oder frisch).
3. Basisöle (Oliven-, Jojoba-, Sesam-, Mandelöl usw.).

Laden Sie die ausgewählten Kräuter mit der gewünschten Intention auf. Wenn Sie zum Beispiel ein Öl für Wohlstand herstellen möchten, laden Sie die Kräuter mit dem Gefühl von Wohlstand auf. Füllen Sie dann die Flasche zu drei Vierteln mit den Kräutern. Segnen Sie das Öl, mit dem Sie arbeiten, und füllen Sie die Flasche damit auf. Sprechen Sie dabei Worte wie zum Beispiel: »Kraut und Öl, vermischt eure Energien. Kräutergeister, fließt in das Öl. Öl, öffne dich dem Kräuterfluss. Wirkt gemeinsam zum Wohle aller und um zu erschaffen, was gesegnet, rein und lauter ist.« Sie können wie beim Räucherwerk Ihren Mischungen eine Spur Harz, wie zum Beispiel Weihrauch oder Myrrhe, hinzufügen, was ihnen eine leichte Duftnote verleiht. Verschließen Sie die Flasche fest und verwahren Sie sie drei Tage lang in einem dunklen Schrank. Gießen Sie dann das Öl durch ein Tuch in einen anderen Behälter. Entfernen Sie die Kräuter oder Pflanzen aus der Flasche und waschen Sie diese aus. Wenn die Flasche völlig trocken ist, füllen Sie das Öl wieder ein.

Manche Ölmischungen wirken übrigens ausgesprochen dekorativ, wenn noch Kräuter oder Blüten darin schwimmen; man muss die Pflanzen also nicht unbedingt aus der Flasche entfernen. Allerdings halten sich manche Öle weniger lange, wenn die Pflanzen verbleiben, während andere dadurch überhaupt nicht beeinträchtigt werden. Am besten behalten Sie die Öle im Auge und vergewissern sich vor dem Gebrauch, dass sie nicht verdorben sind.

Räucherwerk

Mit dem Abbrennen von Räucherwerk kann man sich wahrscheinlich am schnellsten in einen veränderten Bewusstseinszustand versetzen. Schon seit über 5000 Jahren wird Räucherwerk auf Altären und in Kirchen und Synagogen verbrannt. Sein Duft hat die Kraft, Magier, Priester und Laien gleichermaßen in spirituelle Räume zu versetzen, weit weg vom irdischen Alltag und der Arbeitswelt. Geht es um magische Zwecke, so benutzt man Räucherwerk, um heiligen Raum zu schaffen, das Terrain zu reinigen, den magischen Kreis zu ziehen, die Gottheit einzuladen oder einen Kräuterzauber zu wirken.

Bei einem Kräuterzauber entscheiden Sie zunächst, welche Art von Magie Sie durchführen möchten, wählen dann das passende Kraut aus, laden es mit den notwendigen Energien auf und zünden es an, um es von einer Erdsubstanz in eine Luftsubstanz zu verwandeln. Wenn Sie das Kraut anzünden und Rauch aufsteigt, wird es ätherisch. Visualisieren Sie dabei, wie der Rauch auf astraler Ebene die Form Ihrer magischen Intention annimmt. Durch die Verwandlung in eine ätherische Form und schließlich in einen astralen Gedanken kann das Kraut die Veränderungen in Gang setzen, die zur Vollendung Ihrer magischen Intention auf der physischen Ebene nötig sind.

Das Verbrennen von Kräutern kann allein schon eine magische Handlung sein, wenn Sie dabei Energie aufbauen und sie dann freisetzen, wie es auch beim Kerzenzauber geschieht. Sie können aber auch andere Formen von Magie damit verstärken, indem Sie zum Beispiel eine Kerze mit speziell hergestelltem Räucherwerk segnen oder eine Puppe mit denselben Kräutern räuchern, mit denen Sie sie gefüllt haben.

Räucherwerk kann einfach nur aus einem einzigen Kraut oder Harz, ebenso aber auch aus einer komplizierten Mischung bestehen. Es kann nach uralten Rezepten hergestellt werden, die seit Jahrhunderten weitergegeben wurden, oder ganz speziell und intuitiv für eine bestimmte magische Unternehmung gemischt werden. Grundkenntnisse über Pflanzen, Kräuter und Harze (wie Weihrauch, Myrrhe, Benzoe und andere) sind nötig, um zu wissen, welche Kräuter und Pflanzen sich gut miteinander kombinieren lassen. Notieren Sie sich Ihre Räuchermischungen, damit Sie später feststellen können, wie wirksam sie waren. Vermerken Sie dazu auch die Mondaspekte sowie andere wichtige Informationen.

Zum Herstellen von Räuchermischungen benötigen Sie einen Mörser mit Stößel. Bereiten Sie das Räucherwerk zu, indem Sie die gewünschte Menge – meist ist schon eine kleine Menge ausreichend – von jeder Kräuterart (in getrockneter Form) sowie Harz aufladen, dann in den Mörser geben und fein vermahlen. Visualisieren Sie dabei den Zweck der Räucherung. Wenn Sie noch nicht viel Erfahrung haben, testen Sie die Zutaten vorher einzeln, denn manche wohlriechenden Kräuter und Pflanzen verbreiten beim Räuchern ziemlichen Gestank.

Der Zusatz von Weihrauch zu Ihrer Mischung kann den Erfolg Ihrer magischen Unternehmungen verstärken, da er ein stark mit Spiritualität verbundenes Harz ist. Er unterstützt beim Segnen der Kräuter sowie bei der Konzentration auf die magische Absicht und sorgt dafür, dass die eingesetzte Magie dem Wohle aller dient. Aus diesen Gründen ist Weihrauch für das magische Arbeiten zwar nicht unerlässlich, aber doch überaus empfehlenswert.

Sie können auch etwas Weihrauch verbrennen, wenn Sie sich in Ihrer Wohnung höhere spirituelle Schwingungen wünschen. Sie sollten aber kein Räucherwerk nur deshalb verbrennen, weil es angenehm riecht, es sei denn, Sie haben es lediglich zu diesem Zweck hergestellt.

Das fertige Räucherwerk können Sie zu allen gewünschten Zwecken verwenden. Sie können es bei einem Ritual einsetzen oder auch einfach in Ihrer Wohnung verbrennen, wann immer Sie sich an Ihre ursprüngliche Absicht erinnern möchten, sei es Liebe, Schutz oder was auch immer. Es kann ebenso jederzeit für die in Kapitel VIII aufgeführten Zwecke entzündet werden. Zum Verbrennen verwenden Sie Räucherkohle, die in den meisten Esoterikläden erhältlich ist.

Hier folgen einige Rezepte für verschiedene Arten von Räucherwerk:

Räuchermischung für den Altar oder zum Segnen
Weihrauch, Myrrhe und Rosmarin zu gleichen Teilen.

Räuchermischung für Heilung
Weihrauch, Himbeerblätter und Piment (Nelkenpfeffer) zu gleichen Teilen, dazu etwas gemahlene Orangenschale. Die Orangenschale schenkt der Person, die Heilung braucht, eine positive Einstellung.

Räuchermischung für Liebe
Weihrauch, Erdbeer- und Himbeerblätter zu gleichen Teilen.

Räuchermischung für Meditation

Salbei, Gardenienblüten, Beifuß und Benzoe zu gleichen Teilen.

Räuchermischung für Wohlstand

Benzoe, Zimt und Sandelholz zu gleichen Teilen, dazu ein paar Senfkörner. Das Benzoe löst die Anhaftung an Geldmangel auf.

Leitfaden für Pflanzen und Kräuter

Die im Zusammenhang mit den Pflanzen aufgeführten Rubriken Körper, Geist und Seele bezeichnen die jeweiligen Anwendungsbereiche, in denen sich das magische Arbeiten mit Räucherwerk, Ölen, Puppen und so weiter förderlich auswirkt.

Unter der Rubrik Körper finden Sie Hinweise auf die entsprechenden Bereiche in Bezug auf den Körper. Steht dort zum Beispiel »Gesundheit und Heilung«, kann die Pflanze für magische Unternehmungen zur Heilung des physischen Körpers benutzt werden. Unter der Rubrik Geist finden Sie die Bereiche, in denen durch die magische Arbeit mit der Pflanze Veränderungen in der Denkweise bewirkt werden können, sodass sich darauf auch die äußeren Umstände ändern. Die Rubrik Seele verweist auf Anwendungsbereiche zur Förderung des spirituellen Wachstums oder spiritueller Prinzipien. Gelegentlich werden Sie bei einer Pflanze einige Begriffe auch mehrfach aufgeführt finden. Wenn zum Beispiel der Begriff »Liebe« in allen drei Rubriken, also bei Körper, Geist und Seele, erscheint, sind drei verschiedene Arten von Liebe gemeint:

1. *Körperliche Ebene*: Verweist darauf, dass ein Zauber mithilfe der genannten Pflanze förderlich ist, wenn jemand lernen möchte, seinen Körper so zu lieben und zu akzeptieren, wie er ist.

2. *Mentale Ebene*: Verweist darauf, dass ein Zauber jemanden darin unterstützen kann, sich geistig für eine Liebesbeziehung zu öffnen.
3. *Spirituelle Ebene*: Verweist darauf, dass ein Zauber dem Verstehen der universellen Liebe förderlich ist, einer Liebe, wie sie zum Beispiel nötig ist, um Dinge zu vergeben oder zu akzeptieren.

Diese Unterschiede beim Gebrauch des Wortes »Liebe« können Sie auch bei anderen Begriffen finden. Schutz unter der Rubrik Körper bedeutet zum Beispiel physischen Schutz. Unter der Rubrik Geist wäre damit Schutz vor medialen Angriffen von Seiten einer anderen Person gemeint. Und unter der Rubrik Seele würde sich dieser Begriff auf den Schutz vor nichtmenschlichen Wesenheiten beziehen. Lassen Sie sich von Ihrer Intuition leiten, wenn es um den richtigen magischen Gebrauch eines Krauts für die verschiedenen Bereiche geht. Im Anschluss an die einzelnen Einträge finden sich meist noch Anmerkungen zum herkömmlichen heilerischen Gebrauch der Pflanze, sofern es ihn gibt, sowie weitere Fakten oder Hinweise aus dem Bereich von Traditionen und Mythen.

Ahorn (*Acer rubrum, A. saccharum, A. nigrum*)

Mentale Ebene: Einsamkeit, Beendigung von Gewalt, Liebe, Popularität.
Spirituelle Ebene: Umwelt, Umgebung.

Ahornzweige können zur Anfertigung magischer Stäbe verwendet werden, da sie Energie sehr gut lenken. Danken Sie dem Baum, von dem der Zweig genommen wurde.

Der Ahorn lehrt Anpassungsfähigkeit und Innenschau. Er vermittelt außerdem das Wissen, dass jedes Ende einen Anfang beinhaltet und dass wir schwierige Zeiten durchstehen können, wenn wir die Dinge hinter uns lassen, die uns nicht länger dienen.

Aloe (*Aloe vera*)

Mentale Ebene: Aloe, nahe beim Haus gepflanzt, wirkt als Schutz für Ihr Heim.

Das »Gel« in der Aloepflanze wird schon seit langem zur Linderung von Hautreizungen und -entzündungen benutzt, zum Beispiel bei kleineren Verbrennungen, Schnittwunden, Ausschlägen, Sonnenbrand (mit einem Basisöl gemischt) und Insektenstichen. Brechen Sie ein Aloeblatt auf und streichen Sie das Gel sanft auf die betroffene Stelle. Nicht bei tieferen Wunden verwenden. Das Schnuppern an Aloe wirkt stresslindernd.

Alraune (*Mandragora officinale*)

Körperliche Ebene: Gesundheit und Heilung, sicheres Reisen.
Mentale Ebene: Liebe, Sicherheit.
Spirituelle Ebene: Verständnis.

Die Alraune wird für medizinische Zwecke eingesetzt. Nur unter fachkundiger Anleitung anwenden, da sie bei falschem Gebrauch giftig sein kann.

Amarant (*Amaranthus hybridus*)

Körperliche Ebene: Gesundheit und Heilung, Selbstbild.
Mentale Ebene: Bannen von Angst, Ehe, Kommunikation, Liebe, Popularität.
Spirituelle Ebene: Dankbarkeit.

Gedämpfte Amarantblätter, gelegentlich als Gemüse gegessen, wirken entwässernd.

Amarant ist ein Kraut, das in magischem Zusammenhang mit Ewigkeit assoziiert wird, weil manche Arten (es gibt über fünfzig) viele Jahre lang ihre Blüten behalten.

Andorn (*Marrubium vulgare*)

Körperliche Ebene: Gesundheit und Heilung.
Mentale Ebene: Durchbrechen schlechter Gewohnheiten, Führerschaft, Kreativität, mentale Fokussierung.
Spirituelle Ebene: Intuition, Spiritualität, Träume, Verständnis.

Andorn zählt zur Familie der Lippenblütler und findet sich als Zutat im Hustensaft. Er hat einen sehr bitteren Geschmack, verhilft aber als Tee in Verbindung mit süßeren Kräutern zu höheren Ebenen der Konzentration.

Andorn war den alten Hebräern und Ägyptern heilig und gehört zu den bitteren Kräutern, die beim Feiern des jüdischen Passahfests verwendet werden.

Anis (*Pimpinella anisum*)

Körperliche Ebene: Jugendliche Erscheinung.
Mentale Ebene: Glücksgefühl.

Aus Anissamen lässt sich ein Tee gegen Verdauungsstörungen und Blähungen zubereiten.

Anis gehört zur selben Pflanzenfamilie wie Petersilie und war ursprünglich in Ägypten beheimatet. Anisöl benützt man zum Würzen und zur Herstellung von Anisette, einem süßen Likör.

Apfel (*Malus domestica*)

Körperliche Ebene: Gesundheit und Heilung, Fruchtbarkeit, Überwindung von sexuellen Hemmungen.
Mentale Ebene: Angstmuster, Beziehungen, Führerschaft, Geld, Glück, Kommunikation, Kreativität, künstlerisches Talent, Macht, Negativität, Selbstbild, Selbstvertrauen und Zuversicht, Stress, Treue, Wachstum, Wohlstand.
Spirituelle Ebene: Dankbarkeit, Ehe, Einsamkeit, Erdung, Frieden, Glück, Liebe, Umwelt, Verständnis, Weisheit.

Das im Apfel enthaltene Pektin beseitigt die Symptome von Arthritis und die damit verbundenen Schmerzen. Pektin ist in konzentrierter Form erhältlich. Nehmen Sie täglich einen Teelöffel davon ein.

Wenn Sie die Antwort auf eine Frage suchen, laden Sie einen Apfel mit der entsprechenden Frage auf, beißen ein Stück ab und vergraben den Rest. Sowie die Energien der Erde den Apfel mit Ihrer Frage durchdringen, wird die Antwort zu Ihnen kommen.

Der Apfel als Symbol von Liebe und Fruchtbarkeit ist der Venus geweiht.

Baldrian (*Valeriana officinalis*)

Körperliche Ebene: Sex
Mentale Ebene: Geld, Schutz, Stress, Wut.
Spirituelle Ebene: Divination, Intuition, mediale Fähigkeiten, Spiritualität, Verständnis, Weisheit.

Baldrian eignet sich gut zur Linderung von Stress und Schlaflosigkeit. Mischen Sie Kamille und Baldrian zu gleichen Teilen und bereiten Sie daraus einen Tee, der die Nerven beruhigt und emotionale Spannungen abbaut.

Baldrian hilft, nach einer zerstörerischen Beziehung wieder Vertrauen zu fassen. Laden Sie Baldrian auf, verbrennen Sie ihn mit der Intention, sanfte Liebe anzuziehen, und vertrauen Sie darauf, dass diese zu Ihnen kommen wird.

Basilikum (*Ocimum basilicum*)

Körperliche Ebene: Heilung und Gesundheit, Fruchtbarkeit, reinigende Bäder.

Mentale Ebene: Verbannen von Angst, gesunde Beziehungen, Führerschaft, Geld, Glück, Kommunikation, Reduzieren von Negativität, Popularität, Durchbrechen schlechter Gewohnheiten, Schutz, Selbstsicherheit und Zuversicht, Sicherheit, Treue, Zorn.

Spirituelle Ebene: Dankbarkeit, Divination, Ehe, Einsamkeit, Erdung, Exorzismus, Beendigung von Gewalt, Intuition, Liebe, Meditation, Ruhe, Segnung, Steigerung der medialen Fähigkeiten, Träume, Heilung der Umwelt, Verständnis, Weisheit.

Basilikum fördert Glück und Frieden im Heim. Es findet vielfältige Verwendung in der Küche und wirkt stresslindernd. Frisches Basilikum ist reich an Vitamin A und C. Basilikum in Teemischungen lindert Krämpfe, Fieber, Erkältungen und Grippe.

Basilikum ist als Symbol für Liebe und Mut bekannt und schon lange mit Hexenkunst und Magie assoziiert. Es wurde für alle möglichen Zauber vom Verbannen bis zum Anziehen verwendet, für Liebeszauber und Aphrodisiaka ebenso wie für Bannflüche, um Menschen fern zu halten.

Beifuß (*Artemisia vulgaris*)

Körperliche Ebene: Gesundheit und Heilung, Schlaf.
Mentale Ebene: Gesundheit und Heilung, Kreativität.
Spirituelle Ebene: Astrale Projektion, Divination, Geistführer/Musen/Lehrer, Intuition, Meditation, mediale Fähigkeiten, Spiritualität, Träume, Verständnis, Visionen, Weisheit.

Beifußtee hilft bei Verdauungsproblemen und Nervosität. Da Beifuß einen bitteren Geschmack hat, sollten Sie die getrockneten Blätter mit einer schmackhafteren Pflanze wie zum Beispiel Kamille mischen und etwas Zitrone und Honig hinzufügen. Der Tee kann auch bei Erkältungen und Grippe getrunken werden.

Beifuß ist der Göttin Artemis geweiht und kann zum Weihen magischer Werkzeuge wie auch zum Klären des Geistes für die Divination verbrannt werden.

Beinwell (*Symphytum officinale*)

Körperliche Ebene: Gesundheit und Heilung, Sicherheit.
Mentale Ebene: Einsamkeit, sicheres Reisen.
Spirituelle Ebene: Erdung, Frieden, Verständnis.

Zur Linderung von Muskelkater geben Sie Beinwellblätter ins Badewasser.

Benzoe (*Styrax benzoin*)

Körperliche Ebene: Schutz.
Mentale Ebene: Durchbrechen schlechter Gewohnheiten, Führerschaft, Kommunikation, Kreativität, Macht, mentale Fokussierung, Selbstvertrauen, Verbannen von Furcht und Negativität.

Spirituelle Ebene: Astrale Projektion, Divination, Friede, Geist-führer/Musen/Lehrer, mediale Fähigkeiten, Meditation, Spiritualität, Steigerung der Intuition, Träume, Weisheit.

Verbrennen Sie Benzoe, bevor Sie intuitive Magie wirken. Die Verbindung mit Ihren Lehrern auf der astralen Ebene wird Ihre Intuition unterstützen. Fügen Sie Ihrem Räucherwerk sowie selbst hergestellten Ölen auch dann Benzoe hinzu, wenn Sie Führung und Intuition beim Räuchern wünschen.

Brennnessel (*Urtica dioica*)

Körperliche Ebene: Gesundheit und Heilung.
Mentale Ebene: Selbstvertrauen und Zuversicht.

Medizinisch gesehen kann die Brennnessel zum Nutzen vieler Körperorgane eingesetzt werden. Wegen ihrer vielen Nähr-stoffe hilft sie auch bei Anämie. Besonders gut wirkt sie bei Beschwerden von Blase und Lunge. Die Wurzeln sind hilf-reich bei der Behandlung von Prostataleiden.

Die Brennnessel besitzt eine Spiegelwirkung. Brennnesselzauber senden ankommende Energien an den Absender zurück. Wenn Ihnen jemand absichtlich negative Energie geschickt hat, ist es jedoch besser, diese Energie abzulenken und zur Reinigung ins Universum weiterzuleiten.

Brombeere (*Rubus fruticosus*)

Körperliche Ebene: Abbau von Spannung und Stress.
Mentale Ebene: Stressabbau und neue Energie.
Spirituelle Ebene: Stress.

Verwenden Sie die Blätter bei Erkältungen und Fieber. Die Beeren können zur Vorbeugung gegen Anämie gegessen werden.

Brombeeren gehören zur Familie der Rosengewächse.

Dill (*Anethum graveolens*)

Körperliche Ebene: Fruchtbarkeit.
Mentale Ebene: Erfolg, Führerschaft, Geld.
Spirituelle Ebene: Verständnis.

Nehmen Sie einen Teelöffel Dill und bereiten Sie einen Tee, wenn kleine Kinder unter Koliken oder Verdauungsstörungen leiden. Vergewissern Sie sich, dass der Tee nicht zu heiß ist.

Drachenblut (*Dracaena draco*)

Mentale Ebene: Liebe, Schutz.
Spirituelle Ebene: Liebe, Exorzismus.

Drachenblut ist das Harz des kanarischen Drachenbaumes. Benutzen Sie es zum Räuchern, um negative Schwingungen sowie störende Geister aus einem Raum zu vertreiben.

Eiche (*Quercus alba*)

Körperliche Ebene: Sicherheit.
Mentale Ebene: Geld.
Spirituelle Ebene: Spiritualität, Verständnis, Wachstum.

Gekochte Eichenblätter (nicht zu heiß!) können zur Linderung auf verletzte Körperstellen gelegt werden.

Die Eiche ist ein für ihre Stärke geachteter, heiliger Baum und speziell den Gottheiten Zeus, Thor, Pan und Hekate geweiht.

Eichel (*Quercus spec.*)

Körperliche Ebene: Erdung, Fruchtbarkeit.
Mentale Ebene: Geld, Glück, Popularität, Sicherheit, Wachstum.
Spirituelle Ebene: Dankbarkeit, Umwelt, Weisheit.

Die Eichel war den Druiden heilig und symbolisierte das Samenkorn der Weisheit. Wie andere Samen und Nüsse können auch Eicheln für Wachstums- und Anziehungszauber verwendet werden.

Eisenkraut (*Verbena officinalis*)

Körperliche Ebene: Gesundheit und Heilung.
Mentale Ebene: Abstellen schlechter Gewohnheiten, Geld, Kreativität, künstlerisches Talent, Negativität, Schutz, Stress.
Spirituelle Ebene: Astrale Projektion, Divination, Exorzismus, Frieden, Geistführer/Musen/Lehrer, Intuition, mediale Fähigkeiten, Spiritualität, Verständnis, Weisheit, Wohlstand.

Eisenkraut fördert den Aufbau eines besänftigenden inneren Selbst. Bei geschwächten Nerven sowie bei prämenstruellen Beschwerden (PMS) hilft ein Tee aus Eisenkraut, Kamille und Baldrian zu gleichen Teilen, dem man zum Süßen eventuell etwas Honig hinzufügen kann.

Eisenkraut reinigt das Zuhause von unerwünschten negativen Schwingungen. Benutzen Sie das ganze Kraut in getrockneter Form und schnüren Sie es zu einem drei Zentimeter dicken Bündel. Räuchern Sie damit die Räume zum Reinigen und Läutern der Energien.

Erdbeere (*Fragaria* spec.)

Körperliche Ebene: Fruchtbarkeit, Gesundheit und Heilung, Selbstbild.
Mentale Ebene: Ehe, Beendigung von Gewalt, Glück, Liebe.

Erdbeeren sind mit der Rose verwandt. Essen Sie schon früh in der Saison reichlich frisch gewaschene Erdbeeren, denn das hilft dem Körper bei der Anpassung an das wärmere Sommerwetter. (Ganz allgemein helfen Nahrungsmittel, die zu ihrer Jahreszeit gegessen werden, dem Körper bei der Anpassung an das saisonbedingte Wetter. So unterstützt zum Beispiel der Kürbis die Anpassung an kaltes Wetter.)

In Kapitel IV wird beschrieben, wie Sie eine mit Erdbeerblättern gefüllte Puppe anfertigen, um Liebe in Ihr Leben zu ziehen.

Estragon (*Artemisia dracunculus*)

Körperliche Ebene: Gesundheit und Heilung.
Mentale Ebene: Bannen von Angst, Schutz.
Spirituelle Ebene: Divination, Reinigung, Spiritualität.

Kauen von Estragon hilft gegen Mundgeruch.

Eine Räuchermischung aus Estragon, Weihrauch und Myrrhe hilft, Ängste in Bezug auf bestimmte Pläne oder die Zukunft allgemein zu überwinden.

Fenchel (*Foeniculum vulgare*)

Körperliche Ebene: Schutz, Schlaf.
Mentale Ebene: Einsamkeit, Negativität.
Spirituelle Ebene: Spiritualität.

Tee aus Fenchelsamen lindert Übelkeit und hilft bei Magenverstimmung. Lassen Sie ihn 20 Minuten lang ziehen.

Gardenie *(Gardenia thunbergia, G. rothmannia)*

Körperliche Ebene: Fruchtbarkeit, Gesundheit und Heilung, Schlaf, Selbstbild, Sex.
Mentale Ebene: Ehe, Einsamkeit, Erfolg, Beendigung von Gewalt, Glück, Kommunikation, Kreativität, künstlerisches Talent, Liebe, mentale Fokussierung, Negativität, Popularität, Selbstvertrauen, Stressabbau.
Spirituelle Ebene: Dankbarkeit, Divination, Friede, Geistführer/Musen/Lehrer, Intuition, Macht und Kraft, mediale Fähigkeiten, Meditation, Reinigung, Ruhe, Segnung, Träume, Verständnis, Weisheit.

Geben Sie beim Anfertigen einer Puppe dieser eine getrocknete Gardenienblüte in die Hand, um zu signalisieren, dass sie mit der höchsten spirituellen Intention und zum Wohle aller angefertigt wurde.

Gartennelke *(Dianthus carophyllus)*

Körperliche Ebene: Gesundheit und Heilung.
Mentale Ebene: Erfolg, Geld, Glück, Kommunikation, Kreativität, künstlerisches Talent, Popularität, Selbstvertrauen.
Spirituelle Ebene: Dankbarkeit, Divination, Friede, Liebe, Schutz.

Geißblatt *(Lonicera caprifolium)*

Mentale Ebene: Glück, Stress.
Spirituelle Ebene: Dankbarkeit.

Verwenden Sie Geißblatt bei Stress infolge einer schmerzhaften Trennung, vor allem, wenn das Ende der Beziehung von Streit geprägt war. Diese Pflanze eignet sich vorzüglich, wenn Sie im

Zusammenhang mit einer Trennung Ängste abbauen wollen, und ganz besonders, wenn Sie sich verraten fühlen und nur schwer vergeben können. Wenn Erinnerungen an die Trennung Sie nachts ständig heimsuchen und am Schlafen hindern, fertigen Sie ein mit Geißblatt gefülltes Kissen an (siehe Kapitel VI), um aus diesem Gedankenkarussell auszusteigen.

Geranie (*Pelargonium* spec.)

Mentale Ebene: Ruhe, Beendigung von Gewalt.
Spirituelle Ebene: Liebe, Schutz.

Geben Sie drei Tassen warmes Wasser, $\frac{1}{2}$ Tasse Alkohol zum Einreiben und eine Hand voll Geranienblütenblätter in ein Gefäß. Umrühren und über Nacht abdecken (mindestens 12 Stunden). Seihen Sie nun die Blütenblätter ab und verwenden Sie die Flüssigkeit als Gesichtstonikum. Es ist ein hervorragendes Adstringens und wirkt günstig bei Akne und Ekzemen. Verwenden Sie im Anschluss daran eine gute Feuchtigkeitscreme.

Gewürznelke (*Syzygium aromaticum*)

Körperliche Ebene: Fruchtbarkeit, Gesundheit und Heilung, Schutz, Sex, Sicherheit.
Mentale Ebene: Arbeit, Beziehungen, Dankbarkeit, Durchbrechen schlechter Gewohnheiten, Erfolg, Führerschaft, Geld, Beendigung von Gewalt, Kommunikation, Kreativität, künstlerisches Talent, Liebe, Popularität, Selbstbild, Selbstvertrauen und Zuversicht, sicheres Reisen, Stressabbau, Verbannen von Negativität, Wohlstand.
Spirituelle Ebene: Divination, Einsamkeit, Exorzismus, Friede, Glück, Intuition, mediale Fähigkeiten, Reinigung, Segnung, Spiritualität, Verbannen von Angst, Verständnis, Weisheit.

175

Die Gewürznelke wird von Jupiter regiert. Hier ein Rezept für einen ausgezeichneten Partydrink für zehn bis fünfzehn Leute: Gießen Sie vier Liter Apfelcidre in ein ausreichend großes Gefäß, fügen Sie für jeden erwarteten Gast eine Gewürznelke hinzu und lassen Sie das Ganze mindestens zwanzig Minuten köcheln. Ihre Gäste werden ausgelassen und gesprächig wie selten sein!

Ginseng *(Panax quinquefolius)*

Mentale Ebene: Selbstvertrauen und Zuversicht.
Spirituelle Ebene: Liebe, Schutz, Weisheit.

Ginseng wird seit alters als Aphrodisiakum und Stimulans verwendet. Entsprechende Ginseng-Präparate sind im Reformhaus erhältlich. Genießen Sie Ginseng auch mal in Fruchtsaft oder in einem Milchmixgetränk.

Gotu Kola, Wassernabel *(Hydrocotyle asiatica)*

Mentale Ebene: Selbstvertrauen, Kreativität.

Gotu Kola ist für seine blutreinigende Wirkung bekannt und auch in Kapselform in verschiedenen Variationen im Reformhaus erhältlich.

Granatapfel *(Punica granatum)*

Körperliche Ebene: Fruchtbarkeit, Sex.
Mentale Ebene: Einsamkeit, Geld, Beendigung von Gewalt, Kreativität, künstlerisches Talent, Liebe, Macht und Kraft.
Spirituelle Ebene: Dankbarkeit, mediale Fähigkeiten, Verständnis, Visionen.

Wenn Sie sich in einer Situation befinden, deren Sinn und Zweck sie nur schwer begreifen können, dann laden Sie einen Granatapfel auf, damit er Ihnen bei Ihrem Problem zur Seite steht. Essen Sie ihn abends im Wissen, dass nachts seine Weisheit über den Blutkreislauf bis zu Ihrem Verstand vordringen und Ihnen helfen wird, den Sinn der Sache zu verstehen.

Grüne Minze (*Mentha spicata*)

Körperliche Ebene: Gesundheit und Heilung.
Mentale Ebene: Arbeit, Beziehungen, Einsamkeit.
Spirituelle Ebene: Gedeihen.

Grüne Minze eignet sich hervorragend für einen lindernden Kräutertee bei Erkältung und Grippe, vor allem wenn Lungen und Atmung beeinträchtigt sind. Ein Dampfbad mit frischen Blättern oder naturreinem ätherischem Öl aus Grüner Minze kann die Atemwege wieder frei machen.

Wenn Sie bei einem Vorstellungsgespräch auf Draht sein wollen, laden Sie etwas Grüne Minze mit dieser Intention auf und tragen sie bei dem Gespräch bei sich.

Helmkraut (*Scutellaria lateriflora*)

Mentale Ebene: Friede.
Spirituelle Ebene: Astrale Projektion, Divination, Intuition, Spiritualität, Verständnis, Weisheit.

Helmkraut kann beim Weissagen helfen. Kochen Sie einen Liter Wasser, nehmen Sie das Wasser vom Feuer, fügen Sie 2 Teelöffel getrocknetes Helmkraut hinzu und verwenden Sie den aufsteigenden Dampf zum Weissagen.

Himbeere (*Rubus idaeus*)

Körperliche Ebene: Fruchtbarkeit, Gesundheit und Heilung, Selbstbild, Sex.
Mentale Ebene: Ehe, Frieden, Beendigung von Gewalt, Kreativität, künstlerisches Talent, Liebe, Bannen von Negativität, Popularität, Ruhe, Selbstbild, Selbstvertrauen, Stress.
Spirituelle Ebene: Mediale Fähigkeiten.

Tee aus Himbeerblättern beruhigt die Nerven, vor allem in Verbindung mit Kamille und Katzenminze.

Himbeerblätter lassen sich jeder Räuchermischung hinzufügen, wobei sie dafür sorgen, dass Sie jeden Zauber in reiner Liebe wirken, ohne die magischen Kräfte zu missbrauchen.

Holunder (*Sambucus nigra, S. canadensis*)

Körperliche Ebene: Gesundheit und Heilung, Schlaf, Schutz.
Mentale Ebene: Beziehungen, Führerschaft, Geld, Popularität, Treue, Wachstum.
Spirituelle Ebene: Exorzismus, Frieden, mediale Fähigkeiten, Spiritualität, Verständnis, Weisheit.

Der Holunder ist der Venus geweiht. Venus ist als Göttin der Liebe und Mutter des Amor bekannt, aber sie war ihrem Mann oft untreu. Holunder lehrt Sie die Tricks und Schliche der Untreue, sodass Sie bei Ihrem Partner oder Ihrer Partnerin die Absicht zur Untreue wahrnehmen können, bevor es zu spät ist.

Ingwer (*Zingiber officinale*)

Körperliche Ebene: Erdung, Gesundheit und Heilung, Sex.
Mentale Ebene: Beziehungen, Durchbrechen schlechter Ge-

wohnheiten, Ehe, Einsamkeit, Erfolg, Führerschaft, Geld, Glück, Liebe, Popularität.
Spirituelle Ebene: Dankbarkeit, Gedeihen, Liebe, mediale Fähigkeiten, Spiritualität, Weisheit.

Jasmin (*Jasminum officinale*)

Körperliche Ebene: Sex.
Mentale Ebene: Arbeit, Einsamkeit, Beendigung von Gewalt, Kommunikation, Popularität, Sex, Stress, Treue.
Spirituelle Ebene: Frieden, Geistführer/Musen/Lehrer, Liebe, Meditation, Reinigung, Segnung, Spiritualität, Träume, Visionen.

Bei den Chinesen ist Jasmintee besonders beliebt.

Wenn Sie Liebe anziehen wollen, geben Sie ein paar Tropfen Jasminöl ins heiße Badewasser. Visualisieren Sie dann beim Baden die Eigenschaften Ihres oder Ihrer idealen Liebsten. Flüstern Sie, wenn Ihnen eine Eigenschaft klar vor Augen steht: »Komm zu mir, komm zu mir, Humor« (oder welche Eigenschaft Sie auch immer anziehen wollen). Wechseln Sie immer zwischen einer Eigenschaft und dem Begriff »Liebe« hin und her und fahren Sie damit fort, bis das Wasser zu kalt wird.

Johanniskraut (*Hypericum perforatum*)

Körperliche Ebene: Gesundheit und Heilung.
Mentale Ebene: Glück, Schutz, Stress.

Johanniskraut ist als Antidepressivum bekannt und beliebt.

Es besitzt magische Eigenschaften, wenn es ums Glück geht, und kann als Räucherwerk verbrannt werden, um böse Geister zu vertreiben.

Kaktus (*Cactaceae*)

Körperliche Ebene: Schutz und Sicherheit.
Mentale Ebene: Führerschaft.
Spirituelle Ebene: Erdung.

Die Familie der Kakteen umfasst etwa 1650 Arten.

Kaktus kann Sie lehren, Ihre Abwehrmechanismen zu aktivieren, wenn Sie merken, dass jemand nicht gut für Sie ist. Sie können dann zwar weiterhin mit diesem Menschen verkehren, brauchen ihn aber nicht so nahe an sich herankommen zu lassen, dass er Ihnen schaden kann.

Kamille (*Chamomilla recutita*)

Körperliche Ebene: Fruchtbarkeit, Gesundheit und Heilung, Selbstbild.
Mentale Ebene: Geld, Beendigung von Gewalt, Liebe, Bannen von Negativität, Zorn.
Spirituelle Ebene: Dankbarkeit, Divination, Frieden, mediale Fähigkeiten, Ruhe, Selbstbild, Spiritualität, Verständnis.

Kamillentee fördert den Schlaf, baut Stress ab, beruhigt die Nerven und lindert Magenschmerzen und Krämpfe. Dazu reicht es allerdings nicht aus, einen Teebeutel ein paar Mal ins heiße Wasser zu tauchen. Sie müssen die Kamille im zugedeckten Topf volle fünf Minuten ziehen lassen, um in den Genuss all ihrer Vorzüge zu kommen.

Kampfer (*Cinnamomum camphora*)

Körperliche Ebene: Giftig bei oraler Einnahme.
Spirituelle Ebene: Prophetische Träume, Reinigung.

Kann bei wunden Stellen wirkungsvoll angewendet werden. Auch Rainfarnblätter enthalten eine Form von Kampfer.

Katzenminze (*Nepeta cataria*)

Körperliche Ebene: Schlaf.
Mentale Ebene: Ruhe, Kreativität, künstlerisches Talent.
Spirituelle Ebene: Dankbarkeit, Divination, Frieden, Liebe, Schutz.

Katzenminze erregt zwar Katzen, wirkt aber auf Menschen beruhigend und besänftigend. Ein Tee aus Katzenminze und Himbeerblättern sorgt für entspannten und friedlichen Schlaf.

Kiefer (*Pinus* spec.)

Körperliche Ebene: Erdung, Gesundheit und Heilung.
Mentale Ebene: Erfolg, Frieden, Geld, Beendigung von Gewalt, Glück, Macht und Kraft, mentale Fokussierung, Bannen von Negativität, Ruhe, Schutz, Selbstsicherheit, sicheres Reisen, Sicherheit, Stress, Wachstum.
Spirituelle Ebene: Reinigung, Umwelt, Exorzismus, Wachstum, Liebe, Spiritualität, Dankbarkeit, Verständnis, Weisheit.

Wenn Sie verwirrt oder unsicher sind, legen Sie die Hände an einen Kiefernstamm, stellen Ihre Frage und lassen die Energie der Antwort in Ihr Bewusstsein einströmen. Wenn Sie Geld anziehen möchten, sollten Sie Kiefernzweige ins Badewasser legen. Wenn Sie sich im Sitzen an eine Kiefer lehnen, kann das Rückenschmerzen lindern helfen. Schließen Sie einfach nur die Augen und entspannen Sie sich.

Klee (*Trifolium pratense*)

Mentale Ebene: Geld, Popularität, Treue.
Spirituelle Ebene: Dankbarkeit, Exorzismus, Liebe.

Sie können Ihrem Räucherwerk für einen Liebeszauber Klee hinzufügen, wenn Sie ihm eine spirituelle Note geben möchten. Die drei Blätter stehen für die drei Aspekte der Göttin – Jungfrau, Mutter und Weise Alte – und die spirituelle Essenz des Klees wird eine spirituelle Partnerschaft anziehen.

Knoblauch (*Allium sativum*)

Körperliche Ebene: Gesundheit und Heilung, Schutz, Sex, sicheres Reisen.
Mentale Ebene: Bannen von Negativität, Sicherheit.
Spirituelle Ebene: Exorzismus.

Knoblauch wird auf der ganzen Welt praktisch als Allheilmittel verwendet. Er wird äußerlich und innerlich angewendet, zum Beispiel als Sirup, den man bei Erkältungen und Brustleiden einnimmt.

Und jedermann weiß, dass Knoblauch Vampire fern hält!

Kopal (*Bursera odorata*)

Körperliche Ebene: Gesundheit und Heilung, Schutz, Sex.
Mentale Ebene: Geld, Kreativität, mentale Fokussierung, Durchbrechen schlechter Gewohnheiten.
Spirituelle Ebene: Divination, Intuition, Meditation, Reinigung, Spiritualität, Träume, Umwelt, Weisheit.

Eine negative Gewohnheit kann Sie und den Aspekt Ihres Selbst, der diesen Abwehrmechanismus geschaffen hat, einengen und einschnüren. Wenn Sie mit einer schlechten Gewohnheit brechen möchten, nehmen Sie ein Stück Kopal zu Hilfe. Halten Sie es in der rechten Hand. Visualisieren Sie die Gewohnheit als einen »Geist« in Ihrem Innern. Lassen Sie ihn in das Kopalharz eingehen und verbrennen Sie es anschließend auf einer Räucherkohle. Während der Rauch in den Äther aufsteigt, danken Sie dem Geist für alle Lektionen, bieten ihm die Freiheit an und sagen ihm liebevoll Lebewohl.

Koriander (*Coriandrum sativum*)

Körperliche Ebene: Gesundheit und Heilung.
Mentale Ebene: Verständnis.
Spirituelle Ebene: Liebe, Schutz, Weisheit.

Koriandertee kann helfen, Fieber zu senken. Mahlen Sie zwei Teelöffel Koriandersamen, geben sie in eine Tasse mit kochendem Wasser und decken Sie die Tasse 20 Minuten lang zu. Damit lassen sich auch Unterleibsbeschwerden lindern.

Korianderblätter werden zum Würzen von mexikanischen Salsas und vielen arabischen Gerichten verwendet.

Kreuzkümmel (*Cuminum cyminum*)

Spirituelle Ebene: Exorzismus, Liebe.

Um verstopfte Nasennebenhöhlen zu befreien und dadurch verursachte Kopfschmerzen zu lindern, geben Sie in einen Topf mit kochendem Wasser zwei Esslöffel Kreuzkümmel und ein Lorbeerblatt. Schalten Sie die Herdplatte aus und decken Sie den Topf ab. Wenn das Wasser etwas abgekühlt ist, aber noch dampft, atmen Sie den Dampf mindestens zehn Minuten lang ein.

Kümmel (*Carum carvi*)

Mentale Ebene: Kreativität.
Spirituelle Ebene: Dankbarkeit, Schutz.

Kauen Sie eine Prise Kümmelkörner vor dem Lernen, denn sie verbessern das Erinnerungsvermögen. Doch Vorsicht: Kümmel ist auch als Aphrodisiakum bekannt und bei entsprechender Wirkung könnte Sie das von Ihren Studien eher ablenken!

Lavendel (*Lavandula angustifolia, L. officinalis*)

Körperliche Ebene: Gesundheit und Heilung, Schlaf, Selbstbild, Sex.
Mentale Ebene: Beziehungen, Ehe, Einsamkeit, Beendigung von Gewalt, Durchbrechen schlechter Gewohnheiten, Glück, mentale Fokussierung, Liebe, Bannen von Negativität, Popularität, Ruhe, Schutz, Selbstbild, Selbstvertrauen und Zuversicht, Stressabbau, Treue, Wut.
Spirituelle Ebene: Dankbarkeit, Divination, Friede, Geistführer/Musen/Lehrer, Intuition, mediale Fähigkeiten, Reinigung, Segnung, Spiritualität, Träume, Umwelt, Verständnis, Weisheit.

Verbrennen Sie getrockneten Lavendel als Antidepressivum. Lavendel eignet sich hervorragend für Duftkissen (siehe Kapitel VI), um Frieden in Ihr Leben zu bringen.

Wenn Sie das Rauchen aufgeben wollen, tragen Sie naturreines ätherisches Lavendelöl bei sich. Immer wenn Sie unter Spannung stehen und nach einer Zigarette gieren, riechen Sie an dem Öl. Da der Geruch sehr stark ist, sollten Sie das Fläschchen rasch unter der Nase hin und her bewegen, dabei aber tief einatmen, als ob Sie rauchen wollten. Nehmen Sie insgesamt drei tiefe Atemzüge und konzentrieren Sie sich dabei auf ein Gefühl von Ruhe. Ihr Verlangen nach einer Zigarette wird sich eine Zeit lang verflüchtigen. Wiederholen Sie die Prozedur, bis Sie das Rauchen schließlich ganz aufgeben können.

Löwenzahn (*Taraxacum officinale*)

Körperliche Ebene: Gesundheit und Heilung.
Mentale Ebene: Beziehungen, Einsamkeit, Erfolg, Glück, Geld.
Spirituelle Ebene: Dankbarkeit, Divination.

Löwenzahnblätter enthalten viel Vitamin A und C und können als Salat oder gedämpft als Gemüse verzehrt werden. Eine gelegentliche Löwenzahn-Teekur dient der inneren Reinigung und Entschlackung.

Lorbeer (*Laurus nobilis*)

Körperliche Ebene: Fruchtbarkeit, Gesundheit und Heilung.
Mentale Ebene: Arbeit, Geld, Kommunikation, Bannen von Negativität, Ruhe, Stressabbau.
Spirituelle Ebene: Astrale Projektion, Dankbarkeit, Divination, Einsamkeit, Erdung, Geistführer/Musen/Lehrer, Meditation, Segnung, Träume, Visionen, Weisheit.

Es gibt elf Gattungen von Lorbeergewächsen mit insgesamt mindestens 2500 Arten. Überraschenderweise zählen auch Zimt, Avocado und Kampfer zur Familie der Lorbeergewächse.

Geben Sie Lorbeerblätter an Bohnengerichte, um Blähungen und Verdauungsstörungen vorzubeugen.

Majoran (*Origanum majorana*)

Körperliche Ebene: Erdung, Fruchtbarkeit, Gesundheit und Heilung.
Mentale Ebene: Führerschaft, Beendigung von Gewalt, Liebe.
Spirituelle Ebene: Verständnis.

Majoran zählt zur Familie der Lippenblütler. Majorantee hilft bei Magenproblemen und Übelkeit und lindert Menstruationskrämpfe.

Laden Sie Majoran mit der Intention eines glücklichen Familienlebens auf, bevor Sie ihn für Suppen und andere Gerichte verwenden.

Minze (*Mentha* spec.)

Körperliche Ebene: Gesundheit und Heilung.
Mentale Ebene: Führerschaft, Geld.
Spirituelle Ebene: Dankbarkeit, Exorzismus.

Minzetee hilft bei Kopfschmerzen und Magenschmerzen, wirkt beruhigend und fördert den Schlaf. Geben Sie eine Hand voll Minzeblätter in einen Topf mit kochendem Wasser, nehmen den Topf von der Herdplatte und lassen ihn 15 Minuten lang zugedeckt stehen. Verwenden Sie den Dampf zum Inhalieren bei Nebenhöhlenkatarrh und damit verbundenen Kopfschmerzen.

Minze zählt wie Rosmarin, Thymian, Salbei, Bohnenkraut und Basilikum zur Familie der Lippenblütler. Wenn Sie einen Zauber wirken wollen und nur wenig Zeit haben, können Sie Minze an Stelle dieser Kräuter verwenden. Bitten Sie einfach die Minze, für den Zweck des Zaubers die Qualitäten des verwandten Krautes einzubringen.

Mistel (*Viscum album*)

Mentale Ebene: Beendigung von Gewalt, Kommunikation, Liebe, Selbstvertrauen und Zuversicht.
Spirituelle Ebene: Dankbarkeit, Exorzismus.

Die Mistel ist eine parasitäre Pflanze, die unter anderem auf Ahorn- und Apfelbäumen, Pappeln und Ulmen wächst.

Die Mistel kann bei einem Exorzismus verwendet werden, da sie als Parasit weiß, wie man »den Lebenssaft abzieht«. Früher wurde sie auch bei Vergiftungen als Gegengift eingesetzt. Der alte heidnische Brauch, sich unter einem Mistelzweig zu küssen, ist heute noch verbreitet.

Mohn (*Papaver* spec.)

Mentale Ebene: Geld, Kreativität, künstlerisches Talent.
Spirituelle Ebene: Dankbarkeit.

Mohn fördert den Schlaf.

Muskatnuss (*Myristica fragans*)

Mentale Ebene: Bannen von Angst, Geld, Durchbrechen schlechter Gewohnheiten, Glück, Kreativität, künstlerisches Talent.
Spirituelle Ebene: Astrale Projektion, Dankbarkeit, Divination, Intuition, Macht und Kraft, mediale Fähigkeiten, Meditation, Bannen von Negativität, Reinigung, Schutz, Segnung, Spiritualität, Träume, Verständnis, Visionen, Weisheit.

Die Muskatnuss zählte möglicherweise zu den Zutaten, aus denen Nostradamus sein Weissagungspulver mixte. Große Dosen können allerdings ziemlich giftig sein. Um Ihre medialen Fähigkeiten zu fördern, sollten Sie eine Muskatnuss mit einem entsprechenden Zauber aufladen und stets eine Prise davon in Ihren Kaffee oder Tee streuen.

Myrrhe (Commiphora myrrha)

Körperliche Ebene: Gesundheit und Heilung, Schlaf, Schutz, sicheres Reisen.

Mentale Ebene: Bannen von Angst und Negativität, Arbeit, Ehe, Einsamkeit, Frieden, Führerschaft, Beendigung von Gewalt, Kommunikation, Liebe, mentale Fokussierung, Popularität, Durchbrechen schlechter Gewohnheiten, Ruhe, Selbstvertrauen und Zuversicht, Sicherheit, Stress, Wohlstand, Wut und Zorn.

Spirituelle Ebene: Astrale Projektion, Dankbarkeit, Divination, Geistführer/Musen/Lehrer, Intuition, mediale Fähigkeiten, Meditation, Reinigung, Segnung, Spiritualität, Umwelt, Verständnis, Weisheit.

Myrrhe (ätherisches Öl), in Jojoba-Öl verdünnt, wird zum Einreiben arthritischer Gelenke verwendet und wirkt schmerzlindernd.

Die Myrrhe ist der Isis heilig. Sie ist ein hervorragender Grundstoff für Räucherwerk und liefert starke spirituelle Schwingungen.

Myrte (Myrtus communis)

Körperliche Ebene: Fruchtbarkeit.
Mentale Ebene: Liebe.
Spirituelle Ebene: Frieden.

Die Myrte ist zahlreichen Liebesgöttinnen geweiht und kann für alle Räuchermischungen und Öle im Zusammenhang mit einem Liebeszauber verwendet werden. Binden Sie Myrte an das Bett oder die Wiege eines Babys, um ihm – und auch den Eltern – friedliche Nächte zu garantieren.

Nüsse und Samen (alle)

Körperliche Ebene: Fruchtbarkeit, Sex.
Mentale Ebene: Arbeit, Erfolg, Geld, Wachstum.
Spirituelle Ebene: Dankbarkeit, Wachstum.

Wenn Sie sich in ein spirituelles Retreat begeben, sollten Sie zur Unterstützung Ihres spirituellen Wachstums Samenkörner oder Nüsse bei sich tragen, die Sie entsprechend aufgeladen haben.

Orange (*Citrus sinensis*)

Körperliche Ebene: Gesundheit und Heilung.
Mentale Ebene: Arbeit, Ehe, Glück, Kreativität, künstlerisches Talent, Popularität.
Spirituelle Ebene: Dankbarkeit, Divination, Frieden.

Benutzen Sie keine getrockneten Orangenschalen für einen Liebeszauber, wenn Sie nicht definitiv den Wunsch nach einer Ehe verspüren, denn Zauber mit dieser Zutat haben die Tendenz, sich selbst zu überholen und direkt auf eine feste Beziehung zuzusteuern.

Patschuli (*Pogostemon cablin*, syn. *P. patchouli*)

Körperliche Ebene: Gesundheit und Heilung, Sex.
Mentale Ebene: Einsamkeit, Geld, Beendigung von Gewalt, Kreativität, Liebe, mentale Fokussierung, Bannen von Negativität, Popularität, Ruhe, Durchbrechen schlechter Ge-

wohnheiten, Selbstvertrauen und Zuversicht, Stress, Wohl-stand.

Spirituelle Ebene: Divination, Erdung, Intuition, mediale Fähigkeiten, Meditation, Reinigung, Segnung, Spiritualität, Träume.

Patschuli eignet sich hervorragend als Räucherwerk, um die eigenen vier Wände von negativen Energien zu reinigen.

Petersilie *(Petroselinum sativum)*

Körperliche Ebene: Gesundheit und Heilung.
Mentale Ebene: Popularität.
Spirituelle Ebene: Reinigung.

Petersilie hilft bei Magen- und Verdauungsproblemen. Wenn Sie bei jeder Mahlzeit ein wenig Petersilie einnehmen, unter-stützt das die Verdauung.

Bei einem rituellen Bad verwenden Sie eine Hand voll Pe-tersilie zum Zweck der Reinigung und Läuterung wie auch zum Visualisieren von Popularität und für das Anziehen von Menschen.

Pfeffer *(Piper nigrum)*

Körperliche Ebene: Erdung.
Mentale Ebene: Schutz.

Pfeffer als Bestandteil eines Räucherwerks hilft beim Erden. Verwenden Sie eine Mischung mit Pfeffer beispielsweise, wenn Sie nach dem Höhepunkt eines Rituals Kuchen und Wein genießen.

Pfefferminze (*Mentha piperita*)

Körperliche Ebene: Gesundheit und Heilung.
Mentale Ebene: Einsamkeit, Erfolg, Geld, Popularität, Stress; als Räucherwerk verbrannt oder als Tee getrunken, mäßigt Pfefferminze Zorn und wirkt beruhigend.
Spirituelle Ebene: Gedeihen, Geistführer/Musen/Lehrer, Spiritualität, Weisheit.

Pfefferminztee hilft bei Kopfschmerzen und beruhigt den Magen.

Getrocknete Pfefferminze und Rosenblüten als Potpourri an der Haustür segnet alle, die über die Schwelle treten, und verhindert, dass negative Energien eindringen.

Pfingstrose (*Paeonia officinalis*)

Körperliche Ebene: Schutz.
Mentale Ebene: Schutz.

Pfingstrosen wirken beruhigend auf die Nerven. Bringen Sie 1 Liter Wasser zum Kochen, nehmen Sie den Topf von der Herdplatte, streuen eine kleine Hand voll Päonienblütenblätter in das Wasser und geben einen Tropfen Vanille dazu. Decken Sie den Topf 20 Minuten lang zu. Inhalieren Sie den Dampf unter einem Handtuch, das Sie sich über den Kopf ziehen.

Piment, Nelkenpfeffer (*Pimenta officinalis*)

Körperliche Ebene: Gesundheit und Heilung.
Mentale Ebene: Beziehungen, Ehe, Einsamkeit, Durchbrechen schlechter Gewohnheiten, Glück, Kommunikation, Krea-

tivität, künstlerisches Talent, Liebe, Bannen von Negativität, Selbstvertrauen und Zuversicht.
Spirituelle Ebene: Divination, Weisheit.

Etwas Nelkenpfeffer in den Tee gestreut hilft bei Magenverstimmung, vor allem in Kombination mit Pfefferminztee.

Quecke (*Agropyron repens*)

Spirituelle Ebene: Divination, Exorzismus, Intuition, mediale Fähigkeiten, Meditation, Spiritualität, Träume, Weisheit.

Streuen Sie dieses Gras um Ihr Haus, um negative Geister zu vertreiben. Alles, was eine Hexe an Gutem tun kann, vermag auch die Quecke (im Englischen als *witch grass* = Hexengras bezeichnet).

Rainfarn (*Tanacetum vulgare*)

Körperliche Ebene: Gesundheit und Heilung.
Mentale Ebene: Bannen von Angst, Schutz.
Spirituelle Ebene: Divination.

Achtung, Rainfarn kann bei falscher Anwendung giftig sein.

Rose (*Rosa* spec.)

Körperliche Ebene: Gesundheit und Heilung, Liebe, Reinigung, Selbstbild, Sex.
Mentale Ebene: Ehe, Beendigung von Gewalt, Glück, Kommunikation, Liebe, Popularität, Durchbrechen schlechter Gewohnheiten, Selbstbild, Stress, Wut und Zorn.
Spirituelle Ebene: Dankbarkeit, Frieden, Liebe, Reinigung, Segnung, Selbstbild, Spiritualität.

Die Rose symbolisiert Liebe und die verschiedenen Farben der Rose entsprechen den Chakren. Rosenblätter können für Liebeszauber verwendet werden, um vollkommen reine, lautere Liebe anzuziehen. Auch mit Rosenöl versetzte Bäder helfen Liebe anzuziehen und wirken zudem als Schutz gegen emotionale Verstrickungen bei Familienstreitigkeiten.

Rosmarin (*Rosmarinus officinalis*)

Körperliche Ebene: Erdung, Gesundheit und Heilung, sicheres Reisen.
Mentale Ebene: Frieden, Bannen von Negativität, Ruhe, Schutz, Sicherheit, Stress.
Spirituelle Ebene: Dankbarkeit, Divination, Exorzismus, mediale Fähigkeiten, Reinigung, Spiritualität, Weisheit.

Rosmarin in Verbindung mit Salbei ist eine sehr kraftvolle Räuchermischung zum Segnen des eigenen Heims. Gehen Sie durchs Haus oder durch die Wohnung, segnen Sie die Räume und reinigen Sie sie von den Energien des Vorbesitzers oder Vormieters.

Safran (*Crocus sativus*)

Körperliche Ebene: Gesundheit und Heilung, Sex.
Mentale Ebene: Erfolg, Führerschaft, Glück, mentale Fokussierung, Popularität, Durchbrechen schlechter Gewohnheiten, Selbstbild, Stress, Wohlstand.
Spirituelle Ebene: Dankbarkeit, Divination, Geistführer/Musen/Lehrer, Intuition, mediale Fähigkeiten, Spiritualität, Verständnis, Weisheit.

Echter Safran besteht aus den Staubfäden des Safrankrokus.

In Form von Tee oder als Räucherwerk besänftigt er Zorn. In Tee gestreuter Safran fördert außerdem die Intuition.

Salbei (*Salvia officinalis*)

Körperliche Ebene: Erdung, Gesundheit und Heilung, sicheres Reisen.

Mentale Ebene: Bannen von Angst und Negativität, Führerschaft, Kommunikation, Kreativität, Macht und Kraft, mentaler Fokus, Popularität, Ruhe, Durchbrechen schlechter Gewohnheiten, Schutz, Selbstbild, Selbstvertrauen und Zuversicht, Sicherheit, Stress.

Spirituelle Ebene: Astrale Projektion, Dankbarkeit, Divination, Exorzismus, Frieden, Geistführer/Musen/Lehrer, Intuition, mediale Fähigkeiten, Meditation, Reinigung, Segnung, Spiritualität, Träume, Umwelt, Verständnis, Weisheit.

Ein Kräutertee aus Rosmarin und Salbei lindert Kopfschmerzen.

Salbei kann als Räucherwerk verwendet werden, um die medialen Fähigkeiten zu aktivieren, Visionen zu empfangen und tiefe Meditationszustände zu erreichen.

Sandelholz (*Santalum album*)

Körperliche Ebene: Erdung, Gesundheit und Heilung, Schlaf.

Mentale Ebene: Bannen von Angst, Einsamkeit, Führerschaft, Kommunikation, mentale Fokussierung, Ruhe, Schutz, Stress, Wohlstand.

Spirituelle Ebene: Dankbarkeit, Divination, Exorzismus, Geistführer/Musen/Lehrer, Intuition, mediale Fähigkeiten, Bannen von Negativität, Reinigung, Segnung, Umwelt, Verständnis, Visionen, Weisheit.

Sandelholz wird als Grundstoff für Räucherwerk verwendet, verfügt über sehr starke spirituelle Schwingungen und eignet sich hervorragend zum Reinigen der Chakren vor einem Ritual.

Schafgarbe (*Achillea millefolium*)

Körperliche Ebene: Gesundheit und Heilung, Selbstbild, Sex.
Mentale Ebene: Einsamkeit, Beendigung von Gewalt, Glück, Liebe, Bannen von Negativität, Selbstvertrauen und Zuversicht, Stress.
Spirituelle Ebene: Dankbarkeit, Exorzismus, Reinigung, Umwelt.

Schafgarbe wurde früher zum Heilen von Schnittwunden und anderen Wunden verwendet. Achilles soll ihre heilenden Eigenschaften entdeckt und seine Soldaten mit diesem Kraut behandelt haben. Bei Erkältungen bereiten Sie einen Tee aus Minze und Schafgarbe zu gleichen Teilen und fügen reichlich Zitrone hinzu. Ein Gesichtsdampfbad mit Schafgarbe reinigt und glättet die Haut, da Schafgarbe adstringierend wirkt.

Verbrennen Sie getrocknete Schafgarbe als Opfergabe an Venus, die Göttin der Liebe, damit sie Ihnen Schönheit und eine neue Liebe schenkt.

Schlüsselblume (*Primula veris*)

Mentale Ebene: Glück, Schutz.

Wenn Sie im Frühling mit Unterstützung der Schlüsselblume meditieren und Ihre Ziele für das Jahr visualisieren, werden diese in Erfüllung gehen.

Schwertlilie *(Iris germanica)*

Mentale Ebene: Beziehungen, Ehe, Schutz.
Spirituelle Ebene: Dankbarkeit, Verständnis, Visionen, Weisheit.

Die Schwertlilie ist der Hera geweiht. Ihre Wurzeln eignen sich gut für Angelegenheiten, die Heim und Herd betreffen. Eine zu Hause aufbewahrte Schwertlilienwurzel fördert die Intuition des »Haushaltsvorstands«, sodass sie oder er weiß, was im eigenen Heim vor sich geht.

Sonnenblume *(Helianthus annuus)*

Körperliche Ebene: Gesundheit und Heilung.
Mentale Ebene: Arbeit, Beziehungen, Erfolg, Führerschaft, Geld, Glück, Selbstbild, Wachstum. Essen Sie Sonnenblumenkerne (ungesalzen) zur Besänftigung von Wut und Zorn.
Spirituelle Ebene: Gedeihen, Weisheit.

Sonnenblumen drehen ihre Köpfe immer zur Sonne. Das liegt daran, dass aufgrund eines Wachstumshormons, Auxin genannt, eine Seite des Stängels schneller wächst als die andere. Auxin wird durch die ungleichmäßige Bestrahlung durch das Sonnenlicht produziert. Die dunkle Seite wächst schneller, sodass sich der Stängel beugt und der Sonne entgegen dreht.

Sonnenblumen fördern das mentale Selbstbild. Laden Sie die Kerne mit Wertschätzung auf. Visualisieren Sie dann den Aspekt Ihrer selbst, den Sie als positiv betrachten und gerne weiter ausbauen möchten, ob es sich dabei nun um Ihre äußere Erscheinung oder um eine Charaktereigenschaft handelt. Essen Sie nun die Sonnenblumenkerne und visualisieren Sie dabei, wie dieser Aspekt in Ihnen wächst.

Sonnenhut (*Echinacea spec.*)

Körperliche Ebene: Gesundheit und Heilung.
Mentale Ebene: Stressabbau.

Sonnenhut ist eine hoch geschätzte Heilpflanze, die Infektionen bekämpfen hilft und bei Erkältung, Grippe und Bronchitis die Abwehrkräfte des Körpers stärkt. Sie ist in Form von Tropfen, Tabletten und Kapseln in Apotheken, Drogerien und Reformhäusern erhältlich.

Stechpalme (*Ilex aquifolium*)

Mentale Ebene: Glück.
Spirituelle Ebene: Dankbarkeit.

Die Stechpalme ist ein traditionelles Symbol aus dem Pflanzenreich für das Julfest. Ihre Früchte enthalten zwei bis acht Kerne und es gilt als überaus glückliches Omen, wenn man am Julfest eine Frucht mit acht Kernen findet. Die Zahl Acht wird mit Fülle, Macht und Kraft assoziiert und das Julfest eignet sich hervorragend dazu, diese Energien in Vorbereitung auf den kalten Winter ins Heim zu bringen.

Stiefmütterchen (*Viola tricolor*)

Mentale Ebene: Beziehungen, Frieden, Beendigung von Gewalt.
Spirituelle Ebene: Liebe.

Die alten Griechen entwickelten eine Sprache der Blumen. Das Stiefmütterchen symbolisierte bei ihnen Gedankenkraft. Wenn Sie sich bei der Meditation vor ein paar Stiefmütterchen setzen, werden sie Ihnen bei der Entscheidung helfen, welche Art Liebe am besten für Sie ist. Die empfangenen Informationen können Sie für die Arbeit mit Puppen oder anderen Liebeszaubern verwenden.

Tabak (*Nicotiana* spec.)

Spirituelle Ebene: Dankbarkeit, Divination, Meditation, Umwelt, Verständnis.

Vermutlich waren die alten Maya die Ersten, die Tabak nutzten. Von dort breitete sich die Verwendung zu den nordamerikanischen Indianerstämmen aus.

Tagetes (*Tagetes* spec.)

Körperliche Ebene: Selbstbild.
Mentale Ebene: Bannen von Angst, Erfolg, Führerschaft, Geld, Beendigung von Gewalt, Kommunikation, Liebe.
Spirituelle Ebene: Bannen von Negativität, Weisheit.
Wenn Sie Tagetes um Ihr Haus herum anpflanzen, hält das Mäuse fern.

Tagetes gehört zu den Korbblütlern, mit etwa 20 000 Arten die größte Pflanzenfamilie, zu der auch Löwenzahn, Gänseblümchen, Rainfarn und Chrysantheme zählen. Nur in der Antarktis wachsen sie nicht.

Thymian (*Thymus vulgaris*)

Spirituelle Ebene: Geistführer/Musen/Lehrer, Intuition, mediale Fähigkeiten, Reinigung, Verständnis.

Thymian gehört zur Familie der Lippenblütler.

Im Altertum wurde er gegen Alpträume eingesetzt und man glaubte auch, dass er Schüchternheit kuriert. Wenn Sie

Sorgen und Kummer verbannen wollen, zerkleinern Sie in einem Mörser getrockneten Thymian, Orangenschale und Benzoe und bereiten daraus ein Räucherwerk, das Negativität nicht nur aus dem Haus, sondern auch aus Ihrem Geist und Herzen verbannt.

Tonkabohne (*Coumarouna odorata*, syn. *Dipteryx odorata*)

Körperliche Ebene: Sex.
Mentale Ebene: Ehe, Geld, Beendigung von Gewalt, Glück.
Spirituelle Ebene: Intuition.

Die Tonkabohne, auch Cumarinnuss genannt, enthält Cumarin, das zur Herstellung von Parfüms benutzt wird.

Tonkabohnen können für Liebende mit Energie aufgeladen und als Talisman für sexuelles Vergnügen eingesetzt werden. Laden Sie zwei Bohnen auf und legen Sie sie auf Ihr Nachtkästchen – vorausgesetzt natürlich, dass die sexuellen Vergnügungen im Schlafzimmer stattfinden sollen!

Ulme (*Ulmus campestris*)

Mentale Ebene: Führerschaft, Wachstum.
Spirituelle Ebene: Dankbarkeit, Divination, Intuition, Verständnis, Wachstum.

Ulmen sind gute Wetterpropheten: Setzen Sie sich unter eine Ulme, lehnen Sie sich an ihren Stamm, begeben Sie sich in den Alpha-Zustand und fragen Sie sie, wie das Wetter werden wird.

Vanille (*Vanilla planifolia*)

Körperliche Ebene: Schlaf.
Mentale Ebene: Einsamkeit, Liebe, Popularität, Stress, Treue.
Spirituelle Ebene: Liebe.

Die Vanille gehört zur Familie der Orchideen, auch wenn ihre Blüten keine leuchtende Farbe haben.

Die Vanille ist eine weibliche Pflanze und der Göttin Venus geweiht. Sie wird mit Reinheit der Absicht assoziiert. Daher gibt sie Ihnen Kraft, wenn Sie einem Problem auf den Grund gehen müssen, das mit falschen Darstellungen oder Geheimnissen zu tun hat, die hinter Ihrem Rücken verbreitet werden.

Wacholder (*Juniperus communis*)

Körperliche Ebene: Gesundheit und Heilung.
Mentale Ebene: Ehe, Einsamkeit, Erfolg, Führerschaft, Glück, Glücksempfinden, Kommunikation.
Spirituelle Ebene: Exorzismus, Segnung.

Wacholderbeeren können zur Entwässerung und bei Blasenbeschwerden verwendet werden. Einen Teelöffel Wacholderbeeren in kochendes Wasser geben und abgedeckt 20 Minuten lang ziehen lassen (nicht während einer Schwangerschaft einsetzen).

Wachsmyrte (*Myrica cerifera*)

Mentale Ebene: Geld.

Die Früchte können für ein Sachet oder zum Räuchern verwendet werden, um Geld anzuziehen.

Weide (*Salix alba*)

Körperliche Ebene: Erdung, Gesundheit und Heilung.
Mentale Ebene: Beruhigung, mentale Fokussierung, Bannen von Negativität, Durchbrechen schlechter Gewohnheiten, Stress, Wut und Zorn.
Spirituelle Ebene: Dankbarkeit, Reinigung, Spiritualität, Umwelt, Verständnis.

Weidenrinde enthält Salicin, ein Salicylsäurederivat, das verwandt ist mit Acetylsalicylsäure, die heute synthetisch hergestellt als Aspirin verkauft wird.

Wenn Sie sich mit dem Rücken an eine Weide lehnen, wird das Ihre Nerven beruhigen, Ärger und Zorn besänftigen und Ihnen helfen, die auslösende Situation besser zu verstehen. Öffnen Sie sich den liebevollen Schwingungen großmütterlicher Zuneigung, die die Weide ausstrahlt. Benutzen Sie Weidenblätter für Heilzauber aller Art.

Weihrauch, Olibanum (*Boswellia sacra*)

Körperliche Ebene: Gesundheit und Heilung, Schlaf, Schutz, sicheres Reisen.
Mentale Ebene: Bannen von Angst, Arbeit, Ehe, Einsamkeit, Führerschaft, Beendigung von Gewalt, Kreativität, Liebe, mentale Fokussierung, Negativität, Ruhe, Durchbrechen schlechter Gewohnheiten, Selbstvertrauen und Zuversicht, Sicherheit, Stressabbau.
Spirituelle Ebene: Astrale Projektion, Dankbarkeit, Divination, Exorzismus, Frieden, Gedeihen, Intuition, Macht und Kraft, mediale Fähigkeiten, Meditation, Reinigung, Segnung, Spiritualität, Träume, Umwelt, Verständnis, Weisheit.

Weihrauch kann als Grundstoff für Räuchermischungen eingesetzt werden, um die einzelnen Bestandteile miteinander zu verbinden und gemeinsam wirken zu lassen.

Weißdorn (*Crataegus laevigata*)

Mentale Ebene: Kommunikation.
Spirituelle Ebene: Dankbarkeit, Liebe.

Der Weißdorn gehört zur Familie der Rosengewächse. Seine Blüten verströmen einen sehr süßen Duft und können denen, die sich Zeit nehmen, an ihnen zu schnuppern, den ganzen Tag gute Laune bescheren.

Wermut (*Artemisia absinthium*)

Körperliche Ebene: Gesundheit und Heilung.
Mentale Ebene: Bannen von Angst, Führerschaft.
Spirituelle Ebene: Divination, Geistführer/Musen/Lehrer, Intuition, mediale Fähigkeiten, Meditation, Spiritualität, Träume, Verständnis, Visionen, Weisheit.

Wermut kann als Tee gegen Wurmbefall verwendet werden.

Wermutblätter sind starke mediale Boten. Frischer Wermut in einem Duftkissen (siehe Kapitel VI) kann zu Visionen führen. Diese können jedoch auch in Form heftiger Alpträume auftreten und schwer zu deuten sein.

Wintergrün (*Gaultheria procumbens*)

Körperliche Ebene: Gesundheit und Heilung.
Spirituelle Ebene: Gedeihen, Weisheit.

Wintergrünöl wird heute meist synthetisch hergestellt, wurde früher aber aus Wintergrün oder Birkenrinde gewonnen. Es wird als lokales Antiseptikum verwendet.

Die Pflanze lässt sich vielfältig einsetzen, für Heilzauber, Puppen, Sachets und so weiter. Wächst sie nahe bei der Haustür, kann sie negative Energien von Ihrem Haus fern halten.

Zaubernuss (Hamamelis virginiana)

Körperliche Ebene: Gesundheit und Heilung.
Spirituelle Ebene: Divination.

Die Zaubernuss wird in der Kosmetikbranche verwendet, als Adstringens sowie für Heilsalben bei Hautreizungen.

Zimt (Cinnamomum verum)

Körperliche Ebene: Gesundheit und Heilung, Sex, Sicherheit.
Mentale Ebene: Bannen von Angst und Negativität, Arbeit, Erfolg, Führerschaft, Geld, Kommunikation, Macht und Kraft, Popularität, Selbstbild, Selbstsicherheit und Zuversicht.
Spirituelle Ebene: Dankbarkeit, Erdung, Gedeihen, Schutz, sicheres (astrales) Reisen, Weisheit.

Ein Teelöffel Zimt im Kamillentee stoppt Durchfall und Magenverstimmungen. Zum Süßen können Sie Honig nehmen.

Zitrone (Citrus limon)

Körperliche Ebene: Gesundheit und Heilung, Selbstbild.
Mentale Ebene: Arbeit, Beziehungen, Einsamkeit, Erfolg, Führerschaft, Beendigung von Gewalt, Glück, Liebe, mentale Fokussierung, Bannen von Negativität, Popularität, Selbstvertrauen und Zuversicht, Stress, Wut und Zorn.
Spirituelle Ebene: Dankbarkeit.

Zitronensaft ist außerordentlich reich an Vitamin C. Benutzen Sie ihn zum Würzen von Salaten und Gemüsen.

Bewahren Sie die Schalen auf und lassen Sie sie trocknen. Geriebene Zitronenschale eignet sich hervorragend als Räucherwerkzutat, um angenehme Energien in Ihr Heim zu bringen, Schönheit als Bewusstseinszustand herbeizuführen, verlorene Jugend wiederzugewinnen und eine fröhliche Atmosphäre zu verbreiten.

Zitronenverbene (*Aloysia triphylla*)

Körperliche Ebene: Gesundheit und Heilung.
Mentale Ebene: Beendigung von Gewalt.
Spirituelle Ebene: Divination, Liebe.

Benutzen Sie Zitronenverbene als Räucherwerkzutat, um Liebe anzuziehen, und besonders, um Ihnen zu mehr Intuition zu verhelfen, wenn es um die wahre Persönlichkeit potenzieller Geliebter geht.

Zwiebel (*Allium cepa*)

Körperliche Ebene: Gesundheit und Heilung.
Mentale Ebene: Sicheres Reisen.
Spirituelle Ebene: Exorzismus.

Die Zwiebel kann ähnlich wie Knoblauch zum Heilen eingesetzt werden.

VII Edelsteine, Kristalle und Minerale

Seit den Anfängen geschichtlicher Überlieferung stehen Edelsteine für Trost, Reichtum, Aberglaube, Liebe und viele andere Aspekte menschlichen Lebens. Da gibt es die Edelsteine, die berühmte Liebende einander schenkten und die nun in Museen aufbewahrt werden. Da sind die berühmten Steine, die in der Bibel erwähnt werden, zum Beispiel im 2. Buch Mose. Dort finden sich genaue Anweisungen für die Anfertigung von Aarons Priestergewändern und die mit kostbaren Edelsteinen besetzte Brustplatte, die ihm besondere Kräfte oder Gaben verliehen haben soll. Ritualgegenstände wie zum Beispiel Athames, Stäbe und Kelche wurden mit Edelsteinen geschmückt. Königszepter wurden mit Juwelen besetzt. Das berühmteste Beispiel ist das britische Königszepter mit dem Stern von Afrika, einem Diamanten von 530,2 Karat.

Kristalle finden in Computern und Uhren Verwendung, wo ihre Energie buchstäblich ablesbar ist.

Hier jedoch soll es um die Fähigkeit von Edelsteinen und Kristallen gehen, einerseits energetisch auf den Körper zu wirken und uns andererseits Botschaften zu senden, die unsere Selbsterkenntnis fördern und uns in schwierigen Situationen unterstützen. Das bewusste Arbeiten mit Kristallen und Edelsteinen ist außerordentlich wirkungsvoll, doch schon das einfache Tragen eines Steins kann alles in uns aktivieren, was zur Lösung eines Problems nötig ist. Nehmen wir zum Beispiel einen Diamantring. Hat ein Paar Schwierigkeiten in der Beziehung, genügt oft schon ein Blick auf den Ring, um sich an die einstige Liebe zu erinnern und an die Möglichkeit einer Neubelebung dieser Liebe zu glauben. Der Diamant, der bei der Hochzeitszeremonie gesegnet wurde, trägt gewissermaßen das Programm in sich, das Paar zusammenzuhalten. Er verfügt über Energien, die das Paar darin bestärken, an der Ehe festzuhalten. Er ist nicht bloß ein mentales und visuelles Erinnerungsstück; er arbeitet in der Aura und hilft den beiden durch schwierige Situationen.

Kristalle und Edelsteine haben jeweils ihren ganz eigenen Charakter. Es gibt eine breite Palette an Edelsteinen, von Jade über Rosenquarz bis zum Obsidian, die uns mit ihren speziellen Eigenschaften in verschiedenen Lebensbereichen helfen können. Doch auch innerhalb dieser Spezialgebiete hat jeder Stein wiederum seine ganz eigene, individuelle Wesensart. Zum Beispiel unterstützt Jade das Träumen, doch es gibt unendlich viele Möglichkeiten, wie sich das auswirken kann. Man könnte das mit den Unterschieden zwischen gleich ausgebildeten Menschen vergleichen. Es gibt zum Beispiel Tausende von Fachärzten für Orthopädie mit ähnlicher Ausbildung, doch wenn Sie einen von ihnen mit einem Leiden aufsuchen, wird sich seine individuelle Persönlichkeit auch auf seine Behandlungsweise niederschlagen. Dasselbe gilt für Edelsteine. Es gibt viele Jadearten, die alle in demselben Bereich wirken, doch hat jede Art und jeder Stein seinen ganz eigenen Charakter. Bestimmen Sie die Intention Ihrer Arbeit mit einem Edelstein und erforschen Sie dann sein spezielles Wesen, um herauszufinden, wie er Ihre persönlichen Bedürfnisse unterstützen kann. Sie und der Stein arbeiten dabei immer zusammen.

Die im nachfolgenden Leitfaden beschriebenen Edelsteine bringen die 52 Wesensmerkmale und Qualitäten zum Ausdruck, die in Kapitel VIII aufgeführt sind. Viele von ihnen haben noch andere Eigenschaften, auf die Sie sich einschwingen können; wir haben uns hier jedoch auf die Charakteristika beschränkt, die in direktem Zusammenhang mit den in Kapitel VIII aufgezählten Stichworten stehen. Damit haben Sie eine Grundlage, um sich Kenntnisse über die feinen Unterschiede anzueignen, die zwischen den einzelnen Steinen bestehen. Zum Beispiel unterstützen sowohl der Amethyst wie auch der Smaragd die Meditation, aber jeweils unterschiedlich. Der Amethyst bezieht sich mehr auf den Weisheitsaspekt. Er wird Sie sanft zur Weisheit in Ihrem Innern geleiten. Der Smaragd hingegen hilft beim Meditieren über Herzensdinge, da er von seinem Wesen her mit dem Herzen und weiblicher Stärke verbunden ist.

Heilen mit Edelsteinen und Kristallen

Es gibt viele Möglichkeiten, Edelsteine zum Heilen von Körper, Geist und Seele einzusetzen. Sie können Amulette und Talismane anfertigen oder Elixiere herstellen. Oder Sie meditieren mit Steinen, um emotionale Probleme zu heilen, wobei dadurch auch eine Heilung auf physischer Ebene in Gang gesetzt wird.

Wenn Sie mehr über das Heilen mit Edelsteinen wissen möchten, müssen Sie sich jedoch erst einmal mit dem Chakrensystem vertraut machen. Chakren sind Energie- oder Kraftzentren in unserem Körper, die eine Brücke zwischen der physischen und der ätherischen Ebene bilden. Und diese Brücke sorgt für Gesundheit und Wohlbefinden auf emotionaler und physischer Ebene. Denn die Chakren sind auf komplexe Weise mit unserer Aura und unserem Astralkörper verbunden. Die Aura sammelt Energien und diese Energien, seien sie nun positiv oder negativ, wirken sich schließlich auf unseren Körper aus. Wenn wir zum Beispiel das Gefühl haben, eine schwere Last zu tragen, oder wenn wir etwas »nicht ertragen« können, kann es dazu kommen, dass wir mehr und mehr die Schultern hängen lassen. Die negative Einstellung zeigt sich zuerst in unserer Aura und kann sich dann auf unser viertes Chakra, das Herz-Chakra, oder vielleicht auch auf das fünfte Chakra, das Hals- oder Kehlkopf-Chakra, auswirken. Und unversehens laufen wir mit verkrampften Schultern herum. Wenn Sie in einer Situation festsitzen, in der Rachsucht, Ärger oder Streit dominieren, entsteht eine Krankheit zuerst in der Aura und in den Chakren, bevor sie sich schließlich im physischen Körper manifestiert.

Die sieben Hauptchakren oder Hauptenergiezentren, die sich vom Steißbein bis zum Scheitel hinauf erstrecken, sind Energiewirbel, die sich mit unterschiedlicher Geschwindigkeit drehen. Sie bestehen aus farbigen Lichtschwingungen, die mit den Regenbogenfarben korrespondieren, also Rot, Orange, Gelb, Grün, Blau, Indigo und Weiß. Machen Sie sich mit Folgendem vertraut:

Das **erste Chakra**, Wurzel- oder Basis-Chakra genannt, hat seinen Sitz am Steißbein und ist mit der Farbschwingung Rot, zuweilen auch mit Schwarz, assoziiert. Es ist ein relativ langsam schwingendes Chakra, das uns zeigt, wie wir mit der Erde verbunden sind, wie die Erdenergie in uns aufrechterhalten werden kann und wie wir unsere Zeit hier auf Erden genießen können. Ist das Wurzel-Chakra gesund, haben wir Zugang zu irdischen Freuden wie zum Beispiel Wohlstand und glückliches Familienleben.

Das **zweite Chakra**, Nabel-, Sexual- oder Sakral-Chakra genannt, hat seinen Sitz etwa sechs Zentimeter unterhalb des Bauchnabels und wird mit der Farbschwingung Orange assoziiert. Es ist verantwortlich für unser sexuelles Verlangen, kontrolliert und reguliert unseren Geschlechtstrieb und hat Einfluss auf unsere Einstellung zur Sexualität. Außerdem bestimmt es unsere Fähigkeit, kreativ zu sein und unsere schöpferische Kraft zu nutzen. Wenn dieses Chakra nicht gesund ist, kann das zu Störungen oder Krankheiten im Bereich der Sexual- und Fortpflanzungsorgane führen, zu Problemen mit Beziehungen, zu Zweifeln an der eigenen Kreativität sowie zu anderen Störungen, die mit Sexualität, Beziehungen und Kreativität zu tun haben.

Das **dritte Chakra**, Solarplexus- oder Milz-Chakra genannt, hat seinen Sitz oberhalb des Nabels zwischen den auslaufenden Rippenbögen und die mit ihm assoziierte Farbschwingung ist Gelb. Es bestimmt, wie wir unsere eigene Macht und Kraft in die Welt projizieren und wie wir mit den verschiedenen Herausforderungen und Situationen in der Welt zurechtkommen. Erfolgreiche Menschen in Führungspositionen haben zum Beispiel ein starkes drittes Chakra, denn jemand mit einem schwachen dritten Chakra könnte sich keine Geltung verschaffen. Auch Magenprobleme werden mit einem blockierten dritten Chakra in Verbindung gebracht.

Das **vierte Chakra** ist das Herz-Chakra. Es bildet die Mitte zwischen dem ersten und siebten Chakra und ist somit das Verbindungsglied zwischen unserem physischen Selbst und den spirituellen Bereichen. Es hat seinen Sitz in der Mitte der Brust und am häufigsten wird die Farbschwingung Grün mit ihm assoziiert, zuweilen aber auch Rosa. Interessanterweise ergeben Rot (mit dem ersten Chakra assoziiert) und Weiß (mit dem siebten Chakra assoziiert) zusammen Rosa, und man kann sich leicht vorstellen, wie sich das Physische und das Spirituelle im Herz-Chakra verbinden. Ein gesundes Herz-

Chakra ist dafür verantwortlich, dass wir uns selbst und andere lieben können und ein Verständnis für die universelle Liebe haben, die alles umfasst, was ist. Ein blockiertes Herz-Chakra kann Probleme mit dem Herzen und einen Mangel an Selbstachtung zur Folge haben, sowie die Unfähigkeit, die Andersartigkeit anderer anzuerkennen und zu akzeptieren und jedermann auf dem Planeten zu lieben, unabhängig von Rasse, sexueller Präferenz, religiöser Neigung oder irgendwelchen anderen Dingen, durch die sich andere von uns unterscheiden.

Das **fünfte Chakra**, das Kehlkopf- oder Hals-Chakra, hat seinen Sitz im Bereich des Kehlkopfs bis hin zum unteren Ende der Schilddrüse, wird mit der Farbschwingung Blau assoziiert und ist für unsere Kommunikationsfähigkeit verantwortlich. Kommunikationsfähigkeit bedeutet, dass wir nicht nur Worte aussenden können, sondern auch das, was hereinkommt, klar und deutlich empfangen und verstehen. Jemand, dessen fünftes Chakra nicht gesund ist, kann unter Umständen andere nicht verstehen, kommt zu überhasteten Schlussfolgerungen oder hat Schwierigkeiten, sich angemessen und effektiv auszudrücken.

Das **sechste Chakra**, das so genannte Dritte Auge oder auch Stirn-Chakra, ist vielleicht das bekannteste Chakra und wird mit der Farbschwingung Indigo assoziiert. Es ist mit dem sechsten Sinn, Intuition, Empathie (die Fähigkeit, die Gefühle anderer wahrzunehmen), Hellsichtigkeit, außersinnlicher Wahrnehmung und ähnlichen Phänomenen verbunden, die im Grunde unser Geburtsrecht sind. Jemand, dessen sechstes Chakra nicht gesund ist, denkt wahrscheinlich sehr linear und eindimensional logisch, ist stark von der linken Gehirnhälfte bestimmt und wenig gewillt, beide Seiten einer Situation zu sehen, und kann mit dem Konzept der Intuition nichts anfangen.

Das **siebte Chakra**, Scheitel-Chakra oder Kronen-Chakra genannt, hat seinen Sitz in der Mitte der Schädeldecke und wird mit der Farbschwingung Weiß, gelegentlich auch mit Gold oder Violett assoziiert. Dieses Chakra verbindet uns mit unserem spirituellen Selbst und mit der Energie des Universums, dem Göttlichen. Es bestimmt unsere Fähigkeit, spirituelle Prinzipien zu verstehen und spirituelle Informationen aufzunehmen und zu verarbeiten. Dieses Chakra ist die Verkörperung von Weisheit und in ihm gipfeln die Erkenntnisse und die Heilung aller anderen Chakren. Jemand, dessen siebtes Chakra nicht gesund ist, hat wahrscheinlich keine religiösen oder spirituellen Verbindungen oder eine sehr engstirnige Einstellung zur Religion. Auch Kopfschmerzen und andere mit dem Kopf verbundene Leiden können darauf zurückzuführen sein.

Wenn Sie diese Bereiche kennen und wissen, dass sie gesund oder nicht gesund sein können, wird es Ihnen leichter fallen, Steine in Bezug auf die Chakren einzusetzen. In der Tat sind es oft Probleme mit der Gesundheit, die uns zu spirituellen Fragen führen. Tatsächlich handelt es sich um einen Lernprozess unseres physischen Selbst, wenn ein blockiertes Chakra dazu führt, dass in einem bestimmten Körperbereich gesundheitliche Störungen auftreten. Wenn Sie das bedenken, werden Sie verstehen, warum Edelsteine zum Heilen so platziert werden, dass sich eine Verbindung mit einem bestimmten Chakra ergibt. Haben Sie verstanden, wie sich diese Energiezentren oder Chakren auf unsere Gesundheit auswirken, können Sie diese Erkenntnisse zu dem hier folgenden Wissen über Edelsteine und Kristalle in Beziehung setzen. Sie können zum Beispiel beim Meditieren Edelsteine so auf verschiedene Chakren legen, dass sie zu gesunden Schwingungen beitragen, was sich wiederum heilend auf den physischen und astralen Körper auswirkt.

Sie werden bei der Beschreibung der einzelnen Edelsteine häufig Vorschläge finden, wo Sie diese bei der Heilungsarbeit platzieren können. Im Allgemeinen verwendet man zum Heilen eines Chakras einen Edelstein von der Farbe, die dem Chakra zugeordnet ist. Dunkle oder rote Steine würde man also auf den Bereich des Wurzel-Chakras legen, einen orangefarbenen Stein wie zum Beispiel einen Achat auf das zweite Chakra, einen gelben Stein wie etwa den Zitrin auf das dritte Chakra, einen grünen Stein, beispielsweise einen Aventurin, auf das vierte Chakra, einen blauen Stein wie etwa einen blauen Bandachat oder Sodalith auf das fünfte Chakra, einen Amethyst auf das sechste Chakra und Kristalle auf das siebte Chakra.

Wenn Sie krank sind, sollten Sie natürlich einen Arzt aufsuchen, aber es ist immer eine gute Idee, zur Heilung zusätzlich mit Ihrem nicht-physischen Körper zu arbeiten. Zum Beispiel können Sie sich ganz ausgezeichnet auf Ihre Heilenergien einschwingen, wenn Sie entsprechende Edelsteine auf die Chakren legen, sich in den Alpha-Zustand begeben und dann visualisieren, dass Sie vollkommen gesund sind.

Magische Anwendungen

Amulette

Edelsteine und Kristalle können auch in magische Amulette verwandelt werden, die man dann zum eigenen Nutzen trägt. Ein solches Amulett lässt sich schon ganz einfach dadurch anfertigen, dass man das erwünschte Resultat, zum Beispiel Schutz oder Liebe, in den Edelstein hineinprojiziert und den so aufgeladenen Stein bei sich trägt. Dabei gibt es bestimmte Steine für bestimmte Zwecke. Wenn Sie zum Beispiel Ihre Intuition stärken wollen, führen Sie ein Ritual durch und laden dabei einen Amethyst auf, indem Sie visualisieren, dass Sie Dinge verstehen, ohne zu wissen wie, und sich dabei bewusst sind, dass Ihre Intuition am Wirken ist und Ihre medialen Fähigkeiten aufblühen, wachsen und gedeihen.

Wenn Sie, um bei diesem Beispiel zu bleiben, einen Amethyst in ein Amulett für Intuition verwandeln wollen, mischen Sie Weihrauch, Salbei und Beifuß zu gleichen Teilen, zerkleinern alles in einem Mörser und segnen die Mixtur wie in Kapitel VI beschrieben. Zünden Sie eine Räucherkohle an und geben Sie die Kräutermischung darauf. Halten Sie den Amethyst mit der rechten Hand über den aufsteigenden Rauch. Lassen Sie sich von der Energie des Gottes und der Göttin durchströmen und visualisieren Sie sich selbst als intuitiv und übersinnlich begabt. Wichtig dabei ist Ihre Überzeugung, dass dieser Zauber und das Amulett wirksam sind.

Nun haben Sie einen in ein Amulett verwandelten Edelstein, den Sie immer bei sich tragen können, wenn Sie Ihre Intuitionsfähigkeit benötigen, zum Beispiel bei Tarot-Readings, wenn Sie wissen möchten, was jemand bei einer Geschäftsverhandlung denkt, oder in sonstigen Fällen, bei denen es auf Ihre Intuition ankommt.

Sie können Ihr Amulett auch in einem kleinen Säckchen, einem so genannten Medizinbeutel, verwahren. Das ist besser, als den Stein einfach lose in der Hosentasche oder Handtasche bei sich zu tragen. Der Medizinbeutel kann die Form eines kleinen Behälters haben, den Sie an einer Halskette tragen oder am Gürtel befestigen. Sie können ihn aber auch in Ihrer Tasche oder in einer Schublade aufbewahren.

Man kann aus jedem Stein ein Amulett machen. Nehmen Sie irgendeinen der in Kapitel VIII aufgeführten Edelsteine, zum Beispiel einen, der bei Ärger und Zorn oder in Dingen der Liebe hilft. Laden Sie ihn dann mit Räucherwerk auf, das Sie speziell für diesen Zweck, also beispielsweise für die Besänftigung von Zorn, hergestellt haben, und visualisieren Sie dabei, wie Sie ruhig und gelassen bleiben. Sie können für das Räucherwerk ein bis drei Kräuter im Mörser zerkleinern. Wenn Sie den Edelstein räuchern und gleichzeitig Ihre Absicht in ihn hineinprojizieren, verstärkt sich die Wirkung. Für Heilenergie wählen Sie einen Edelstein und Kräuter, die unter dem Stichwort Heilung aufgeführt sind, und machen daraus ein Heilamulett.

Ein weiterer Verwendungsbereich für Edelsteine und Kristalle sind magische Werkzeuge und Schmuck. Sie können Ihren ganz persönlichen Stab anfertigen, indem Sie sieben Steine für die Chakren aussuchen und sie mit Kupfer- oder Silberdraht an einem Stab aus Weide, Eiche oder einem anderen heiligen Holz befestigen. Ordnen Sie die Steine in der Reihenfolge der Chakren an und nehmen Sie für das siebte Chakra an der Spitze einen Kristall. Schon haben Sie einen Stab mit einem ausgezeichneten Fokus.

Wenn Sie Edelsteine und Kristalle als Schmuck verwenden, können Sie damit ganz bewusst Ihre Aura von bestimmten Dingen reinigen. Sie können sich im Hinblick auf das, was Sie erreichen wollen, Schmuck mit bestimmten Steinen kaufen. Smaragdohrringe eignen sich zum Beispiel hervorragend, um mit der Intuition in Kontakt zu kommen. Sie können die Steine auch einzeln auswählen und mit entsprechendem Werkzeug, das Sie in einschlägigen Geschäften bekommen, eine Halskette, Ohrringe, ein Armband oder sonstigen Schmuck selbst anfertigen. Damit bitten Sie Ihre Steine und Kristalle in noch stärkerem Maße, mehr als nur eine

Zierde für Sie zu sein. Sie werden Teil Ihrer Persönlichkeit. Wenn Sie an einem Aspekt Ihres Charakters arbeiten wollen, sagen wir, dass Sie weniger schnell wütend werden bzw. Ihren Ärger zur rechten Zeit und in angemessener Form ausdrücken, dann machen Sie sich eine Halskette aus Rosenquarz. Sie können dazu Perlen oder auch einen Stein verwenden. Die liebevolle Energie dieses Steins nahe Ihrem Herz-Chakra wird dafür sorgen, dass Sie sich selbst und andere besser verstehen. Wenn Sie diese Halskette lange tragen, wird Ihr Zorn besänftigt und das veränderte Verhalten schließlich zur Gewohnheit, sodass Sie Ärger nun auf angemessene Weise zum Ausdruck bringen können. Ganz allgemein geht es darum, die Steine oder Kristalle mit einer bestimmten Absicht zu tragen. Stellen Sie fest, welchem Charakterzug Sie Aufmerksamkeit widmen möchten, und laden Sie dann zur Unterstützung Ihren Schmuck entsprechend auf. Wenn Sie für Veränderungen offen sind, kann entsprechender Schmuck zu einer erheblichen Verbesserung Ihres Lebens beitragen.

Dem Gebrauch von Amuletten, Werkzeugen und Schmuck sind praktisch keine Grenzen gesetzt. Sie können dabei Edelsteine und Kristalle beliebig kombinieren oder auch einen ganzen Satz von Steinen aufladen, die die Harmonie aller Chakren auch unter emotionalem Druck bewahren und negative Emotionen von außen abhalten. Wenn Sie diese aufgeladenen Steine in einem kleinen Seidentäschchen oder -beutel aufbewahren und stets bei sich tragen, unterstützen sie die positive Ausrichtung der Chakren-Energien, was Sie wiederum auf physischer und mentaler Ebene gesünder macht.

Sie können auch ein Amulett anfertigen, das Ihnen hilft, eine bestimmte Energie aus Ihrer Persönlichkeitsstruktur zu verbannen, die nicht mehr angemessen ist. Jede Energie, die Sie nicht mehr brauchen, kann der Erde oder dem Wasser übergeben werden. Ein solches Ritual führen Sie am besten bei abnehmendem Mond durch. Dafür kaufen Sie einen (geschliffenen oder ungeschliffenen) Rosenquarz. Klären Sie für sich, was Sie verbannen möchten, zum Beispiel ungesunde Aspekte einer Beziehung, die Unfähigkeit, eine neue Arbeitsstelle zu finden, die Angst, etwas Neues zu beginnen, oder die Angst vor Risiko. Diese Technik kann Ihnen helfen, bestimmte Aspekte in Ihrem Leben loszulassen, die Sie nicht mehr brauchen.

Am besten führen Sie diesen Bannzauber in einem magischen Kreis oder während eines Rituals durch. Halten Sie den Stein in der rechten Hand. Konzentrieren Sie sich darauf, dass die Energie des Aspektes, den Sie verbannen, Ihren Körper verlässt und in den Stein eingeht. Visualisieren Sie, wie die negative Energie der gestörten Beziehung (oder Ihre Unsicherheit, Ihre Angst usw.) buchstäblich aus Ihnen heraus und in den Stein fließt. Tragen Sie dann den Stein vierundzwanzig Stunden lang bei sich, sodass auch der letzte Rest dieser nicht mehr erwünschten Energie in ihn übergehen kann.

Sobald die Energie vollständig auf den Stein übertragen ist, vergraben Sie ihn in der Erde, mit der Intention, dass die Erde diese Energien heilen wird, im Stein und auch in Ihnen. Sie können den Stein auch ins Meer, in einen See oder Fluss oder ein anderes natürliches Gewässer werfen. Die Energien des Wassers werden die auf den Stein übertragene Energie besänftigen und zugleich Ihre intuitiven Fähigkeiten nähren, sodass Sie fähig werden, Ihr Problem zu lösen oder es vollständig loszulassen.

Beide Methoden können Ihnen helfen, sich wieder mit Ihrem höchsten Wohl in Übereinstimmung zu bringen, ob Sie nun zur Heilung bestimmter Lebensbereiche ein Amulett oder aufgeladenen Schmuck tragen oder aber die Energien eines bestimmten Aspekts auf einen Stein übertragen und dadurch eine nicht mehr erwünschte Situation auflösen oder heilen. So können Sie Ihr Erdendasein sowohl physisch wie auch emotional gesünder genießen.

Elixiere

Die Qualitäten eines Steins lassen sich auch in flüssiger Form einfangen. Ein mineralisches Wasserelixier ist vielfältig wirksam und ganz einfach herzustellen. Dazu brauchen Sie nur einen Glasbehälter und einen Edelstein oder Kristall mit den entsprechenden Eigenschaften. Für Wasser zum Segnen zum Beispiel wählen Sie einen der in Kapitel VIII unter dem Stichwort »Segnung« aufgeführten Steine aus, beispielsweise einen Achat, Amethyst oder Aquamarin. Legen Sie diesen Stein in einen – möglichst verschließbaren – Glasbehälter, füllen ihn dann mit destilliertem Wasser oder Mineralwasser auf und stellen ihn bis zu neun Tage (aber mindestens vierundzwanzig Stunden lang) in die Sonne. Das Wasser wird dabei die Eigenschaften des Steins absorbieren.

Der Vorgang ist ganz einfach. Besorgen Sie sich reines Wasser, den Stein, dessen Energien Sie nutzen möchten, und einen luftdicht schließenden Glasbehälter. Halten Sie den Stein in der rechten Hand, laden Sie ihn mithilfe der Visualisierungstechnik auf und projizieren in ihn den Zweck, dem das Elixier dienen soll. Legen Sie den Stein dann ins Wasser. Verschließen Sie das Gefäß und setzen Sie den Stein dem Sonnen- und/oder Mondlicht aus. Bei der Anzahl der Tage können Sie sich auch an der Numerologie orientieren. Lassen Sie den Stein beispielsweise vier Tage lang im Gefäß, gibt das dem Elixier die Energie der Zielsetzung, sechs Tage geben ihm Ausgewogenheit, ein Tag (vierundzwanzig Stunden) die Energie des Neuanfangs. Die Energie der Zahl Eins eignet sich auch gut für ein Elixier zum Segnen.

Die Verwendungsmöglichkeiten eines solchermaßen auf-geladenen Wassers sind nur von Ihrer Vorstellungskraft be-grenzt. Sie können es beispielsweise zum Aufbauen eines starken magischen Kreises benutzen, da Wasser eines der Elemente ist, mit dessen Hilfe Sie den Kreis versiegeln. Sie können etwas von diesem Elixier ins Wasser Ihres rituellen Bades geben, damit es den Reinigungsprozess unterstützt. Aber auch für ein ganz normales, nicht rituelles Bad lässt es sich verwenden. Wenn der Stein ungiftig ist, können Sie auch ein oder zwei Tropfen des Elixiers in Tees, Suppen oder sonstige Gerichte geben. Falls Sie abends nur schwer zur Ruhe kommen, können Sie mit einem geeigneten Stein, zum Beispiel einem Mondstein oder Selenit, ein entsprechendes Elixier herstellen. Fügen Sie regelmäßig ein paar Tropfen davon Ihrem Badewasser hinzu.

Solche Elixiere können für alle magischen Unternehmungen hergestellt und verwendet werden – zum Segnen, zum Heilen und für sonstige spezielle Zwecke. Wenn Sie zum Beispiel aus einem Peridot, Topas, Türkis oder einem anderen geeigneten Edelstein ein Amulett für Wohlstand herstellen, können Sie es zusätzlich mit einem Wohlstandselixier segnen. Dieses können Sie dann auch beim Zukleben der Umschläge verwenden, in denen Sie Ihre Rechnungen verschicken, um sie auf diese Weise zu segnen.

Pflege und Reinigung der Steine

Steine nehmen die Energie der Person in sich auf, mit der sie in Kontakt sind. Daher ist es wichtig, sie immer wieder von diesen Energien zu reinigen. Sonst wird ihre Aura so trübe wie die eines ungesunden Menschen und dann können sie uns nicht mehr ihre volle Unterstützung geben. Da das Heilen oder Arbeiten mit der Aura eines Menschen dem Stein oder Kristall Energie abziehen kann, ist es wesentlicher Bestandteil seiner Pflege, sich regelmäßig um ihn zu kümmern und ihn richtig zu reinigen. Dafür gibt es verschiedene Methoden. Hier sollen nun vier mit den Elementen von Erde, Wasser, Luft und Feuer verbundene Möglichkeiten vorgestellt werden.

Reinigung mithilfe des Erdelements: Stecken Sie den Stein in ein Säckchen aus Naturfasern, zum Beispiel Baumwolle oder Seide. Binden Sie das Säckchen an einen Stab. Graben Sie ein kleines Loch in die Erde, legen das Säckchen hinein, schütten das Loch wieder zu und stecken den Stab daneben. Lassen Sie den Stein mindestens vierundzwanzig Stunden in der Erde. Dadurch schwingt er sich wieder auf die natürliche Heilfähigkeit der Erde ein und wird von unerwünschter Energie gereinigt.

Reinigung mithilfe des Wasserelements: Stecken Sie einen kleinen Stab am Rande eines fließenden Gewässers in die Erde. Legen Sie den Stein in ein Stoffsäckchen und befestigen Sie es mit einem ausreichend langen Bindfaden oder einer Angelschnur an dem Stab, sodass das Säckchen sich im Wasser bewegen kann. Lassen Sie den Stein mindestens vierundzwanzig Stunden dort. Sie können ihn aber auch ins Wasser halten und dabei zu seiner Reinigung weißes Licht in ihn schicken. Ihre Intuition wird Ihnen sagen, wie lange Sie das tun sollen. Eine sehr stark reinigende Wirkung hat es auch, wenn Sie Edelsteine oder Kristalle in den Wellen des Ozeans baden. Wenn Sie gerade an kein natürliches Gewässer kommen können, halten Sie den Stein unter laufendes Leitungswasser. Der Sauberkeitsgrad des von Ihnen benutzten Wassers ist kein so wichtiger Faktor. Natürlich ist sauberes Wasser vorzuziehen, aber die Steine und Kristalle reagieren auf Ihre

Zuwendung und auf die Energie des Wassers. Die positive Energie wirkt sich stärker aus als irgendwelche Schadstoffe und Chemikalien in den Gewässern und ist der Vernachlässigung auf jeden Fall vorzuziehen.

Reinigung mithilfe des Luftelements: Entzünden Sie Räucherwerk, das Sie zuvor gesegnet haben. Halten Sie den Stein über den Rauch und schicken ihm dabei segnende Worte wie zum Beispiel: »Ich segne und reinige diesen Stein und widme ihn dem Licht und der Liebe der Göttin, zum Wohle aller.« Sie können den Stein auch über Nacht dem Licht des Vollmonds aussetzen.

Reinigung mithilfe des Feuerelements: Legen Sie den Stein in die Sonne, wo er von den Energien der Sonne gereinigt wird. Diese Form der Reinigung ist zu den Tagundnachtgleichen und Sonnenwenden am wirkungsvollsten.

Mit der Zeit werden Sie eine stärkere Beziehung zu Ihren Steinen entwickeln. Sie können Ihre gesammelten Steine morgens ins Badewasser legen. Lassen Sie einfach zu, dass sich die Energien der Steine mit Ihrer eigenen Energie verbinden. Sie können dabei alles, was Sie loslassen möchten, zum Beispiel Ärger oder mangelnde Bereitschaft zur Vergebung, ins Wasser entlassen und visualisieren, dass die negativen Energien mit dem abfließenden Wasser zur Reinigung in die Erde zurückkehren. Wenn Sie sich auf diese Weise mit den Steinen vertraut machen, werden Sie auch Ihr eigenes Chakrensystem mit all seinen Stärken und Schwächen besser verstehen lernen. Außerdem sind Sie dann täglich zu einer Zeit mit den Steinen in Kontakt, in der Sie sehr entspannt und für neue Erkenntnisse und Informationen überaus empfänglich sind.

Wenn Sie täglich mit den Steinen arbeiten, werden Sie auch lernen, wie man sie zum Heilen benutzt, wie empfänglich die verschiedenen Steine für Zauber sind und welche Steine sich gut für Ritualschmuck eignen, der Ihre Bestrebungen unterstützt. Ein Bad mit Steinen zu nehmen ähnelt außerdem der Herstellung eines Elixiers. Wenn Sie spüren lernen, wie sich die Energien des Wassers verändern, werden Sie allmählich den Unterschied zwischen normalem Wasser und einem Elixier wahrnehmen. Und wenn Sie Ihre Steine sehr gut kennen lernen, werden Sie auch den Charakter anderer Steine zunehmend stärker intuitiv erfühlen, ohne dazu ein Buch lesen zu müssen.

Bestimmen Sie anhand der Farbe eines Steins seinen Grundcharakter und dann verbringen Sie einfach Zeit mit ihm, meditieren mit ihm, lassen ihn zu sich sprechen. Zwischen den Farben der Steine und der Chakren besteht eine Verbindung. Die Farbe eines Steins ist ein Hinweis auf seinen Charakter. Wenn Sie die Chakren verstehen, hilft Ihnen das, auch den Charakter der Farben zu erfassen. Seien Sie empfänglich. Wie beim Kristallsehen sollten Sie vermeiden, Energie auszusenden, wenn Sie einen Stein verstehen wollen. Seien Sie ein Gefäß für Informationen und lassen Sie den Stein zu Ihnen sprechen.

Leitfaden für Edelsteine, Kristalle und Minerale

Hier folgt nun eine Auflistung bekannter Edelsteine, Mineralien und Metalle, jeweils mit einer kurzen Beschreibung ihres Wesens. Sie können Ihre Intuition auf hervorragende Weise überprüfen, wenn Sie einen Stein kaufen oder finden, ohne etwas über seine Eigenschaften zu wissen. Sie brauchen nicht einmal zu wissen, was für eine Art Edelstein oder Kristall es ist. Halten Sie den Stein in der Hand und untersuchen Sie ihn ganz genau. Notieren Sie die Gefühle und Wahrnehmungen, die Ihnen dabei kommen, und vergleichen Sie Ihre Notizen mit den Beschreibungen auf den folgenden Seiten. Wenn Sie dabei nicht ganz richtig liegen, heißt das aber nicht unbedingt, dass Ihre Wahrnehmungen und Eingebungen nicht richtig waren, da jeder individuelle Stein über seine eigenen Schwingungen und Eigenschaften verfügt.

Achat

Beschreibung: Achate weisen ein breites Farbspektrum auf. Man findet sie in roten, orangefarbenen, gelben, braunen, blauen und anderen Farbtönen; sie können einfarbig, gestreift oder gefleckt sein. Geschliffene Achate sind sehr beliebt, meist recht preiswert und aufgrund ihres häufigen Vorkommens leicht erhältlich.
Schlüsselworte: Beziehungen – mit Partnern, mit dem Selbst, mit anderen.

Mentale/spirituelle Ebene: Achate besitzen viele weise Wesenszüge. Am besten stimmen Sie sich meditativ auf einen bestimmten Achat ein, um festzustellen, wie er Ihrem Wachstum und Ihrer Weiterentwicklung dienen kann. Sehr gut ist es, einen solchen Stein in einer Hosen- oder Rocktasche nahe dem zweiten Chakra zu tragen, wo er Ärger und Zorn im Zusammenhang mit einer gescheiterten Liebesbeziehung oder einer anstrengenden Beziehung besänftigt. Ist der negative Aspekt des Zorns bereinigt, kann man vergeben und an die Stelle der Wut tritt die Erinnerung an die ursprüngliche Liebe. Wenn Sie einen Achat auf das zweite Chakra legen und sich auf die Heilung von Verletzungen in Beziehungen konzentrieren, wird er Blockaden im zweiten Chakra und in den damit verbundenen Organen lösen und den Vergebungsprozess einleiten. Vergebung wirkt ausgesprochen positiv, bevor man eine neue Beziehung eingeht, denn wenn alle Reste von Wut und Zorn im Zusammenhang mit der alten Verbindung beseitigt sind, wird mehr sexuelle Intimität mit dem neuen Partner möglich sein.

Achate können Sie auch darin unterstützen, sich für Ihre künstlerischen Talente zu öffnen, vor allem bei der Arbeit mit Ton, Holzschnitzerei oder einer anderen dreidimensionalen Kunstform.

Da diese Steine mit dem zweiten Chakra resonieren, sind sie hervorragend geeignet, um sich zu erden, zu segnen und vor einem Ritual zu reinigen.

Achate fördern die erfolgreiche Kommunikation, wenn es Botschaften zu senden und zu empfangen gilt. Deshalb sind sie wundervolle Helfer, wenn man auf der Suche nach einer Arbeitsstelle ist und Ängste verbannen und Selbstvertrauen und Zuversicht gewinnen will; ganz besonders, wenn man sich um eine Stelle in führender Position bemüht und Beliebtheit eine wesentliche Rolle spielt. Wenn Sie einen Achat bei sich tragen, wird er Sie in Ihrer mentalen Konzentration unterstützen, sodass Sie sich gut präsentieren können, vor allem bei einem Vorstellungsgespräch.

Achate können auch beim Aufgeben schlechter Gewohnheiten behilflich sein. Sehen Sie sich von dem jeweiligen Muster befreit und schicken Sie dieses Bild in den Stein. Lassen Sie ihn wissen, dass Sie von dieser Gewohnheit gerne frei wären und für jede Hilfe dankbar sind. Tragen Sie den Stein bei sich, damit Sie »Verstärkung« bekommen, wenn Sie den Drang verspüren, in das alte Muster zurückzufallen.

Achate fördern den analytischen Verstand und verhindern dadurch voreiliges Handeln. Deshalb eignen sie sich hervorragend als Begleiter, wenn es um persönliche Sicherheit und sicheres Reisen geht. Legen Sie einen Achat auf die Stelle Ihres zweiten Chakras. Konzentrieren Sie sich darauf, dass sich seine heilende Energie mit Ihrer Heilfähigkeit vermischt. Benutzen Sie eine Standardmethode zur Reinigung oder setzen Sie den Stein vierundzwanzig Stunden lang dem abnehmenden Mond aus, wenn er sich im Zeichen Zwillinge befindet.

Amethyst

Beschreibung: Der Amethyst ist ein Kristall, der das ganze Spektrum von Purpur- und Lavendel- bis hin zu Fliedertönen umfasst. Man kann ihn auch in geschliffener und polierter Form kaufen.

Schlüsselworte: Liebe, Wissen.

Mentale/spirituelle Ebene: Meditation mit einem Amethyst auf dem Dritten Auge besänftigt Ärger und Zorn, baut Stress ab und zeigt Ihnen die Gründe für den Zorn wie auch eine mögliche Lösung des Problems.

Amethyst eignet sich hervorragend zur Unterstützung des mentalen Fokus und der Aktivität des sechsten Chakras oder Dritten Auges, wie zum Beispiel für astrale Projektion, Divination, Intuition, mediale Fähigkeiten, Meditation, Träume. Er hilft auch, ein besseres Gespür dafür zu entwickeln, ob eine Information vom höheren Selbst oder von Geistführern, Musen oder astralen Lehrern kommt. Der Amethyst verleiht der Arbeit in diesem Bereich eine spirituelle Note, sodass man sich aus spirituellen Gründen entscheidet, diese Fähigkeiten zu vertiefen, statt sich damit zu »produzieren«, weil sie etwas Dramatisches an sich haben. Durch den Amethyst werden Sie begreifen, dass sich Fähigkeiten dieser Art nach und nach ganz natürlich entwickeln, wenn Sie sich erst einmal der Spiritualität und dem Geistigen öffnen.

Der Amethyst hilft Ihnen, alle Aspekte, Ursachen und Lektionen einer Sucht zu erkennen. Dazu zählt auch die Sucht nach Einsamkeit sowie die Lektionen, die daraus zu lernen sind. Der Amethyst hilft, negative Gedanken in Bezug auf sich selbst zu verstehen, die dafür sorgen, dass man unbewusst Abstand von der Liebe, von Beziehungen oder einer Ehe nimmt oder diese sabotiert.

Wenn Sie Ihr Zuhause oder Ihr Büro mit einem Amethyst segnen und energetisch reinigen, wird das eine friedliche und ruhige Atmosphäre schaffen. Wenn Sie mit einem Amethyst über eine schwierige oder anstrengende Situation meditieren, kann das helfen, die Gründe für diese Situation zu erkennen und zu begreifen, dass sie als ein Instrument spirituellen Lernens in Ihr Leben trat.

Wenn Sie einen Amethyst bei sich tragen, bietet er Ihnen ausgezeichneten Schutz vor emotionalem Stress, den andere in Ihren Bereich hineintragen. Ebenso unterstützt er Sie ganz hervorragend beim Visualisieren eines energetischen Schutzkreises, wenn Sie unerwünschte Wesenheiten verbannen und zum Licht führen wollen.

Amethyst lindert Kopfschmerzen und erleichtert das Einschlafen.

Hervorragende Resultate erhalten Sie, wenn Sie Energie in einen gereinigten Amethyst leiten, während sich der Mond in Wassermann befindet, um eine negative Beziehung zum Positiven zu wandeln. Visualisieren Sie das erwünschte Ergebnis, schicken Sie diese Energie in den Amethyst und tragen Sie ihn dann bei sich.

Sehr wirkungsvoll ist es auch, Energie in diesen Stein zu schicken, um zu einem Ende der Gewalt auf Erden beizutragen. Legen Sie den Amethyst auf Ihren Altar oder in einen geweihten Bereich und schicken Sie ihm Energie, die auf diese Absicht fokussiert ist.

Aquamarin

Beschreibung: Der Aquamarin ist von hellblauer bis blauweißer Farbe.

Schlüsselworte: Ruhige Kommunikation.

Mentale/spirituelle Ebene: Auf das Kehlkopf-Chakra gelegt, verhilft die friedvolle und beruhigende Botschaft des Aquamarins zu einer gelassenen Kommunikation, vor allem wenn bisher Wut und Zorn eine Verständigung verhinderten. Aquamarin hilft auch bei der mentalen Fokussierung und fördert die Intuition bei Gesprächen und anderen Verständigungsformen.

Als ein Stein von stiller und ruhiger Spiritualität unterstützt er Sie beim meditativen Empfangen von Botschaften, die Sie für Ihr spirituelles Wachstum brauchen. Dieses spirituelle Wachstum wird Ihnen Verständnis und Weisheit bringen, und das damit verbundene Wissen, dass Sie auf dem richtigen Weg sind, wird dafür sorgen, dass Sie sich glücklich und innerlich im Frieden fühlen.

Der Aquamarin ist ein hervorragender Stein, wenn es um Sicherheit geht, ganz besonders bei Reisen, die über Gewässer führen. Er empfiehlt sich nicht unbedingt für die astrale Projektion, aber er erleichtert das »Reisen« beim Meditieren.

Außerdem ist er ein guter Stein zum Segnen und Reinigen. Er wirkt besänftigend und mildert den Stress, wenn man versucht, eine schlechte Gewohnheit aufzugeben.

Weil dieser Stein so beruhigend wirkt und besonders mit der Kommunikation assoziiert ist, empfiehlt es sich, ihn am Arbeitsplatz bei sich zu tragen, vor allem bei Versammlungen, bei denen Sie vor Publikum sprechen. Er wird Sie beim Reden oder beim Leiten einer Versammlung unterstützen, sodass Ihre Botschaft auch richtig ankommt.

Legen Sie abends einen Aquamarin ins Badewasser, damit er Ihnen zu einem friedlichen und erholsamen Schlaf verhilft. Leichte Kopfschmerzen werden gelindert, wenn Sie einen Aquamarin auf das sechste Chakra legen.

Aventurin

Beschreibung: Ein wunderschöner Stein in verschiedenen Schattierungen von Kiefergrün.

Schlüsselworte: Stein des glücklichen Herzens.

Mentale/spirituelle Ebene: Auf das Herz-Chakra gelegt, schafft der Aventurin Raum für Glück, räumt Gefühle von Ärger und Wut aus und ersetzt sie durch echte Freude, die Sie zum Lächeln bringt! Der Aventurin eignet sich hervorragend zum Reinigen der Aura bei Problemen mit persönlichen Herzensangelegenheiten.

Lassen Sie den Aventurin Ihre Seele besänftigen, bevor Sie sich künstlerisch betätigen. Wenn Sie sich an einen »dunklen und düsteren Ort« tragen lassen, um kreativ zu sein, dann ist dieser Stein wahrscheinlich nichts für Sie; wenn Sie aber mit Licht und Helligkeit arbeiten, hilft er Ihnen, eine lichte Verspieltheit in Ihr Werk zu bringen.

Wenn Sie mit einem auf Ihr Herz-Chakra gelegten Aventurin meditieren, werden Ihnen möglicherweise persönliche Muster gezeigt, die zu Blockaden gegen Wohlstand in Form von Geld führen.

Da der Aventurin die Entwicklung eines »glücklichen Herzens« fördert, hilft er auch, wenn er nahe beim Herz-Chakra getragen wird, liebevolle und gleich gesinnte Menschen anzuziehen. Dabei geht es nicht darum, einfach nur viele Menschen um sich zu versammeln, sondern echte Freundschaften aufzubauen. Dadurch entsteht mehr Selbstvertrauen beim Umgang mit Menschen und mehr Vertrauen in die eigenen Führungsqualitäten. Gefühle von Einsamkeit lösen sich auf. Solch eine »Wahlfamilie« hilft außerdem Stress abzubauen.

Der Aventurin eignet sich sehr gut zum Heilen von Erkältungen, die sich im Brustbereich festgesetzt haben. Legen Sie den Stein auf Ihr Herz-Chakra, zur Verstärkung von sieben kleinen Kristallen umgeben, die mit der Spitze auf ihn weisen, und meditieren Sie. Visualisieren Sie dabei, wie Ihre Lungen frei werden, und atmen Sie heilendes grünes Licht ein.

Bergkristall

Beschreibung: Bergkristall ist ein flächenreicher, durchsichtiger Quarzkristall. Quarz oder Siliziumdioxid ist eines der wichtigsten gesteinsbildenden Minerale und der Hauptbestandteil von Sand.

Schlüsselwort: Das All.

Mentale/spirituelle Ebene: Wenn es Ihnen schwer fällt, Wut und Zorn unter Kontrolle zu halten, blicken Sie in einen Bergkristall und visualisieren, wie Sie Ruhe bewahren und mit Selbstvertrauen und Gelassenheit reagieren. Dadurch programmieren Sie den Kristall, Ihnen zu helfen, heiterer zu werden und gelassener auf Alltagsereignisse zu reagieren.

Der Bergkristall unterstützt ganz hervorragend Gebete oder Visualisierungen im Zusammenhang mit der Umweltverschmutzung und der Reinigung unserer Erde.

Dieser Stein ist vielseitig verwendbar und kann als Energieleiter zwischen zwei Steinen verwendet werden. Sie können zum Beispiel, wenn Sie einen Achat auf Ihr zweites und einen Zitrin auf Ihr drittes Chakra gelegt haben, einen Bergkristall, der an beiden Enden eine Spitze aufweist, dazwischen legen. Er wird dann helfen, die Energien der beiden Chakren zu verbinden.

Im Kontext mit dem Wurzel-Chakra ist der Bergkristall ein exzellenter Stein für Heilung, zur Besänftigung von Wut und Zorn, zum Aufbau von Selbstvertrauen und zur Beschwichtigung von Ängsten. Wenn er mit der Spitze nach unten weist, kann er Sie erden und Ihr erstes Chakra mit den Energien der Erde in Einklang bringen. Er kann Ihnen behilflich sein, die irdischen Bedingungen herzustellen, die Sie für das Anziehen von Geld brauchen. Er schenkt Schutz auf physischer Ebene und gibt Sicherheit beim Reisen. Das Erden des ersten Chakras befreit von dem Stress, der entsteht, wenn man versucht voranzustürmen und nicht im »Jetzt« zu leben.

Das Meditieren mit einem Bergkristall auf dem zweiten Chakra unterstützt die Fruchtbarkeit und die Reinigung von aller Negativität in Bezug auf die Fortpflanzungsorgane. Es hilft auch, im Kontext der Kreativität mit schlechten Gewohnheiten zu brechen. Wenn Sie Ihre Kreativität durch Missbrauch von Alkohol, Drogen, Zigaretten oder übermäßiges Essen unterdrücken und ersticken, hilft Ihnen das Meditieren mit einem Bergkristall auf dem zweiten Chakra, von diesen negativen Angewohnheiten zu lassen. Ebenso unterstützt es bei der Heilung von Beziehungen auf allen Ebenen und bei der Auflösung von sexuellen Blockaden.

Das Meditieren mit einem Bergkristall auf dem dritten

Chakra unterstützt bei beruflichem und persönlichem Wachstum, da es die Entfaltung der persönlichen Macht und Kraft fördert. Es wird Ihre Führungsqualitäten begünstigen, da Sie lernen, Ihrer Kraft Ausdruck zu geben, und die Verwirklichung Ihrer Vorstellungen von Wohlstand und Reichtum unterstützen. Außerdem hilft es Ihnen, andere Menschen zu finden, die Ihnen auf Ihrem Weg beistehen und dadurch zu Ihrem Erfolg und zum Gelingen Ihrer Unternehmungen beitragen. Wenn Sie in der Meditation jede Negativität aus dem dritten Chakra verbannen, kann dies Magenprobleme lindern.

Das Meditieren mit einem Bergkristall auf dem vierten Chakra unterstützt Sie darin, zu Ihrem persönlichen Glück und zur Selbstliebe zu finden, sodass sich Einsamkeitgefühle auflösen können. Es fördert außerdem Liebe, Ehe und Treue und hilft, negative Gefühle und Erwartungen aus alten, negativen Verbindungen zu verbannen. Das ermöglicht es Ihnen, Ihren Weg in Frieden fortzusetzen und sich für eine gesunde Beziehung zu öffnen. Sie werden gesünder und selbstsicherer, was auch Ihre Beliebtheit fördert. Durch Selbstliebe verbessert sich Ihr Selbstbild und dadurch werden Sie andere Menschen anziehen. Seien Sie also nicht überrascht, wenn Fremde freundlicher zu sein scheinen, nachdem Sie längere Zeit mit dem Bergkristall auf dem Herz-Chakra gearbeitet haben.

Das Meditieren mit einen Bergkristall auf dem fünften oder Kehlkopf-Chakra unterstützt bei der Kommunikation mit anderen und hilft, sich mental so zu fokussieren, dass Sie sich leichter verständlich machen können. Es fördert zudem die Fähigkeit, sich zu bedanken, sei es bei Freunden oder beim Göttlichen, und all jenen Dank zu übermitteln, die es am meisten brauchen.

Meditation mit einem Bergkristall auf dem sechsten Chakra fördert Hellsichtigkeit, Intuition, Medialität und Träume.

Dadurch können Sie sich stärker für die Begegnung mit Ihren Geistführern oder Lehrern (manche nennen sie auch Engel) öffnen und werden empfänglicher für Visionen. Es hilft Ihnen außerdem, die Bereiche und Chakren in Ihrem Körper zu erkennen, die der Heilung bedürfen, ob Sie nun bereits körperliche Symptome verspüren oder nicht. Wenn die Chakren geheilt sind, werden damit verbundene potenzielle oder bereits materialisierte Krankheiten verschwinden.

Die Meditation mit einem Bergkristall auf dem siebten Chakra lässt Sie das Segnen in seiner wahrsten Bedeutung verstehen. Segnen heißt, Ihre Energie in einen Gegenstand, einen Raum oder zu einer Person zu schicken, um diese mit dem Licht des Universums oder des Göttlichen zu erfüllen und alle Negativität aus ihnen zu verbannen. Der Bergkristall unterstützt die Reinigung, sei es durch das Segnen oder durch das Entfernen feindseliger oder negativer Energien. Außerdem fördert er die Öffnung des siebten Chakras für Spiritualität und für die Lektionen, die wir vom Universum und vom Gott und von der Göttin erhalten. Dadurch können wir beispielsweise erkennen, dass Gewalt Bestandteil unseres Lernprozesses hier auf der physischen Ebene ist. Alle Menschen, die in irgendeiner Form an Gewalt teilhaben, brauchen diese Lektion, um sie zu überwinden und die karmischen Konsequenzen durchzuarbeiten. Wenn wir lernen, die hinter der Gewalt stehenden Gründe zu akzeptieren, können wir dazu beitragen, sie durch die Macht der Liebe zu besänftigen. Denn wenn wir der Gewalt nicht durch Sorge oder Zorn zusätzlich Nahrung geben, kann sie auf der physischen Ebene nicht an Kraft gewinnen.

Beschreibung: Bernstein ist ein fossiles Harz in vielen gelben, braunen, orange-, rost- und kupferfarbenen Tönen.
Schlüsselworte: Fokus, Reinigung.
Mentale/spirituelle Ebene: Wenn man Bernstein in Form von Ohrringen oder Halsschmuck trägt, kann sich das günstig auf die oberen Chakren auswirken. Und wenn das sechste Chakra oder Dritte Auge gestärkt wird, verbessern sich auch das Konzentrationsvermögen und die medialen und divinatorischen Fähigkeiten. Das Tragen von Bernsteinohrringen empfiehlt sich sehr, wenn Sie ein Ritual durchführen, bei dem Sie weissagen oder Tarotkarten legen.

Bernstein ist hervorragend für Gebete oder Visualisierungen im Zusammenhang mit der Umweltverschmutzung und der Reinigung der Erde geeignet. Seine Energie hilft Ängste zu vertreiben und fördert die Erdung, wenn man unerwünschte Wesenheiten bannt.

Tragen Sie Bernstein auf Reisen bei sich, vor allem bei langen Autofahrten, damit Sie sicher reisen und die negativen Schwingungen abgemildert werden, die im engen Raum eines Autos aufkommen können.

Wenn Sie Bernstein bei sich tragen, werden Sie Schwierigkeiten mit Vorgesetzten oder Autoritätspersonen leichter verstehen. Durch dieses Verständnis und die Fähigkeit, eine Situation auch vom anderen Standpunkt aus zu betrachten, werden Sie »führend«, wenn es darum geht, Auseinandersetzungen mit schroffen Vorgesetzten beizulegen.

Was das zweite Chakra angeht, so kann Bernstein Sie in Ihrer Kreativität unterstützen und Schüchternheit in Bezug auf sexuelle Aktivitäten mindern.

Er eignet sich auch hervorragend zum Meditieren im Zusammenhang mit dem dritten Chakra, dem Solarplexus-Zentrum, wenn Sie durch Stress ausgelöste Magenprobleme bereinigen möchten.

Blauer Bandachat

Beschreibung: Der blaue Bandachat ist ein sehr schöner himmelblauer Stein mit milchig weißen, welligen Streifen.

Schlüsselworte: Kommunikation.

Mentale/spirituelle Ebene: Manchmal ist es ausgesprochen schwer, einer leidenden, trauernden oder kranken Person zu übermitteln, was man fühlt. Worte erscheinen dabei oft banal und bedeutungslos. Tragen Sie einen blauen Bandachat bei sich, wenn Sie Kraft brauchen, um einen Menschen zu trösten, ihm ein gewisses Maß an Ruhe und Frieden zu schenken oder ihm zu ermöglichen, sein Herz auszuschütten.

Blauer Bandachat öffnet den Kanal zu Ihren Geistführern und hilft Ihnen, zwischen Ihren eigenen Gedanken und denen Ihrer Führer und Lehrer zu unterscheiden. Die Öffnung dieses Kanals ermöglicht es Ihren Führern außerdem, sich besser auf Ihre intuitiven und medialen Fähigkeiten einzustellen.

Dieser Stein unterstützt zwar nicht direkt in Sachen Popularität, aber er kann helfen, die richtigen Dinge auf die richtige Art und Weise zu sagen. Er leitet dazu an, die Worte so zu wählen, dass niemand vor den Kopf gestoßen wird. So können Sie Ihre Freundschaften bewahren und weitere Freunde gewinnen. Er schenkt Selbstvertrauen und hilft, Kommunikationsprozesse sowie den Standpunkt anderer besser zu verstehen, sodass man sich besser verständlich machen kann.

Beim Meditieren bringt der blaue Bandachat die nährenden, weiblichen Aspekte in Ihnen zum Vorschein, sodass Sie sich dem Göttlichen näher fühlen und wissen, dass Alleinsein nicht unbedingt Einsamkeit bedeuten muss.

Dieser Stein unterstützt außerdem die mentale Fokussierung, vor allem jene Willensstärke, die nötig ist, wenn man mit schlechten mentalen Gewohnheiten brechen will. Dazu zählt auch das negative innere Selbstgespräch, zum Beispiel das »Ich kann nicht ...«, das uns in der persönlichen Weiterentwicklung behindert. Dieses gewohnheitsmäßige, negative innere Selbstgespräch ist eine Form von gestörter Kommunikation mit dem eigenen Selbst und der blaue Bandachat kann helfen, daran etwas zu verändern.

Wenn Sie Halsschmerzen haben, können Sie diesen Stein auf das fünfte Chakra legen und meditieren. Visualisieren Sie, wie mit der Luft, die Sie einatmen, linderndes Blau in Sie einströmt und die Entzündung heilt.

Wenn sich in diesem Stein negative Energien angesammelt haben, lässt er sich mit Wasser besonders gut reinigen. Lassen Sie einfach Wasser darüber rinnen, sodass die negative Energie in die Erde fließen kann und von ihr geheilt wird.

Blutstein

Beschreibung: Als Blutstein bezeichnet man eine Form des Jaspis mit grüner Farbe und roten Einsprengseln, die »durchzubluten« scheinen.

Schlüsselworte: Angst, verschwinde!

Mentale/spirituelle Ebene: Das einzig Unveränderliche im Leben ist die Tatsache, dass sich alles verändert. Der Blutstein hilft Ihnen zu erkennen, dass die aktuellen Veränderungen Ihrem persönlichen spirituellen Wachstum und Ihrer Entwicklung dienen. Er vertreibt die Angst, die manchmal mit Veränderungen oder dem Unbekannten einhergeht, und unterstützt darin, die notwendigen Schritte im Leben erfolgreich vorzunehmen. Außerdem hilft er, sich in Zeiten des Wandels zu erden; die rote Farbe im Stein unterstützt die Verbindung mit den heilenden Kräften der Erde und die grüne Farbe öffnet das Herz für diese Form des Heilens.

Der Blutstein verhilft zu mehr Sicherheit auf der Lebensreise, da er die emotionalen Schläge, die diese mit sich bringt, abmildert. Außerdem eignet er sich hervorragend für Gebete oder Visualisierungen im Zusammenhang mit der Umweltverschmutzung und der Reinigung der Erde.

Zum Abbau von Stress (vor allem, wenn dieser durch größere Veränderungen im Leben bewirkt ist) legen Sie sich hin und platzieren einen Blutstein zwischen den Fersen und einen weiteren oberhalb des Scheitels. Legen Sie direkt darüber einen Kristall, der mit der Spitze auf den Blutstein und Ihr siebtes Chakra weist. So können die heilenden Energien des Herz- und Wurzel-Chakras den ganzen Körper durchströmen, Sie beruhigen und Ihnen die Antworten zukommen lassen, die Sie brauchen, um die Stress verursachende Situation zu bereinigen.

Bornit, Buntkupferkies

Beschreibung: Ein Kupfererz mit schillernden Farben in verschiedenen Tönen von Türkis, Blau, Grün und Blaugrün, die an Pfauenfedern erinnern.

Schlüsselworte: Selbstbild.

Mentale/spirituelle Ebene: Bornit fördert ein positives Selbstbild. Wenn Sie ihn bei sich tragen, sorgt er nicht nur dafür, dass andere das Beste in Ihnen sehen, was wiederum Ihre Beliebtheit und Ihr Selbstwertgefühl steigert, sondern auch, dass Sie selbst die guten Eigenschaften an sich wahrnehmen, die Sie bislang übersehen haben. Wenn Sie mehr von sich überzeugt und dadurch auch besser gelaunt sind, eröffnen sich Ihnen neue Möglichkeiten zur Verwirklichung Ihrer persönlichen Vorstellungen von Erfolg.

Der Bornit ist zudem ein Glücksstein, der seine Kreativität vor allem dann entfaltet, wenn es darum geht, zur richtigen Zeit am richtigen Ort zu sein.

Bornit hilft Ihnen, sich mit dem Herzzentrum Ihrer Geistführer und Lehrer zu verbinden, wodurch Sie mehr über deren Persönlichkeit in Erfahrung bringen können.

Wenn Sie Stress abbauen wollen, legen Sie einen gereinigten Bornit vor sich auf den Tisch.

Nehmen Sie ein Blatt Papier und schreiben Sie alle Dinge auf, die in Ihrem Leben Stress verursachen. Halten Sie dann den Bornit in der linken Hand und das Blatt Papier in der rechten. Spüren Sie, wie der Bornit Ihnen die Energie schenkt, die Sie brauchen, um sich von dem Stress in Ihrem Leben zu befreien; lassen Sie diese Energie durch Ihren Körper in Ihre rechte Hand und dann in das Papier fließen. Visualisieren Sie, wie diese Energie alle Stressfaktoren reinigt und verwandelt. Falten Sie das Papier mehrmals, um die positive Energie an die Stresspunkte in Ihrem Leben zu »binden«, und stecken Sie es in einen kleinen Beutel, den Sie vergraben. Bitten Sie dabei die Erde, die negative Energie aufzunehmen und zu reinigen.

Calcit

Beschreibung: In der Regel klares, weißes Mineral, das es aber auch in vielfältigen Schattierungen von Rot- und Gelb- bis hin zu Blautönen gibt.

Schlüsselworte: Spirituelles Gewahrsein.

Mentale/spirituelle Ebene: Der Calcit ist ein höchst spiritueller Stein, der Ihnen hilft, sich Ihre verborgenen Talente bewusst zu machen. Wird zum Herstellen des rituellen Kreises ein Calcit verwendet, lassen sich die unterstützenden Energien der anwesenden Kräfte leichter wahrnehmen. Das wiederum sind gute Bedingungen, um sich im Verlauf des Rituals dem Weissagen zu widmen.

Der *weiße Calcit* unterstützt bei astraler Projektion und medialen Bestrebungen. Er hilft Ihnen, wenn Sie sich um ein höheres spirituelles Gewahrsein bemühen oder aufrichtig Dank sagen möchten. Er ermöglicht Einsichten in die Ursachen für negative Situationen in Ihrem Leben und schenkt die nötige Weisheit für den Umgang damit. Er kann auch zum Segnen und Reinigen Ihres Heims und zum Bannen unerwünschter Wesenheiten oder Energien verwendet werden.

Der *blaue Calcit* steigert die Intuition und hilft Ihnen, zu tieferen Ebenen der Meditation zu gelangen und sich Ihrer Geistführer, Musen oder Lehrer gewahr zu werden. Er vertreibt Negativität aus seinem Umfeld und schenkt ein Gefühl von Ruhe und Frieden. Das wiederum trägt zum Abbau von Stress bei. Der *grüne Calcit* sorgt für friedliche Träume während des Schlafs. Wenn er entsprechend programmiert wird, schickt er auch bedeutungsvolle Träume mit Botschaften, wie Sie Probleme in Ihrem Leben lösen können. Er leistet außerdem hervorragende Dienste, wenn Sie schlechte Essgewohnheiten abstellen möchten, da er auf den inneren Aspekt wirkt, der nach Essen verlangt, um sich zu trösten.

Der *orangefarbene Calcit* bringt Ihr künstlerisches Wesen zum Vorschein.

Der *rote Calcit* gibt Ihnen ein stärkeres Bewusstsein Ihrer Verbindung zur Erde, was mehr persönliche Sicherheit schafft und auch Sicherheit beim Reisen gewährt.

Alle Calcite unterstützen auf hervorragende Weise Gebete oder Visualisierungen im Zusammenhang mit der Umweltverschmutzung und der Reinigung unserer Erde. Sie können verschiedenfarbige Calcite auf die mit der jeweiligen Farbe korrespondierenden Chakren legen, um Heilmeditationen für die entsprechenden Organe oder Bereiche zu verstärken.

Beschreibung: Ein Mineral mit einer ganzen Palette an Farben, wobei Weiß (durchsichtig) die bekannteste ist.

Schlüsselwort: Liebe.

Mentale/spirituelle Ebene: Der Diamant ist ein Stein kosmischer oder universeller Liebe, da er Angst (das Gegenteil von Liebe) in Verstehen und Negativität in Weisheit verwandelt und Frieden in jeder Situation schaffen kann. Legen Sie einen Diamanten auf Ihr siebtes Chakra und visualisieren Sie in der Meditation, wie Sie eine »negative« Situation segnen und reinigen. Vergegenwärtigen Sie sich, dass Sie Macht über die Situation haben und dass jede Situation, der Sie begegnen, von Ihnen selbst kreiert wurde, um Ihr Bewusstsein zu erweitern und sich spirituell zu entwickeln. Wenn der Diamant auf das siebte Chakra ausgerichtet ist, kann er auch helfen, die wahren Ursachen für Ärger und Zorn in einer bestimmten Situation zu erkennen.

Ein Diamant wirkt sich auf alle Chakren positiv aus und ist besonders hilfreich für die Verbindung von sechstem und siebtem Chakra. Er hilft erkennen, dass mediale Fähigkeiten, astrale Projektion, Divination und Heilen in Wahrheit immer Geschenke des Universums an uns sind. Wenn wir etwas anderes glauben, ist unser Ego am Wirken.

Ein Diamant gibt Sicherheit und Schutz, wenn Sie Ihr Heim von unerwünschten Wesenheiten befreien wollen.

Er ist ein Stein der Neuanfänge und kann Ihnen Zuversicht und Erfolg für eine neue Unternehmung oder Arbeitsstelle schenken. Er hilft Ihnen, Führungsqualitäten zu entfalten, wenn Sie gerade eine leitende Position angenommen haben und darin noch unerfahren sind. Auch hilft er dabei, erfolgreich Geld und Wohlstand anzuziehen.

Kreativität entspringt der rechten Gehirnhälfte, mentales

Fokussieren der linken. Der Diamant fördert die Bereitschaft beider Gehirnhälften, sich miteinander zu verständigen. Und nur wenn beide Gehirnhälften zusammenarbeiten, können Sie kreative Unternehmungen diszipliniert und fokussiert durchführen.

Ein Diamant wird Sie in der Erkenntnis unterstützen, dass Einsamkeit die Folge Ihrer persönlichen Entfremdung von der göttlichen, universellen Energie ist, dass Alleinsein nicht unbedingt bedeuten muss, einsam zu sein, und dass persönliches Glück auch im Alleinsein möglich ist. Unsere Fähigkeit, uns selbst zu lieben, steht in direktem Verhältnis zu unserer Fähigkeit, andere zu lieben. Der Diamant lehrt uns, dass wir unsere Fähigkeit zur Selbstliebe voll entfallen müssen, um für neue Beziehungen offen zu werden, seien es nun Partnerschaften oder Freundschaften mit Menschen von gleicher Wellenlänge. Er unterstützt uns, jene alten Muster in uns ausfindig zu machen, die unsere Beziehung zu uns selbst, zu anderen und zum Universum begrenzen, und öffnet uns somit für neue Möglichkeiten. Deshalb eignet er sich so hervorragend für romantische Liebesbeziehungen und die Ehe. Wenn Sie die Energie der Fruchtbarkeit anziehen möchten, kann er aufgrund seiner Affinität zu »Kreativität« und »Anfangsenergie« helfen, die Schicksalsgöttinnen wohlwollend zu stimmen.

Wenn ein geliebter Mensch zu einer Reise aufbricht und wenn er einen Diamanten besitzt, dann visualisieren Sie seine sichere Rückkehr und projizieren dieses Bild in den Diamanten, um sicherzustellen, dass er wohlbehalten zurückkommt.

Zur Linderung von Spannungskopfschmerzen halten Sie einen Diamanten an das sechste Chakra und visualisieren weißes Licht, das in Ihren Kopf einströmt und allen Schmerz auslöscht.

Beschreibung: Unter einer Druse versteht man einen runden oder ovalen Hohlraum in einem Gestein, dessen Wände mit kristallisierten Mineralien bedeckt sind. Die Kristalle bilden sich, wenn Wasser einsickert und die Mineralien sich ablagern. Drusen oder Geoden, auch Mandelsteine genannt, werden oft als vollständige Steine verkauft, die man selbst aufbrechen kann, um die Kristalle darin zu entdecken.

Schlüsselwort: Verständnis.

Mentale/spirituelle Ebene: Die Druse oder Geode bringt Energien der Veränderung und damit Wachstumsenergien mit sich. Dieser Stein unterstützt Sie, wenn Sie Gewohnheiten durchbrechen oder negative Dinge aufgeben möchten, die Ihrem Wachstum nicht länger dienlich sind, weil Sie die damit verbundenen Lektionen gelernt haben, die Gewohnheiten aber noch haften geblieben sind. Wenn Sie die Lektion auf der intellektuellen Ebene aufgenommen haben, wird die Druse Ihnen helfen, sie auch auf der Herzebene zu begreifen. Ein Beispiel: Wenn Sie wissen, dass Rauchen schlecht für Ihre Gesundheit ist, ist das eine Erkenntnis auf intellektueller Ebene. Wenn Sie aber wissen, dass Rauchen schlecht für Ihre Gesundheit ist, weil es Ihre Seele am Wachstum hindert und eine Missachtung Ihres Körpers darstellt, dann ist das eine Einsicht auf der Herzebene.

Der Achat unterstützt den analytischen Verstand. Die Druse führt diese analytische Fähigkeit einen Schritt weiter und hilft Ihnen, die Dinge auf vielen verschiedenen Ebenen zu begreifen. Sie führt zur Kombination von analytischen Fähigkeiten mit Intuition und Weisheit, eine Verbindung, die beim Meditieren Visionen oder Bilder von großartiger Symbolik mit sich bringen kann. Stellen Sie sich vor, wie sich die kristallinen Strukturen in einer Druse wechselseitig reflektieren. Aus ebenso vielen Richtungen und auf ebenso vielen verschiedenen Ebenen werden Ihnen Antworten auf Ihre Fragen zuteil. Diese Form von Reflexion ermöglicht spirituellen Fortschritt und Erfolg.

Die Druse trägt auch die weise Erkenntnis in sich, dass es Wohlstand nicht nur auf materieller Ebene gibt, sondern auch in Form von Familie, Freunden, netten Kollegen, liebevollen Haustieren oder Begabungen und Talenten. Die Druse lehrt Sie, diese Formen von Reichtum dankbar zu würdigen, sodass Sie weniger unter Geldmangel leiden werden.

Da die Druse eine bessere Verständigung zwischen den beiden Gehirnhälften unterstützt (die Verbindung von Intuition und logischem Verstand), empfiehlt sich in diesem Zusammenhang eine exzellente Übung. Legen Sie sich hin, mit einer Druse auf dem Dritten Auge. Visualisieren Sie Ihr Kopfinneres als leeren Raum. Stellen Sie eine Frage und beobachten Sie, wie Sie die Frage in Ihrem Kopf »hören«. Das ist fokussiertes Denken. Beobachten Sie, wie Sie nun Gedanken »hören«, die auf diese eine Frage hin aus vielen Richtungen in Ihrem Kopfinnern kommen, ähnlich einer Billardkugel, die Sie angestoßen haben und die nun viele Male an die Bande des Billardtischs stößt. Damit ahmen Sie die Lichtbrechungseigenschaften einer Druse nach. Sie werden über die »neuen« Antworten auf Ihre Frage überrascht sein.

Weitere Informationen finden Sie unter Achat, da beide vergleichbare Energien aufweisen.

Fossilien

Beschreibung: Fossilien sind Überreste von Tieren oder Pflanzen, die sich in Kalkstein, Sandstein oder Schiefer sowie als Einschlüsse in Bernstein, Teer, Eis oder im Dauerfrostboden erhalten haben.

Schlüsselwort: Vollendung.

Mentale/spirituelle Ebene: Keines der Stichworte in Kapitel VIII bezieht sich direkt auf die spezielle Fähigkeit von Fossilien, nämlich die Fähigkeit, die Vollendung zu unterstützen. Da es sich bei ihnen um Tiere oder Pflanzen handelt, die möglicherweise vorzeitig zu Tode kamen, tragen sie die Energie des Lebenskampfes in sich. Das Fossil steht für den Zyklus des Lebens. Der Kampf ums Leben weicht einer Heilung durch die Energien der Erde und kommt dann wieder als neue fossilisierte Struktur zum Vorschein, was Ausdruck von Vollendung ist. Daher kann das Fossil beim Verstehen und Akzeptieren helfen, wenn ein Kapitel im Leben vor dem Abschluss und der Heilung steht, vielleicht eine Beziehung oder ein Job. Ist dieses Kapitel oder Thema in Ihrem Geist und Herzen noch nicht vollständig verarbeitet und verdaut, kann das Fossil helfen, den wichtigen Prozess der Vergebung zu Ende zu bringen. Pflanzenfossilien haben eine beruhigende, weibliche Heilenergie, Tierfossilien dagegen eine männliche, aktive Heilenergie.

Glimmer

Beschreibung: Es gibt verschiedene Glimmerarten, die alle dünne, blättrig-tafelige Kristalle ausbilden. Ihre Farbe hängt vom jeweils vorliegenden Mineral ab.

Schlüsselwort: Selbsterkenntnis.

Mentale/spirituelle Ebene: Glimmer ist ein reflektierender Stein. Er hilft uns, uns selbst besser zu verstehen und uns zurückzuspiegeln, was wir nach außen senden. Dadurch können wir besser begreifen, was wir aussenden. Glimmer eignet sich gut zum Erden und zum Bannen von Angst sowie für die Reinigung von allem, was nicht länger nötig ist. Glimmer hilft außerdem beim Träumen. Wenn Sie diesen Stein bewusst dazu programmieren, werden Ihre Träume Sie über sich selbst belehren und Ihnen helfen, sich selbst besser zu verstehen.

Meditieren mit Glimmer hilft zu bestimmen, welche Art von Partner wir uns für eine Liebesbeziehung oder Ehe wünschen. Können wir unsere Bedürfnisse definieren, hilft uns das, genau den Menschen anzuziehen, den wir brauchen.

Die reflektierenden Eigenschaften des Glimmers lassen uns auch intuitiv wissen, ob die Liebe, die wir angezogen haben, die richtige für unser Wachstum und Wohlsein ist. Da uns der Glimmer auf vielen Ebenen heilen kann, sind wir frei, spirituelle Lektionen, wenn sie auf uns zukommen, auf pragmatischere Weise zu erlernen, statt die Ereignisse in unserem Leben als emotionales Geschehen zu durchleben.

Gold

Beschreibung: Gold ist ein leuchtend gelbes oder goldenes Metall von starkem Glanz.
Schlüsselworte: Selbstvertrauen und Zuversicht.
Mentale/spirituelle Ebene: Gold ist mit dem Tierkreiszeichen Löwe und dem dritten Chakra verbunden. Statt unter einem Löwe-Mond Magie in Sachen Selbstvertrauen, Zuversicht, Führerschaft, Macht und Erfolg zu wirken, kann man auch eine meditative Beziehung zum Gold herstellen, um entsprechende Resultate zu erzielen. Doch seien Sie vorsichtig, denn Gold ist ein anspruchsvoller Lehrer und seine Lektionen können manchmal schwierig sein.

Gold ist mit Erfolg auf der materiellen Ebene verbunden und deshalb mit materiellem und monetärem Gewinn assoziiert.
Wenn Sie bei einem Vorstellungsgespräch aufgeladenes Gold tragen, steigert das Ihre Chancen auf die Anstellung, falls sie

stimmig für Sie ist. Gold verhilft Ihnen auch zu Einsichten in Ihre Blockaden bei der Arbeitssuche sowie in deren Sinn und Zweck. Da dieses Metall beim mentalen Fokussieren unterstützt und viel Löwe-Energie schenkt, bietet es sich als hervorragendes Hilfsmittel an, wenn Sie sich bei einem zukünftigen Arbeitgeber gut »verkaufen« müssen.

Wenn Sie Probleme im Bereich Liebe und Ehe haben oder Mangel verspüren, hilft Gold die Gründe dafür zu verstehen. Es wird Ihnen den Mut schenken, auf der Suche nach Liebe neue Wege zu beschreiten, Wege, die Sie bisher nicht in Betracht gezogen hatten. Wenn Sie eine von Gewalttätigkeit geprägte Beziehung hinter sich haben, hilft Gold, zu einer gewaltfreien Beziehung zu finden, da es Selbstliebe lehrt.

Es heißt, dass man Glück nicht mit Gold kaufen kann, aber die Energieschwingung von Gold ist tatsächlich von Glück und Dankbarkeit bestimmt. Gold macht Sie dankbar für alle Lektionen, die Ihnen das Universum zukommen ließ, um Sie zu einem besseren Menschen zu machen. Dadurch entsteht das innere Glücksgefühl, das sich einstellt, wenn man mit seinem Leben zufrieden ist. Gold lehrt auch die Weisheit, mit dem glücklich und zufrieden zu sein, was man hat, sodass man nicht unter den Dingen zu leiden braucht, die man nicht hat.

Tragen Sie Gold, um sicher zu reisen – aber tragen Sie es nicht allzu sichtbar in Gegenden, in denen das gefährlich ist! Gold ist ein hervorragendes Metall zum Meditieren auf das dritte Chakra (Macht-Zentrum). Da das Phänomen persönlicher Macht oft missverstanden wird und sie in unserer patriarchalen Gesellschaft zuweilen auch aus dem Gleichgewicht gerät, empfiehlt es sich, Gold auf das dritte Chakra zu legen und zu meditieren, um persönliche Macht und den Unterschied zwischen gesunder und ungesunder persönlicher Macht besser zu verstehen. Legen Sie dann das Gold auf das

Herz-Chakra, um die Energien des Macht-Zentrums dorthin zu verlagern. Werden Sie sich der Kraft bewusst, die Sie dort spüren. Konzentrieren Sie sich auf eine Situation, in der Sie einen Mangel an Macht empfinden, und beobachten Sie, welche Gedanken Ihnen kommen, wenn Ihre Macht im Herzen zentriert ist.

Granat

Beschreibung: Granate gibt es in vielfältigen Farben. Am bekanntesten und beliebtesten ist der rote Granat, aber es gibt ihn auch in einer Anzahl von Braun-, Gelb- und Grüntönen und er kann sowohl durchsichtig als auch vollständig schwarz sein.

Schlüsselworte: Gesunde Beziehungen.

Mentale/spirituelle Ebene: Der Granat hilft Negativität und Ängste verbannen, wenn es um Liebe, Beziehungen und Ehe geht. Wenn Sie bisher schlechte Erfahrungen mit Beziehungen gemacht haben, hilft er Ihnen eine gute Beziehung zu erkennen und unterstützt Sie darin, intuitiv eine gesunde Beziehung zu finden. Auf diese Weise können Sie Glück in einer Beziehung finden und erkennen, dass man nicht nur aus Leid und Kummer, sondern auch aus der Freude lernen kann. Wenn eine Beziehung auch nicht dazu da ist, Einsamkeit aufzulösen – denn man kann sich immer nur selbst aus der Einsamkeit erlösen –, hilft der Granat doch, einen gleich gesinnten Partner zu finden, und das mildert diese Form von Einsamkeit. Aus spiritueller Sicht gesehen, hilft der Granat auch beim Klären und Reinigen innerer Energien, sodass Sie das Göttliche im Partner erkennen können, und zwar auch in Stress- oder Angstmomenten einer Beziehung.

Wenn Sie sich gegenwärtig in einer Beziehung befinden, die Sie als negativ wahrnehmen, wird Ihnen der Granat helfen, die Ursachen dieser ungesunden Beziehung aufzudecken und zu erkennen, dass Sie Ihren Teil an Verantwortung dafür übernehmen müssen.

Der Granat unterstützt zudem sexuelle Treue, sodass es zu einer heilsamen Verbindung von zwei Menschen kommt, statt dass Sex als Manipulationsinstrument missbraucht wird. Und weil der Granat eine gesunde sexuelle Beziehung unterstützt, kann er auch helfen, metaphysische Blockaden aufzulösen, die möglicherweise einer erwünschten Schwangerschaft im Wege stehen.

Der Granat fördert das Selbstvertrauen und die Zuversicht in jeder Angelegenheit und wirkt sich vor allem in Situationen positiv aus, in denen es um Führerschaft geht.

Was Geld und Wohlstand anbelangt, so hilft der Granat den Stress im Zusammenhang mit Geldmangel abzubauen. Und ohne diesen Stress ist es leichter, den Wohlstand zu visualisieren, den Sie verdienen.

Außerdem ist der Granat ein fabelhafter Stein zum Wiederbeleben oder Wiederherstellen alter Freundschaften. Visualisieren Sie, wie die Freundschaft neue Wurzeln schlägt, und laden Sie den Stein mit dieser Absicht auf. Visualisieren Sie, wie Ihre Kontaktaufnahme ein Lächeln hervorruft, nehmen Sie dann Kontakt auf und Sie werden feststellen, dass der andere sehr empfänglich für Sie ist. Ist der Kontakt hergestellt, reinigen Sie den Stein, wenn Sie den Vorgang wiederholen möchten.

Der Granat unterstützt bei der Entwicklung persönlicher Talente, ob es nun um künstlerische, soziale oder wirtschaftliche Begabungen oder um Talente anderer Art geht. Mit anderen Worten, der Granat wird das fördern, was Sie am besten tun.

Weiterhin unterstützt er Gebete oder Visualisierungen im Zusammenhang mit der Reinigung unserer Erde wie auch das

Bemühen, der Gewalt auf Erden Einhalt zu gebieten, und das Eintreten für den Weltfrieden.

Bei Rückenproblemen projizieren Sie zur Unterstützung der Heilung Energie in einige kleine polierte Granate. Legen Sie sich dann zusammen mit diesen Steinen in eine Badewanne mit sehr warmem Wasser. Meditieren und visualisieren Sie, während Sie sich darin entspannen, wie die Steine die negative Energie aus Ihrem Rücken ziehen, wie ganze Ströme negativer Energie Ihren Körper verlassen und in die Steine übergehen. Wenn Sie die Visualisierung und das Bad beendet haben, stecken Sie die Granate in einen kleinen Stoffbeutel und begraben sie zur Reinigung mindestens sieben Tage lang in der Erde.

Hämatit

Beschreibung: Hämatit ist ein glattes, glänzendes, silberfarbenes Mineral von großer Dichte.

Schlüsselworte: Ruhe, Einklang mit sich selbst.

Mentale/spirituelle Ebene: Der Hämatit lehrt inneren Einklang und schenkt die Einsicht, dass Sie in Anbetracht Ihrer Lebensumstände, Ihres Wissensstands und Ihrer Fähigkeiten, mit einer gegebenen Situation umzugehen, stets Ihr Bestes tun. Wenn Sie lernen, sich selbst zu akzeptieren, und erkennen, dass wir alle unser Bestmögliches tun, werden alle inneren Konflikte einer wunderbaren Harmonie weichen. Und wenn Sie Ihre Vergangenheit aufarbeiten möchten, kann der Hämatit auf sanfte Weise alle alten Gefühle von Zorn und Ärger sich selbst oder anderen gegenüber an die Oberfläche bringen. Deshalb ist er ein ausgezeichneter Helfer beim Heilen der Vergangenheit.

Ebenso fabelhaft eignet er sich zum Erden. Wenn Sie ihn in einer Hosentasche nahe dem Wurzel-Chakra bei sich tragen, kann das bereits zu einer unmittelbaren, starken Erdung führen. Das hilft Ihnen, im »Jetzt« zu bleiben, statt sich in der Vergangenheit oder Zukunft aufzuhalten. Dadurch werden Ängste in Bezug auf künftige oder vergangene Ereignisse verbannt und der Stress vermindert. Da die Zukunft nicht in der Gegenwart existiert, lehrt der Hämatit, dass Sie die Angst nicht in Ihre Gedankenwelt einzulassen brauchen, wo sie nur Sorgen verursacht über etwas, das noch gar nicht real ist.

Tragen Sie diesen Stein bei sich, damit er Sie in Stresssituationen beruhigt, Negativität vertreibt und vor Negativem in der Umwelt beschützt. Wenn Sie den Hämatit in einen Bereich mit negativen Schwingungen legen, reinigt er ihn. Vergessen Sie nicht, ihn anschließend ebenfalls zu reinigen, da er Energie so rasch absorbiert, wie ein Schwamm Wasser aufsaugt.

Wenn Sie negative emotionale Gewohnheiten wie zum Beispiel Wutausbrüche oder Abwehrmechanismen wie den Sarkasmus überwinden möchten, wird Sie der Hämatit stets sanft an Ihre Absicht erinnern. Auch fördert er Gruppenmeditationen mit dem Ziel, der Gewalt in der Welt ein Ende zu setzen. Dafür sollte die Gruppe ihre Energie in dem Stein fokussieren.

Er unterstützt Sie außerdem darin, eine Liebe in Ihr Leben zu ziehen, die zu einer Ehe führen könnte. Wenn Treue in Ihren bisherigen Beziehungen ein Problem war, wird der Hämatit Ihnen helfen, einen Partner zu finden, der der Beziehung treu bleibt.

Wie der Hämatit Ihnen hilft, sich selbst besser verstehen und wertschätzen zu lernen, so hilft er Ihnen auch, andere intuitiv zu verstehen. Wenn Sie sich in eine Situation begeben, in der Sie andere verstehen möchten, zum Beispiel ein geschäftliches Treffen oder ein Seminar, bei dem Sie lehren oder Informationen weitergeben, dann laden Sie einen Hämatit mit einer entsprechenden Vorstellung auf. Das ist eine sehr starke Technik, bei der es passieren kann, dass Sie den Verständigungsprozess vorab vor sich sehen und dann so etwas wie ein Déjà-vu-Erlebnis haben, wenn sich die Visualisierung tatsächlich manifestiert.

Herkimer-Diamant

Beschreibung: Der Herkimer-Diamant ist ein unglaublich klarer Quarzkristall, der dem Diamant ähnelt.
Schlüsselworte: Der Kristall der Suchenden.
Mentale/spirituelle Ebene: Der Herkimer-Diamant unterstützt beim Meditieren, wenn Sie ganz bewusst Antworten auf Lebensprobleme finden möchten. Fragen in Bezug auf Ihr eigenes Handeln oder Lebensentscheidungen werden besonders effektiv beantwortet.

Soll Ihnen dieser Stein bei der Beantwortung von Fragen helfen, die Ihre Handlungsweise oder Lebensentscheidungen betreffen, dann legen Sie sich hin und platzieren den Herkimer-Diamanten auf Ihr Drittes Auge. Atmen Sie langsam ein und visualisieren Sie, wie die Energie des Kristalls durch Ihr Drittes Auge fließt und in Ihr Gehirn einströmt, genauer gesagt, in Ihre Gedankenmuster. Wenn Sie seine Energie dort fühlen, visualisieren Sie die entsprechende Situation in ihrer Gesamtheit. Fragen Sie: »Warum?« Als Antwort könnte zum Beispiel eine Person auftauchen, die in diesem Zusammenhang eine wichtige Rolle spielt, sei es, dass die Beziehung zu ihr geheilt werden muss (Vergebung) oder dass Sie lernen müssen, loszulassen (Akzeptieren). In beiden Fällen handelt es sich um eine starke Lektion.

Wenn Sie den Herkimer-Diamanten einfach nur bei sich tragen, fungiert er als allgemeiner Glücksbringer.

Jade

Beschreibung: Die Farbpalette von Jade reicht von Dunkelgrün bis zu ganz blassem Elfenbein.

Schlüsselwort: Träume.

Mentale/spirituelle Ebene: Jade kann Ihnen helfen, in Träumen Antwort auf die Frage zu erhalten, wie Sie Wut und Zorn besänftigen oder auflösen können oder woher der Zorn kommt. Sie können einen Jadestein aufladen, damit er Sie in der medialen Arbeit mit Träumen unterstützt, sei es, dass Sie intuitiver werden, dass Ihnen in Träumen Antworten zuteil werden, dass Ihre Geistführer, Musen und Lehrer zu Ihnen kommen oder dass Sie einen Blick in die Zukunft werfen dürfen. Sie können zudem Visualisierungen im Alpha-Zustand einsetzen, um mithilfe der Jade Ihre Träume voll und ganz zu verstehen.

Träume geben uns die Möglichkeit, Probleme durchzuarbeiten, die untertags entstanden sind. Sie räumen unserem Geist Zeit für freie Aktivität ein, damit er diese Probleme sortieren, kategorisieren oder lösen kann. Sie können einen Jadestein dazu programmieren, dass er Ihnen hilft, diese Prozesse zu verstehen. Gehen Sie in den Alpha-Zustand und lassen Sie sich dabei von der Jade unterstützen, ob es nun um Kreativität geht, um die Verbannung von Negativität oder Einsamkeit aus Ihrem Leben oder um die Themenbereiche Liebe und Partnerschaft. Der Alpha-Zustand im Verein mit Jade kann Ihnen helfen, Antworten in Bezug auf jeden Aspekt Ihres Lebens zu finden und schließlich jedes Problem zu lösen.

Wenn Sie die Zeit des Schlafens mit solchen Techniken besser nutzen, werden Sie auch in Ihrem persönlichen Leben davon profitieren, allmählich friedlicher werden und sich weniger unter Stress fühlen. Natürlich trägt dazu auch schon allein ein erholsamer Schlaf bei.

Jade hilft Ihnen, mit dem medialen Aspekt Ihres Selbst zu arbeiten, und lässt Sie verstehen, dass das Mediale mit dem spirituellen Aspekt Ihres Selbst verknüpft ist.

Jade kann allein schon durch ihre Präsenz einen Raum reinigen. Sie können sie zum Segnen eines Bereichs verwenden, sei es nun Ihr Auto, Büro oder ein Zimmer in Ihrem Haus oder Ihrer Wohnung.

Dieser Stein eignet sich hervorragend, um Gewalttätigkeit oder Ärger und Zorn im eigenen Heim aufzulösen. Gibt es zum Beispiel zwei Parteien, die im Streit miteinander liegen, dann laden Sie zwei Jadesteine so auf, dass sie die gleiche Energieschwingung haben. Halten Sie beide Steine in der Hand, visualisieren Sie, wie sich die beiden betreffenden Personen versöhnen, und legen Sie dann jeweils einen Stein unter deren Kopfkissen. Beiden wird dann eine Lösung für ihr Problem einfallen, sie werden einander vergeben und Harmonie wird sich einstellen.

Jaspis

Beschreibung: Jaspis weist eine große Bandbreite von Farben auf. Sibirischer Jaspis hat rote und grüne Streifen. Ägyptischer Jaspis findet sich in gelben bis hin zu braunen Farbtönen.
Schlüsselworte: Selbstvertrauen und Zuversicht.
Mentale/spirituelle Ebene: Der Jaspis hat die Fähigkeit, in jeder Situation Selbstvertrauen und Zuversicht zu schenken. Deshalb kann er bei der Verfolgung persönlicher Ziele Ängste vertreiben und das Vorankommen fördern.

Dieser Stein unterstützt außerdem Treue in einer Ehe oder Beziehung. Und er ist ein hervorragender Helfer, wenn es um Fruchtbarkeit geht, sei es nun in Form von finanziellem Gewinn, von Ideen oder irgendeinem anderen Bereich, in dem etwas Neues geboren werden soll.

Da der Jaspis beim Erreichen von Zielen hilft, empfiehlt es sich, einen solchen Stein für ein bestimmtes Ziel aufzuladen und dann bei sich zu tragen. Wenn Sie zum Beispiel abnehmen und fitter werden möchten, stellen Sie sich – natürlich im Rahmen des Möglichen – vor, wie Sie aussehen wollen, und projizieren dieses Bild in den Jaspis. Laden Sie ihn mit diesem neuen Erscheinungsbild auf. Tragen Sie den Stein dann einfach in Ihrem Trainingsbeutel bei sich. Streben Sie eine höhere Position in Ihrer Firma an, dann laden Sie den Jaspis mit einer Vorstellung von Ihrem Aufstieg auf und verwahren ihn auf Ihrem Schreibtisch oder in einer Schublade. Vielleicht möchten Sie auch ein besserer Autofahrer werden. Visualisieren Sie, wie Sie alle Fahrsituationen rasch, vernünftig und gut handhaben, laden Sie den Jaspis mit diesem Bild auf und legen Sie ihn dann in Ihr Auto. Das sind nur ein paar Vorschläge, wie Sie diesen Stein im Zusammenhang mit einem angestrebten Ziel einsetzen können. Grundsätzlich geht es darum, das Ziel ins Auge zu fassen, den Jaspis damit aufzuladen und ihn dann bei sich zu tragen oder an einem Ort zu platzieren, wo er dem Ziel förderlich sein kann.

Karneol

Beschreibung: Der Karneol ist ein opaker Stein in rostroten, orangefarbenen, dunkel goldenen und orangebraunen Farbtönen, durch den sich rauchig dunkle Linien ziehen.
Schlüsselworte: Energie, Gleichgewicht.
Mentale/spirituelle Ebene: Tragen Sie einen Karneol in der Hosentasche, wo er Einfluss auf das zweite Chakra nehmen kann, um Sie emotional im Gleichgewicht zu halten.

Dieser Stein hilft ganz hervorragend bei kreativen und künstlerischen Bemühungen aller Art, auch um eine Rolle in einem Film oder Theaterstück zu bekommen; da der Karneol Führungsqualitäten unterstützt, sind dabei Aufgaben im Bereich von Regie und Produktion eingeschlossen. Da dieser Stein zudem mit dem Verbannen von Angst und mit Erfolg assoziiert ist, hilft er Ihnen, das nötige Selbstvertrauen zu gewinnen, um Ihre Arbeit und sich selbst gut zu vermarkten. Der Karneol ist ganz besonders hilfreich, wenn es um die Einsicht in die Vorteile von Teamarbeit und um das kollektive Bemühen bei der Theaterarbeit geht.

Weiterhin eignet sich dieser Stein hervorragend zum Segnen und Reinigen des physischen Körpers und zur Befreiung von Eigenschaften, die zu Einsamkeit führen und unsere Beziehung zu anderen beeinträchtigen, ob es sich dabei nun um Geschäftsbeziehungen, Freundschaften oder Partnerschaften handelt. Solch eine Reinigung kann auch Blockaden entfernen, die daran hindern, einen geeigneten Ehepartner zu finden. Der Karneol hilft zudem, das Gleichgewicht in einer Beziehung zu bewahren, sodass es den Partnern leichter fällt, treu zu bleiben. Seine Energie wirkt nicht nur auf das zweite Chakra und Beziehungen, sondern besonders positiv auch auf die Sexual- und Fortpflanzungsorgane, was bedeutet, dass er die Fruchtbarkeit fördert.

Auch zum Meditieren ist dies ein ganz hervorragender Stein. Projizieren Sie während der Meditation die gewünschten Eigenschaften in ihn. Neben den bereits erwähnten Aspekten zählen auch Schutz bei körperlichen und sportlichen Betätigungen, das Verbannen von Alpträumen und das Anziehen von Geld zu den Themen dieses Steins.

Der Karneol unterstützt ganz ausgezeichnet das Erden. Wenn Sie sich mit seiner Hilfe geerdet haben, können Sie Ihre Energien sehr viel effizienter einteilen und werden keine extremen Hochs und Tiefs mehr erleben.

Gebete oder Visualisierungen im Zusammenhang mit der

Umweltverschmutzung und der Reinigung unserer Erde werden ebenfalls von diesem Stein gefördert.

Wenn Sie sich um eine gesündere und bessere physische Kondition bemühen, dann legen Sie einen Karneol auf Ihr zweites Chakra, meditieren und visualisieren Sie, wie sich dieser Bereich von aller Negativität befreit und mit weißem Licht und schöpferischen Kräften anfüllt.

Katzenauge

Beschreibung: Der polierte Stein in verschiedenen braungoldenen Farbtönen besitzt einen seidigen Glanz und eine Zeichnung, die wie Katzenaugen wirkt.

Schlüsselwort: Vorwärtsbewegung.

Mentale/spirituelle Ebene: So wie eine Katze, wenn sie hungrig ist, etwas unternimmt und auf die Jagd geht, steht das Katzenauge für Vorwärtsbewegung und Aktion. Wenn Sie merken, dass Sie »festsitzen« und dies nicht Ihrem Besten dient, dann hilft Ihnen das Katzenauge, mit Zuversicht, Intuition und Erfolg auf Ihr Ziel loszusteuern. Beim Meditieren unterstützt Sie dieser Stein auch darin, die Gründe für Ihr Festsitzen ausfindig zu machen.

Das Katzenauge ist ein hervorragender Stein im Zusammenhang mit Führungsqualitäten, denn er hilft Ihnen, bei einem kollektiven Bemühen das Ziel immer im Auge zu behalten.

Außerdem ist er gut, wenn es zu klären gilt, wer im eigenen Heim der Boss ist. Wenn Sie ein Katzenauge bei sich tragen, während Sie unerwünschte Wesenheiten verbannen, zeigt das, dass Sie es ernst meinen.

Das Katzenauge hilft beim Arbeiten mit dem zweiten Chakra, um Blockaden im Bereich von Kreativität, Sexualität und sexueller Kreativität aufzulösen. Legen Sie ein Katzenauge auf Ihr zweites Chakra und eines auf Ihr Drittes Auge und meditieren Sie, um Probleme oder Blockaden im zweiten Chakra zu klären.

Koralle

Beschreibung: Bei Korallen handelt es sich um die Außenskelette meeresbewohnender Hohltiere. Es gibt sie in vielen Farben, Formen und Größen.
Schlüsselworte: Mediale Bestrebungen.
Mentale/spirituelle Ebene: Beim Arbeiten mit Magie sollten Sie eine Koralle auf Ihren Altar legen oder mit ihr als Vertreterin des Wasserelements den Westen in Ihrem magischen Kreis markieren. Die Koralle, die dem Meer entspringt, der Königinmutter des Wasserelements, trägt natürlich viel »Wasserenergie« in sich. Und zu dieser Energie gehören Intuition, Kreativität und Frieden. Sie werden sich selbst denken können, dass die kreativen und intuitiven Energien der Koralle im Verein mit Ihrer Arbeit im magischen Kreis Visualisierungsvermögen und Klarsicht erheblich steigern können.

Legen Sie Korallestückchen ins Badewasser, wenn Sie abends ein warmes Bad nehmen. Visualisieren Sie dann, wie Sie rasch einschlafen und die ganze Nacht durchschlafen. Damit ist ein erholsamer Schlaf garantiert.

Kupfer

Beschreibung: Kupferfarbenes Metall.
Schlüsselwort: Erfolg.
Mentale/spirituelle Ebene: Kupfer entfernt Blockaden, die Sie daran hindern, Ihre höchsten Ziele zu erreichen und Ihre persönliche Vorstellung von Erfolg und Wohlstand zu verwirklichen. Und mit der Befreiung von diesen Blockaden verbindet sich auch die Befreiung von Ängsten im Zusammenhang mit

dem Lossteuern auf Ihr Ziel. Machen Sie sich klar, dass Angst vor Erfolg auch eine spirituelle Blockade ist.

Kupfer hilft künstlerisch begabten Menschen beim Hervorbringen von Ideen.

Wenn Sie sich »zerstreut« fühlen, hilft Ihnen Kupfer beim Erden und Zentrieren. Dieser Aspekt des Metalls ist besonders nützlich, wenn Sie sich in einer leitenden oder führenden Position befinden und in einer Stresssituation Erdung und Zentrierung brauchen.

Kupfer hilft sexuelle Hemmungen abzubauen und befreit von anerzogenen Schuld- und Schamgefühlen im Zusammenhang mit Sexualität, was dazu beiträgt, dass Sie sich mit Ihrem Partner oder Ihrer Partnerin wohler fühlen.

Dieses Metall unterstützt außerdem Gebete und Visualisierungen im Zusammenhang mit der Umweltverschmutzung und der Reinigung unserer Erde.

Es heißt, dass ein Kupferarmband arthritische Schmerzen lindern kann, ebenso Schmerzen aufgrund einer Überbeanspruchung der Sehnen durch die Arbeit am Computer.

Lapislazuli

Beschreibung: Lapislazuli ist ein mitternachtsblauer, silbrig und weiß gefleckter Stein.

Schlüsselworte: Psychische Stärke.

Mentale/spirituelle Ebene: Lapislazuli kann bei der Ausrichtung auf das persönliche Glück behilflich sein. Er zeigt, wie Sie sich und Ihre Persönlichkeit der Welt am besten präsentieren. In diesem Zusammenhang ist er auch eine Hilfe, wenn es um Führung geht. Er unterstützt die Fähigkeit, mit Leuten zu sprechen, sich in einer Gruppe zu artikulieren, Menschen zu führen und durch Heiterkeit ein Gefühl von Selbstvertrauen und Zuversicht zu vermitteln.

Dieser Stein eignet sich gut für Ohrringe, da er dort Einfluss auf das Dritte Auge ausüben und in Bezug auf Intuition, mediale Fähigkeiten, Meditation und Spiritualität unterstützend wirksam sein kann. Er fördert auch die Fähigkeit, glücklich zu sein, was Sie wiederum lehrt, sich zu öffnen. Und wenn Sie offen sind, können Sie intuitiver, medialer und für spirituelle Dinge empfänglicher sein.

Außerdem empfiehlt sich dieser Stein sehr, wenn Sie sich auf das Heilen von Halsschmerzen konzentrieren wollen. Legen Sie ihn dazu auf das fünfte Chakra. Ganz allgemein leistet er gute Dienste, wenn Sie sich von einer melancholischen Gestimmtheit oder Negativität in Ihrem Inneren befreien wollen.

Magnetit

Beschreibung: Magnetit oder Magneteisenstein ist ein Eisenerz mit natürlichem Magnetismus von schwarzer, metallisch glänzender Farbe; manche Steine haben auch wenig Glanz.

Schlüsselworte: Geistige Klarheit.

Mentale/spirituelle Ebene: Der Magnetit fördert Kommunikation, Konzentration und lineares, logisches und zielgerichtetes Denken, sodass Sie das erreichen können, was Sie anstreben. Sie sollten ihn bei Konferenzen, Prüfungen und allen Situationen bei sich tragen, in denen Logik gefordert ist. Er hilft, Versammlungen zu leiten und dabei Führungsqualitäten an den Tag zu legen. Andererseits fördert er aber auch Intuition, mediale Fähigkeiten und Einsichten im spirituellen Bereich. Weil er ein so guter Stein für die Kommunikation ist, unterstützt er die Zusammenarbeit der beiden Gehirnhälften für ein gemeinsames Ziel. Bei der Kommunikation mit anderen Menschen erleichtert er die logische Verständigung, hilft aber auch intuitiv zu erfassen, was möglicherweise »hinter der Bühne« vor sich geht.

In Sachen Liebe kann Ihnen der Magnetit helfen, einen Partner anzuziehen, der für Sie richtig ist, auf der gleichen Wellenlänge liegt und ähnliche Vorstellungen hegt. Er unterstützt Kommunikation und Treue in der Beziehung und fördert die Zusammenarbeit für ein gemeinsames Ziel, wobei es sich auch um irdische Belange wie zum Beispiel Geld- oder Familienangelegenheiten handeln kann.

Der Magnetit wird Sie unterstützen, wenn Sie ihn bei einer Konferenz oder in einer Situation bei sich tragen, in der gute Kommunikation zur Problemlösung unbedingt erforderlich ist. Er wird Sie vor jenen schützen, die Sie normalerweise verbal angreifen würden. Mit anderen Worten, er wird die Situation so beruhigen, dass alle miteinander reden können, ohne Angst vor verbalen Attacken haben zu müssen.

Malachit

Beschreibung: Malachit ist ein grünes Mineral, das früher auch als Farbstoff benutzt wurde. In polierter Form besitzt er einen wunderschönen Glanz und er fand schon im Altertum breite Verwendung als Schmuckstein.

Schlüsselwort: Verständnis.

Mentale/spirituelle Ebene: Der Malachit hilft uns, die Gründe für die Veränderungen zu verstehen, denen wir in unserem Leben unterworfen sind, zum Beispiel, wenn es darum geht, den Grund für eine Krankheit zu erfassen, sei es nun eine einfache Erkältung oder etwas Ernsthafteres. Er kann uns helfen, die mit der Krankheit verbundene Negativität zu verbannen, was es uns wiederum ermöglicht, die Krankheit besser zu verstehen und mehr aus ihr zu lernen.

Der Malachit fördert Intuition und Sensitivität, sodass wir unser höheres Selbst besser verstehen. Das höhere Selbst kann uns dann direkt erreichen und zum Beispiel den Sinn und Zweck unserer Krankheit mitteilen.

Bei der Meditation in einer schwierigen Situation wird Ihnen dieser Stein helfen, klar und deutlich, ja vielleicht sogar in einer Vision, zu sehen, warum Sie diese Veränderungen durchmachen. Und er wird Ihnen zeigen, dass Sie sicher sind, auch wenn Sie auf Ihrem Weg zu Heilung und Gesundheit Ihren Kokon abstreifen.

Tragen Sie einen Malachit bei sich, wenn Sie versuchen, einer offensichtlich negativen Wesenheit den Weg zum Licht zu weisen. Er wird helfen, die negativen Energien jener Wesenheit in Liebe umzuwandeln, und er wird Ihnen beistehen, wenn Sie die Wesenheit lehren, sich in dieses Licht der Liebe zu begeben – wobei das allerdings eine Aufgabe für Fortgeschrittene ist.

Markasit

Beschreibung: Markasit hat eine ähnliche Zusammensetzung wie Pyrit und zeichnet sich durch seinen metallischen Glanz aus.

Schlüsselwort: Selbsterkenntnis.

Mentale/spirituelle Ebene: Markasit ist behilflich, das Gute in Ihnen ausfindig zu machen und es ans Licht zu bringen, damit die Welt sehen kann, wie glanzvoll Sie sind! Der spiegelnde Glanz des Markasits ist ein wunderbares Beispiel dafür, wie auch wir ein Spiegel sind für alles, das zu uns gekommen ist. Er fördert das künstlerische Talent, das ja etwas ist, das zum Leuchten und Strahlen gebracht werden muss. Er kann uns auch bei Leitungsfunktionen im künstlerischen Bereich dienlich sein, etwa beim Regieführen oder Choreographieren. Außerdem hilft er uns, wenn wir mit schlechten Gewohnheiten brechen wollen, weil sie nicht länger unsere wahre Persönlichkeit reflektieren. Dabei kann es sich um selbstzerstörerische Gewohnheiten handeln wie das Rauchen und Trinken, oder auch um Abwehrmechanismen wie zum Beispiel den Sarkasmus. Der Markasit ist ein wundervoller Heilstein zur persönlichen Reinigung und Läuterung und hilft alles wegzuräumen, was nicht länger gebraucht wird.

Wie der Hämatit ist er behilflich, Liebe zu einem gleich gesinnten Menschen anzuziehen. Das, was wir als Bild unserer Persönlichkeit nach außen projizieren, ziehen wir auch an. Die Menschen, die wir in unser Leben ziehen, sind daher unsere persönlichen Lehrer und Führer, die uns helfen, uns selbst besser zu verstehen. Wenn wir uns selbst verstehen, können wir auch andere verstehen. Und dadurch, dass wir unsere eigenen und die Handlungen anderer Menschen verstehen, gelangen wir zu echter Weisheit.

Wenn Sie in der Vergangenheit Probleme mit dem Schlaf hatten, können Ihnen Markasite auch hier beistehen. Sie können Ihnen zu Träumen verhelfen, die als Katalysator fungieren, Sie Ihre eigene Spiritualität verstehen lassen, Ihre Intuition fördern und Ihnen Hinweise auf Ihre spirituellen Ziele geben. Sollten Sie an Geldmangel leiden, kann Ihnen die Meditation mit einem Markasit Möglichkeiten aufzeigen, leichter zu Geld zu kommen.

Meditieren mit einem Markasit kann auch dazu beitragen, möglicher Gewalt im Umfeld Einhalt zu gebieten. Schicken Sie gewalttätigen Menschen Energie, sodass sie sich selbst verstehen und erkennen können, woher ihre Gewalttätigkeit stammt.

Marmor

Beschreibung: Marmor besteht aus metamorphem Kalkstein (Calcit), seltener Dolomit. Er lässt sich gut polieren und wird vor allem für Gebäude und in der Bildhauerei verwendet. Er ist meist geädert, da der Kalkstein von anderen Verbindungen durchzogen ist.

Schlüsselwort: Stärke.

Mentale/spirituelle Ebene: Marmor hat eine lange Geschichte, die bis ins alte Griechenland zurückreicht, wo Statuen und Säulen aus Marmor angefertigt wurden. Die Säule ist eine gute Metapher für das, was Marmor für unser metaphysisches Selbst und für unser Verständnis von unserem spirituellen Selbst bewirken kann. Er ist ein äußerst erdzentrierter Stein und kann viele erdzentrierte Elemente in unser Leben bringen. Führerschaft, Macht, Wohlstand und Erfolg können durch das Meditieren mit Marmor erreicht werden. Oder wir erhalten Hinweise, was wir tun müssen, um in unserer persönlichen evolutionären Entwicklung weiterzukommen und diese Dinge zu erwerben, wenn das unser Ziel ist.

Marmor hilft uns, auch in Zeiten des Übergangs und des Wachstums ruhig und gelassen zu bleiben, auf Erfolg und Wohlstand hinzuarbeiten und die Säule der Stärke in unserem Innern zu erkennen.

Wenn Sie es mit einem kranken Menschen zu tun haben, für den Sie stark sein müssen, sollten Sie Marmor in seinem Zimmer deponieren. Er lässt Sie stark genug sein, dem anderen zuzuhören, wenn er seinen Gefühlen über seine Krankheit Ausdruck gibt, statt solchen Gesprächen wie üblich auszuweichen. Wir können uns dabei auch über unsere eigenen Ängste in Bezug auf Krankheit klar werden.

Meteorit

Beschreibung: Man unterscheidet Steinmeteorite, die überwiegend aus Silikaten bestehen, Eisenmeteorite, die überwiegend aus Meteoreisen und Nickel mit Spuren von Kobalt und von anderen Edelmetallen und Mineralen bestehen, und Steineisenmeteorite, die in Eisen eingebettete Steine enthalten. Heute geht man davon aus, dass sie von Asteroiden stammen.

Schlüsselworte: Erweiterung des Horizonts.

Mentale/spirituelle Ebene: Das Meditieren mit einem Meteorit kann uns helfen zu verstehen, dass sich uns zahlreiche neue Möglichkeiten eröffnen, sobald wir ein paar Schritte über unser normales Alltagsleben hinaus tun – Möglichkeiten, die jenseits des natürlichen Horizonts unseres Lebens liegen, so wie wir es begreifen, und die uns zu höheren Einsichten führen können. Ein Aspekt dieser höheren Einsicht ist die Divination, und deshalb empfiehlt es sich sehr, dabei einen Meteorit bei sich zu tragen, ob es sich nun um Tarot, Kristallsehen, Pendeln oder Rutengehen handelt. Entscheidend ist dabei immer, dass Sie empfänglich sind, dass Sie Energie nicht aussenden, sondern aufnehmen. Dabei ist der Meteorit eine wundervolle Hilfe. So wie wir den Meteoriten als Geschenk vom Himmel empfangen haben, können wir auch Informationen aus anderen Quellen aufnehmen.

Mondstein

Beschreibung: Der Mondstein ist ein wunderschöner weißer Stein, der poliert wie ein Vollmond aussieht.

Schlüsselworte: Heim und Herd.

Mentale/spirituelle Ebene: Die Schlüsselworte für den Smaragd sind weibliche Stärke, und das könnte auch gut für den Mondstein stehen. Der Unterschied besteht darin, dass der Smaragd die liebevolle weibliche Energie der Erde und der Mondstein die liebevolle weibliche Energie des Wassers ausstrahlt.

Die Energie des Mondsteins kann Sie auf mütterliche Weise zu der Erkenntnis führen, warum Wut und Zorn in Ihrem Leben auftauchen.

Als weiblicher, mit Wasser assoziierter Stein unterstützt der Mondstein Intuition, Meditation, mediale Fähigkeiten und kann Sie mit Ihren Geistführern und Lehrern in Verbindung bringen. Diese weibliche Wasser-Energie ist zudem eine stark beschützende Energie, so stark wie die einer Löwin, die ihre Jungen schützt. Sie kann Ihnen beim Beschützen Ihrer Familie und Ihrer Kinder beistehen und dazu beitragen, dass die Liebe in Ihrer Familie und Ehe erhalten bleibt. Diese weibliche Wasser-Energie fördert Sie darin, dankbar für Ihre Familie zu sein und die Lektionen zu begreifen, die sie Ihnen bringen mag. So zeigt Ihnen der Mondstein auch, welche Weisheit darin liegt, ein einfaches Leben mit einer liebevollen Familie zu führen.

Ob Sie nun Mann oder Frau sind, die weibliche Wasser-Energie wird Ihnen beim Segnen und Beruhigen Ihres häuslichen Lebens hilfreich zur Seite stehen und Sie auch darin unterstützen, auf kreative Weise aus Ihrem Zuhause das Beste zu machen. Der Mondstein fördert Fruchtbarkeit, lindert Stress, stärkt den häuslichen Frieden und hilft bei der Heilung einer ungesunden Familiensituation. Da er den Frieden fördert, kann er auch bei häuslicher Gewalt helfen, wenn er für diesen Zweck aufgeladen wird.

Der Mondstein eignet sich auch ganz vorzüglich, wenn man die Energien des höheren Selbst vom siebten Chakra zu den sexuellen und kreativen Energien des zweiten Chakras lenken möchte. Wenn Sie mit einem Mondstein meditieren, kann er Ihnen die Gründe für Störungen im Bereich des zweiten Chakras aufzeigen, das Sexualität und Kreativität regiert.

Ob Sie eine Familie haben oder nicht, der Mondstein kann Ihnen helfen, aus Ihrem Zuhause einen Ort der Zuflucht und des Friedens zu machen und es mit starken spirituellen Schwingungen zu erfüllen. Das kann wiederum dazu führen, dass Sie sich mit sich selbst und Ihrem häuslichen Leben wohler fühlen und ein positiveres Selbstbild aufbauen. Sie werden weniger Hemmungen haben, Leute an einen Ort einzuladen, den Sie mit Liebe erfüllt haben, und Ihr Zuhause wird zum Anziehungspunkt für andere Menschen werden. Der Mondstein hilft Ihnen zu visualisieren, welchem Zweck Ihr Zuhause dienen soll, wie es wirken und welche Schwingung es haben soll.

Muschel

Beschreibung: Muscheln gibt es in den vielfältigsten Formen und Farben. Wir sprechen hier von der Abalonemuschel, einer großen Muschel mit stark irisierender Innenschicht.
Schlüsselwort: Segen.
Mentale/spirituelle Ebene: Die Abalonemuschel ist ein wunderbares Werkzeug zum Segnen. Wenn Sie darin Salbei zum Räuchern verbrennen, sind alle vier Elemente vertreten, was dies zu einem der stärksten Segensrituale macht. Der Salbei repräsentiert dabei das Erdelement, der Rauch das Luftelement, das Verbrennen des Salbeis das Feuerelement und die Muschel das Wasserelement.

Segnen Sie einen magischen Kreis, indem Sie ihn mit brennendem Salbei in einer Muschel abschreiten. Wenn Sie Ihr Heim auf diese Weise reinigen und segnen, wird Ihnen das helfen, den Energiefluss darin intuitiv zu erspüren.

Obsidian

Beschreibung: Der dunkle und fast durchscheinende Obsidian entsteht aus dem Magma der Vulkane. Er ist meist schwarz, kann aber auch in verschiedenen Rot- und Brauntönen vorkommen.
Schlüsselworte: Unbarmherziger Lehrer.

Mentale/spirituelle Ebene: Wenn je ein Stein die »harte Hand der Liebe« verkörperte, dann ist es der Obsidian. Er kann Ihnen helfen, sich von Negativität zu reinigen, wird dazu aber auch alles tun, was nötig ist. Seien Sie also gewarnt, wenn Sie mit einem Obsidian arbeiten. Die Lektionen werden nur so auf Sie einprasseln und Ihnen zeigen, woran Sie arbeiten müssen. Wenn sie Ihnen auch hart erscheinen mögen, übersteigen sie doch nie Ihre Fähigkeiten. Allerdings könnte es sein, dass Ihr Leben sich wie eine emotionale Achterbahn anfühlt. Dabei entfaltet der Obsidian geradezu einen Sinn für Humor. Sie werden häufig intuitiv ahnen, was auf Sie zukommt, um Sie Ihre Lektionen zu lehren, und gleichzeitig die Weisheit haben zu wissen, welchem Zweck sie dienen und wozu sie in Ihr Dasein treten.

Wenn Sie einen Obsidian bei sich tragen, sind Ihre Geistführer sich dieser Aspekte bewusst und helfen Ihnen gegen alle Ängste im Zusammenhang mit diesen Lektionen. Außerdem unterstützt der Stein beim Erden. Dadurch gelangen Sie in Harmonie mit der Erde, was die Lektionen leichter macht. Und Sie werden feststellen, dass Sie Visionen oder prophetische Wahrnehmungen in Bezug auf Ihre Lektionen problemloser verstehen.

Wenn Sie mit einem Obsidian meditieren, wird Ihnen das helfen, Ihre gegenwärtigen Umstände und Situationen und deren Zweck zu verstehen.

Dieser Stein dient auch als Schutz, während Sie Negativität vertreiben. Und er fördert hervorragend Gebete oder Visualisierungen im Zusammenhang mit der Umweltverschmutzung und der Reinigung unserer Erde.

SCHNEEFLOCKENOBSIDIAN
Beschreibung: Schwarzer Obsidian mit Einschlüssen aus weißem Material, die wie Schneeflocken aussehen.

Schlüsselworte: Gleichgewicht, siebtes und erstes Chakra.

Mentale/spirituelle Ebene: Der Schneeflockenobsidian verfügt über dieselben Eigenschaften wie der Obsidian, doch sein bleiches Schneeflockenmuster verkörpert Weisheit und Spiritualität, was die Arbeit mit ihm sanfter macht. Wenn Sie mit ihm meditieren, hilft er Ihnen zudem, Ihre Einmaligkeit zu erkennen und schließlich Ihren einzigartigen Sinn und Zweck in dieser Welt zu verwirklichen.

Onyx

Beschreibung: Onyx ist eine Spielart des Chalcedons, im Allgemeinen glänzend schwarz oder schwarz mit weißen Streifen; gelegentlich tritt er aber auch in anderen Farben mit weißen oder cremefarbenen Streifen auf.

Schlüsselwort: Führerschaft.

Mentale/spirituelle Ebene: Der Onyx ist ein hervorragender Stein im Zusammenhang mit Führerschaft, Erfolg, Selbstvertrauen und Zuversicht. Trägt man einen Onyxring an der linken Hand, fördert das den Empfang von richtungweisenden Botschaften in Situationen, in denen man die Leitung hat. Der Onyx zeigt uns außerdem unsere Fehler und Mängel, die der Heilung und Aussöhnung bedürfen, damit uns nichts mehr daran hindert, neue Freundschaften und Bekanntschaften zu schließen. So gesehen hilft er auch bei Einsamkeit, weil er uns verstehen lässt, was uns davon abhält, gleich gesinnte Menschen in unser Leben zu ziehen.

Diese Erkenntnis kann als eine Form von Wachstum betrachtet werden, da neue Freunde unserem persönlichen Wachstum förderlich sind. Wir lernen aus Gesprächen mit anderen und, ja, auch aus ihren Fehlern, wenn wir uns im freundschaftlichen Austausch weiterentwickeln. Der Onyx bietet dabei Schutz, da er hilft, den Typ von Freunden anzuziehen, der unserem persönlichen Wachstum am dienlichsten ist.

Meditation mit einem Onyx fördert das Empfangen von Visionen und Weissagungen. Tragen Sie einen solchen Stein bei sich, unterstützt er ganz besonders Ihre Verbindung zur Erde und zu jenem Aspekt des Universums, der damit in Resonanz ist. Das ist eine hervorragende Methode, sich zu erden.

Opal

Beschreibung: Der Opal kommt in vielen Farben von Schwarz bis Weiß vor und weist, was Transparenz und Glanz angeht, große Unterschiede auf. Sein Hauptmerkmal sind die vielfältigen Farben innerhalb des Steins.

Schlüsselwort: Friede.

Mentale/spirituelle Ebene: Die Energie des Opals und sein schillerndes Farbmuster, das wir sehen können, wenn wir ihn hin und her drehen, verhilft uns zu der Erkenntnis, dass unser Wesen bei aller Einheit der Seele viele Facetten aufweist und viele »Farben« mit den unterschiedlichsten Emotionen zeigt.

Der Opal ist ein Stein des Friedens und der Ruhe. Und diese Ruhe ermöglicht es Ihnen, alles zu überwinden, was bisher in Beziehungen mit anderen Menschen Frieden verhindert hat, sowie Stress in Beziehungen abzubauen. Weil sich das ganze Farbspektrum in ihm spiegelt, hilft Ihnen die Meditation mit einem Opal, die universelle und spirituelle Liebe intuitiv zu erfassen und zu verstehen.

Weil sich so viele Farben im Opal spiegeln, unterstützt er auch hervorragend die mentale Fokussierung; er hilft, die Eigenschaften jedes Chakras voll und ganz in das mentale Selbst zu integrieren. Diese mentale Fokussierung fördert wiederum jede Art von Meditation, besonders Heilmeditationen.

Weiterhin wird Ihnen der Opal beistehen, wenn Sie Einschlafschwierigkeiten haben. Legen Sie ihn auf Ihr Drittes Auge und visualisieren Sie eine sich öffnende Blüte (vgl. Kapitel V, Seite 120 f.), um in den Alpha-Zustand zu gelangen; sehen Sie dann vor Ihrem inneren Auge, wie Sie einschlafen.

Der Opal hilft mit seiner Energie, rassistischer Gewalt Einhalt zu gebieten. Seine vielen Farben lehren uns, dass wir ungeachtet aller Unterschiede zusammenleben können.

Der Opal ist auch ein Stein der Liebe. Laden Sie ihn mit der Bitte auf, eine Beziehung oder Ehe anzuziehen, dann wird er einen Partner in Ihr Leben treten lassen, der so viele Facetten hat wie Sie selbst.

FEUEROPAL
Beschreibung: Undurchsichtige Opale in Farben von Rot bis Gelb, die im Allgemeinen als Schmucksteine verwendet werden.
Schlüsselwort: Leidenschaft.
Mentale/spirituelle Ebene: Die Eigenschaften des Opals gelten auch für den Feueropal, aber bei ihm kommen noch Leidenschaft und Glück hinzu.

Peridot

Beschreibung: Ein durchscheinender, gelbgrüner Edelstein.
Schlüsselwort: Selbstliebe.
Mentale/spirituelle Ebene: Der Peridot eignet sich gut zum Arbeiten am eigenen Selbstbild, da er uns die Gründe für unsere Masken verstehen lässt. Dazu zählen all die Masken, die wir zum Beispiel zu Hause, am Arbeitsplatz oder in der Schule tragen. Der Peridot hilft uns, all diese verschiedenen Facetten zu integrieren, sodass wir unser authentisches Ich besser zum Vorschein bringen können.

Er führt uns auch zu intuitiven Einsichten in Bezug auf die

Masken und Blockaden, die wir uns zugelegt haben, um unser volles Potenzial nicht leben zu müssen. Er befähigt uns, uns zu reinigen und unser spirituelles Selbst zu suchen, sodass wir unsere persönlichen Talente und unsere Kreativität ohne Masken und Blockaden entfalten können. Das Meditieren mit einem Peridot unterstützt uns in allen Bestrebungen, bei denen es darum geht, unser wahres Selbst zu finden und alle Masken abzustreifen.

Dieser Stein fördert auch die mediale Fähigkeit, die Masken anderer Menschen und ihre Gründe dafür zu erkennen. So erkennen wir, dass Menschen vielschichtig sind und dass jeder Mensch eine Maske trägt, um sich vor etwas zu schützen, das in der Vergangenheit geschehen ist. In diesem Zusammenhang zeigt uns der Peridot, dass wir gar nicht so viel Schutz benötigen, wie wir gedacht hatten. Doch während die Menschen an ihrer Heilung und Gesundheit arbeiten, dienen ihre Masken diesem Ziel und haben durchaus einen Zweck.

Der Peridot ist außerdem eine Hilfe, wenn es um Geld und alle Formen von Reichtum geht. Reichtum tritt nicht nur in Form von Geld auf, sondern auch in Gestalt von Freunden, Popularität, persönlichen Leistungen oder gutem Selbstgefühl. Er kann auch bestimmte Dinge und einen ersehnten Lebensstil bedeuten. Der Peridot hilft uns dabei zu erkennen, dass ein bestimmter Lebensstil unter Umständen nicht das bedeutet, was wir ursprünglich unter Reichtum verstanden hatten.

Er ist ein Stein des Herz-Chakras. Sein sanftes Grün mit einem Hauch von Gelb zeigt uns die Kraft unseres Herzens. Der Peridot hilft uns, Gewalt aus unserem Leben zu verbannen, sei es nun die Gewalt im Fernsehen oder die, die uns auf einer konkreten, physischen Ebene Schaden zufügt. Er unterstützt außerdem die Ehrlichkeit in Liebesbeziehungen, in der Ehe und beim Gedankenaustausch.

Beschreibung: Perlen sind Wucherungen, die Schalentiere um einen eingedrungenen Fremdkörper bilden. Es gibt runde, birnen-, glocken- oder auch tropfenförmige Perlen in allen möglichen Farben, darunter weiße, schwarze, rosa- und cremefarbene.

Schlüsselwort: Intuition.

Mentale/spirituelle Ebene: Die Perle ist ein »Edelstein« der Beruhigung und der Intuition. Sie bringt die Liebe in eine Ehe zurück und Frieden ins Heim. Sie unterstützt Visualisierungen, bei denen es darum geht, irgendwelcher Gewalt ein Ende zu setzen. Sie lindert zwar nicht die Ursachen, den Zorn oder die Angst, die dahinter stehen, aber sie dämpft die Gewalt so lange, bis die Gründe für solche Gefühle gefahrlos untersucht werden können. Die Analogie ist folgende: Wenn ein Sandkorn in der Auster zur Bildung einer Perle führt, dann erleichtert die Perle zwar die Situation, doch das ursprüngliche Sandkorn, das die Reizung verursachte, ist immer noch vorhanden.

Perlen eignen sich ganz ausgezeichnet zum Segnen von neuen Situationen oder Neuanfängen, zum Beispiel bei Eheschließungen (weshalb man sie auch so gerne zum Hochzeitskleid trägt!), Geburten oder neuen Beziehungen. Die Perle schenkt diesen Situationen einen guten Start in reiner Absicht.

Mit Perlen lässt sich auch hervorragend über Fruchtbarkeit meditieren, wobei es ganz konkret um eine Schwangerschaft, aber auch um eine fruchtbare Ernte oder um Ideen gehen kann. Schließlich fördert die Perle die Kommunikation und hilft, eine Situation so zu beruhigen, dass eine wirkliche Verständigung stattfinden kann. Perlen heilen Blockaden im Dritten Auge und unterstützen die Intuition. Meditieren Sie mit einer Perle auf Ihrem sechsten Chakra, wenn Sie den Grund für eine dort existierende Blockade ausfindig machen möchten.

Da die Perle dem Wasserelement zugehört, kann sie die feurige Energie des Zorns dämpfen. Wenn Sie eine Perle an der linken Hand tragen, macht Sie das empfänglich für die Lektion, die hinter dem Zorn steht.

Platin

Beschreibung: Platin, ein grauweißes Metall, ist in Europa schon mindestens seit dem frühen sechzehnten Jahrhundert in Gebrauch, aber erst seit dem frühen neunzehnten Jahrhundert ist man in der Lage, es in reiner Form von anderen Metallen zu trennen.

Schlüsselworte: Selbstvertrauen und Zuversicht.

Mentale/spirituelle Ebene: Platin, eines der kostbarsten Metalle auf Erden, lehrt uns Selbstvertrauen, Zuversicht und Führerschaft. Selbstvertrauen entwickelt man normalerweise mit der Erfahrung, mit dem Alter und mit dem Wissen, dass man durch Dinge hindurchgehen kann, ohne Schaden zu nehmen, und dass Misserfolge oft Lektionen mit sich bringen, die zum Erfolg führen. Platin hilft, diesen langwierigen Prozess ein wenig zu überspringen, und zeigt uns, dass wir bereits Führungspersönlichkeiten voller Selbstvertrauen und Zuversicht sein können, bevor die Stürme der Lebenserfahrung unsere Haut gegerbt haben.

Platin kann auch als Spiegel fungieren, der uns zeigt, wie wir Geld in unser Leben ziehen können. Geld ist eine Form von Energie, die als Symbol für die zwischen den Menschen fließende Energie durch unsere Taschen strömt. Und so, wie wir möglicherweise Energieblockaden in unserem eigenen Körper haben, gibt es auch hier Blockaden, Bereiche, wo die

Energie zwischen den Menschen auf Erden nicht fließt, und das zeigt sich dann in Form von Mangel. Platin kann uns helfen zu erkennen, wie wir innerhalb dieses Energieflusses, der gegenwärtig die Form von Geld annimmt, möglicherweise eine Blockade schaffen. Und es lässt uns wissen, dass wir dafür verantwortlich sind, keine solchen Energieblockaden entstehen zu lassen.

Pyrit

Beschreibung: Pyrit ist ein metallisch glänzendes, meist hellgelbes bis messingfarbenes Mineral, das von Goldsuchern häufig mit Gold verwechselt wurde (»Katzengold«).
Schlüsselwort: Weisheit.
Mentale/spirituelle Ebene: Der Pyrit ist ein Stein der Führerschaft und Weisheit. Er hat ähnliche Eigenschaften wie das Platin, das im Zusammenhang mit Führerschaft eine Weisheit fördert, die man normalerweise erst mit dem Alter erwirbt. Der Pyrit dagegen lässt Sie Ihre Fehler und Schwächen erkennen. So können Sie die Mängel bereinigen, die ansonsten dazu führen würden, dass Sie in Leitungssituationen Fehler begehen. Wenn Sie Ihre Schwachpunkte beheben, hilft Ihnen das, in führender Position die richtigen Entscheidungen zu treffen.

Rauchquarz

Beschreibung: Eine durchscheinende und glänzende Form von Quarz, die rauchig gelb bis stark dunkelbraun gefärbt sein kann.
Schlüsselworte: Vergnügen und Spaß.
Mentale/spirituelle Ebene: Rauchquarz verfügt über alle Aspekte von klarem Quarz (Bergkristall), bringt aber zudem ein Gefühl für Spaß und Vergnügen mit sich. Er unterstützt

Sie in Ihrer Fähigkeit, aus dem Studieren und Lernen ein Vergnügen zu machen, und lässt Sie erkennen, dass geistiges Wachstum für den Geist in der Tat eine Form von Vergnügen darstellt.

Rauchquarz verleiht auch dem Sex ein Element von spielerischem Spaß. Wenn seine Energie auf das zweite Chakra gerichtet ist, weckt er im Schlafzimmer das spielerische und entspannende Herumtollen und Balgen der Jugend. Meditieren Sie mit einem Rauchquarz auf dem zweiten Chakra und visualisieren Sie dabei, wie Sie sich mit Ihrem Partner oder Ihrer Partnerin zwanglos kreativem und spielerischem Sex hingeben. Diese Visualisierung wird helfen, die auf der astralen Ebene projizierten Bilder von spielerischem Sex in den physischen Bereich Ihres Schlafzimmers zu übertragen.

Der Rauchquarz unterstützt Sie auch, wenn Sie eine Arbeitsstelle suchen. Legen Sie sich auf den Boden, die Arme entspannt an den Seiten, mit je einem Rauchquarz oberhalb des Kopfes und unterhalb der Fußsohlen sowie neben den Händen. Damit liegen Sie in einem rhombenförmigen Rauchquarz-Energiefeld. Visualisieren Sie nun, wie Sie beim Vorstellungsgespräch einen guten Eindruck machen und dann tatsächlich in dem gewünschten Job arbeiten. Der Rauchquarz wird Sie von allen inneren Energien reinigen, die mit dieser Visualisierung nicht im Einklang sind. Das kann zum Beispiel auch dazu führen, dass Sie die Blockaden erkennen, die Sie daran hindern, die gewünschte Anstellung zu bekommen.

Rhodochrosit

Beschreibung: Geschliffen und poliert ist der Rhodochrosit ein sehr schöner Stein in rosa bis roten Farbtönen und weiteren Farben in jedem Stein, darunter braune und orangefarbene »Erdtöne«.

Schlüsselwort: Frieden.

Mentale/spirituelle Ebene: Der Rhodochrosit hilft, eine Brücke zwischen dem Herz-Chakra und dem zweiten Chakra zu bauen. Das ist hilfreich für Liebe und Ehe, aber auch bei Beziehungen anderer Art, zum Beispiel zu Eltern, Geschwistern und Kindern. Diese Brücke lässt Sie außerdem den wahren Sinn und Zweck von Sex verstehen, der darin besteht, dass zwei Menschen zusammenkommen, um ein Ganzes zu erschaffen. Das ist der Sinn unseres Daseins auf Erden – dass wir wieder heil und ganz und damit gesund werden.

Der Rhodochrosit unterstützt die Erkenntnis, dass es beim Sex Liebe braucht, damit er mehr ist als nur ein leerer körperlicher Akt. Findet Sex auf einer höheren Ebene statt, gibt uns die sexuelle Begegnung mit einem Menschen, den wir lieben, ein Gefühl von persönlicher Stärke. Bei Sex mit jemandem, den wir nicht lieben, fühlen wir uns dagegen anschließend einsam, denn solch eine Situation bereitet die Bühne für ein Machtspiel, bei dem immer einer der Beteiligten der Verlierer sein muss.

Der Rhodochrosit ist ein Stein des Zuhauses. Seine Schwingung bringt Frieden und schenkt die Einsicht, dass eine gesunde Energie innerhalb der eigenen vier Wände zu persönlichem Wachstum und Glück verhilft. Und wenn wir in unserem Zuhause glücklich sind, zieht das Kreise nach außen. Unser Glück strahlt auf andere aus und verändert möglicherweise deren Einstellung, was sich wiederum auf andere auswirkt und so weiter und so fort.

Dieser Stein ist dem künstlerischen Talent und der Kreativität ausgesprochen förderlich und hilft uns, unsere Begabungen zu lieben und zu akzeptieren. Auch dies ist ein Weg zur Ganzheit, wenn wir dabei den Sinn unseres irdischen Daseins verwirklichen.

Der Rhodochrosit hilft, Stress und sogar Gewalt im eigenen Heim zu lindern und aufzulösen. Das kann auch zur Gesundung und Heilung der Beziehung zwischen Herz-Chakra und zweitem Chakra beitragen, denn hier führen eine konfuse Sozialisierung und doppeldeutige Signale oft zu einer ungesunden Einstellung und damit zu körperlichen Erkrankungen.

Wenn Sie einen Rhodochrosit nahe beim Herz-Chakra tragen, kann er Sie in Situationen beruhigen, in denen Sie normalerweise ärgerlich werden.

Rhodonit

Beschreibung: Der Rhodonit weist eine Palette von rosa bis roten Farbtönen auf, wobei jeder Stein eine Mischung von Farben zeigt, darunter auch braune und orangefarbene »Erdtöne«.

Schlüsselwort: Zuhause.

Mentale/spirituelle Ebene: Der Rhodonit verfügt über ähnliche Energien wie der Rhodochrosit, wobei er allerdings mehr dem Erdelement zugehört, das Glück im Heim beschert. Er eignet sich hervorragend zum Segnen eines Hauses beim Einzug oder auch der ersten gemeinsamen Wohnung eines frisch verheirateten Paars. Der Rhodonit wird eine Schwingung von Liebe und Glück verbreiten.

Legen Sie einen Rhodonit auf Ihren Altar, wenn Sie das Ende von Gewalt und Kriegen in die Welt projizieren möchten. Schicken Sie positive Energien in den Stein und visualisieren Sie dabei den Weltfrieden. Der Stein wird diese Energien aussenden und sie mit den Energien all jener verbinden, die gleichen Geistes sind.

Der Rhodonit lindert das Gefühl von Einsamkeit und hilft Ihnen, sich mit Ihren persönlichen Ängsten, Problemen oder

Schwächen anderen anzuvertrauen, damit Ihnen gezeigt werden kann, dass Sie auf Ihrem Lebensweg nicht ganz allein sein müssen.

Rosenquarz

Beschreibung: Rosenquarz weist keine bestimmte Kristallform auf und wird gern als rund geschliffener Stein verkauft. Seine Farbpalette reicht von Hell- bis Dunkelrosa.

Schlüsselwort: Liebe.

Mentale/spirituelle Ebene: Es heißt, dass sich alles letztlich auf Liebe oder Angst zurückführen lässt. mithilfe von Rosenquarz können wir uns von allen Ängsten befreien, sodass nur noch Liebe übrig bleibt. Rosenquarz kann Liebe in vielen Formen in unser Leben bringen – ob er nun ein Gefühl von Glück oder Frieden schenkt, Kreativität, Wachstum oder Heilung durch Liebe ermöglicht oder Einsamkeitsgefühle durch die Befreiung von Angst lindert. Dieser Stein schenkt die sanfte Liebe von Freundschaften und anderen platonischen Beziehungen. Er kann alle Wunden heilen, auch die Wunde der Überzeugung, nicht gut genug zu sein. Daher fördert Rosenquarz das Selbstwertgefühl.

Da Liebe die Grundlage aller Dinge ist, aller Energien, die sich durchs Universum bewegen, wird mehr Ruhe in Ihr Leben einkehren, wenn Sie mithilfe dieses Steins mehr Liebe in Ihr Leben bringen, wenn Sie mit ihm meditieren und auf diese Weise negative, mit Angst besetzte Bereiche Ihres Daseins bereinigen.

Rosenquarz schenkt Mut und Schutz durch die Erkenntnis, dass es keinen falschen Weg gibt. Es gibt viele unterschiedliche Pfade, die neben der Hauptstraße verlaufen, aber sie führen alle zum selben Ziel. Diese Weisheit ist es, die die wahre Essenz der Liebe und das wahre Verständnis von der

Kraft der Liebe in Ihr Leben bringt. Diese Erkenntnis wird jeden Stress lindern.

Rosenquarz eignet sich hervorragend zum Reinigen, vor allem zum Reinigen der inneren Energien. Verwenden Sie ihn für ein Bad, wenn Sie sich vor einem Ritual rituell reinigen und selbst segnen möchten.

Dieser Stein kann auch behilflich sein, Geld in Ihr Leben fließen zu lassen. Laden Sie ihn ganz einfach mit der Vorstellung von Ihrem Wert auf, setzen Sie diese Energie dann frei und vertrauen Sie darauf, dass das Geld zu Ihnen kommen wird. Der Rosenquarz wird Sie in der Erkenntnis unterstützen, dass Sie all die irdischen Dinge verdienen, die die Welt zu einem Ort der Liebe machen.

Außerdem wird Ihnen der Rosenquarz beistehen, wenn Sie irgendwelche unerwünschten, nicht näher bestimmbaren Energien oder Wesenheiten aus Ihrem Heim verbannen möchten. Der Exorzismus besteht darin, dass Sie die Wesenheit in ein liebevolles Wesen verwandeln und es dann ins Licht des Universums entlassen. Dadurch wird die Wesenheit aus Ihren Räumen entfernt und ihr selbst eine Weiterentwicklung gestattet.

Legen Sie Rosenquarz zu Hause an eine Stelle, wo er Sie daran erinnert, Energien für ein Ende der Gewalt in der Welt auszusenden. Diese Energie wird sich um den Planeten bewegen und sich mit den Energien all jener verbinden, die für den Frieden beten und meditieren.

Wenn Sie zu Hause Spannungen oder Wut besänftigen möchten, legen Sie einen gereinigten und gesegneten Rosenquarz beim Kochen zum Beispiel in den Reis (entfernen Sie ihn aber wieder, bevor das Essen auf den Tisch kommt!). Wenn der Reis dann gegessen wird, wird das die Spannungen oder die Wut besänftigen.

Beschreibung: Rubine gibt es in einer Vielfalt von Farbschattierungen, die von Rot bis zu intensivem Indigo reichen. Nur der Diamant ist noch härter als der Rubin.

Schlüsselworte: Weiblichkeit, Mutter.

Mentale/spirituelle Ebene: Der Rubin ist ein Stein der Liebe, vor allem der weiblichen Liebe, und steht für die Liebe einer Mutter zu ihrem Kind. Daher ist er ein hervorragender Stein zum Meditieren für Männer, wenn sie eine enge Verbindung zu einem neugeborenen Kind herstellen möchten. Der Rubin kann ihnen helfen, die weibliche Liebe zu verstehen und mit ihrem fürsorglichen und nährenden Aspekt in Berührung zu kommen.

Er ist auch ein Stein für den Schutz. Seine Energie ist mit dem Wurzel-Chakra und der Gabe der Intuition assoziiert. Er schenkt ein Gespür für gefährliche Situationen, sodass Sie rechtzeitig Schutzmaßnahmen ergreifen können.

Der Rubin hilft außerdem beim Loslassen schlechter Gewohnheiten. Er hat eine tiefe Verbindung zum Herz-Chakra und zeigt Ihnen, dass schlechte Gewohnheiten nicht mit Ihrem höchsten Wohl und Ihrem Herzen in Einklang sind. Er lässt Sie erkennen, dass Ihre persönliche Macht und Kraft dem Herzen entspringt und nicht, wie allgemein angenommen, dem Verstand und dem Willen. Wenn Sie begreifen, dass die wahre Macht aus dem Herz-Chakra kommt, wird Mut etwas ganz Natürliches für Sie sein.

Weiterhin unterstützt Sie dieser Stein ganz hervorragend in Ihren Führungsqualitäten. Wenn Sie den Rubin nutzen, um Ihre persönliche Macht und Kraft zu erkennen und Ihre Intuitionsgabe und Erkenntnisfähigkeit zu schärfen, werden sich Ihre Führungsqualitäten auf ganz natürliche Weise entwickeln.

Der Rubin unterstützt Beziehungen zu anderen Menschen – Familienangehörigen, Freunden, Ehepartnern – und kann deshalb auch beim Heilen und in der Ehe positiv wirksam werden. Er kann die Gründe für eine mangelnde Übereinstimmung zwischen Ehepartnern erkennbar werden lassen. Wenn Sie mit diesem Stein meditieren, wird er Ihnen helfen zu entscheiden, ob Sie Ihre Ehe fortsetzen sollten oder nicht. Sie werden erkennen, dass das Ende einer Ehe nicht unbedingt mit Einsamkeit gleichzusetzen ist; vielmehr kann es ein Aufblühen Ihrer Kreativität bedeuten, wenn Sie nun als einzelnes Wesen in die Welt hinaustreten, statt sich auf eine Beziehung zu verlassen. Das hilft auch bei der Entwicklung von Führungsqualitäten.

Der Rubin fördert Sie in Ihrer künstlerischen Begabung, sodass Sie sich für Ihre kreativen Fähigkeiten öffnen können, sei es nun in zweidimensionaler Form wie zum Beispiel beim Zeichnen oder dreidimensional wie bei Theater oder Tanz.

Auch unterstützt er Sie in der Erkenntnis, dass Gewalt kein notwendiger Bestandteil Ihres Daseins ist und Sie alle Gewalttätigkeit von anderen wie auch eigene Gewalttendenzen aus Ihrem Leben streichen können.

Sandstein

Beschreibung: Sandstein sieht so aus, wie es sich anhört. Es handelt sich dabei um ein Sedimentgestein aus zusammengepresstem Sand, der durch natürliche Bindemittel wie zum Beispiel Kieselerde verkittet ist. Polierter Sandstein ist glänzend kupferfarben und wird gern als Schmuckstein verwendet.
Schlüsselworte: Friedlicher Schlaf.
Mentale/spirituelle Ebene: Ein stark polierter Sandstein zeigt, dass er aus vielen Teilen besteht, die ein Ganzes ergeben, und das macht ihn zu einem hervorragenden spirituellen Lehrer.

Er lehrt uns die Weisheit, dass wir viele Einzelne sind, die ein Ganzes ergeben, dass wir Individuen und doch Teil von allem sind.

Wenn Sie vor Sorgen nicht oder nur schlecht schlafen, kann Ihnen dieser Stein behilflich sein. Er ermöglicht es, das umfassendere Bild zu sehen und Lösungen zu erkennen, statt sich von den vielen Dingen, die Sie am Schlafen hindern, überwältigt zu fühlen.

Sandstein ist ausgezeichnet für die Kommunikation. So wie er aus vielen Teilen besteht, so ist auch unsere Kommunikationsfähigkeit umfassender als die Ebene, auf der wir uns normalerweise verbal oder schriftlich verständigen. Wir haben die Fähigkeit, mit allem im Universum zu kommunizieren. Daher lässt sich Sandstein auch zur Freisetzung einer künstlerischen Begabung nutzen. Die Einsicht, dass Sie mit dem Göttlichen kommunizieren, kann Sie ermutigen, Ihr künstlerisches Talent zu entfalten und gegenüber mehr Menschen zum Ausdruck zu bringen.

Saphir

Beschreibung: Der Saphir ist ein Korund, ein an sich farbloses Mineral, das meist durch die Beimengung von Metalloxiden vielfältig gefärbt ist. Der echte Saphir ist von durchscheinend dunkelblauer Farbe. Durch Unreinheiten im Korund gibt es ihn aber auch in anderen Farben wie zum Beispiel in Gelb und Rosa.

Schlüsselworte: Stille und heitere Gelassenheit.

Mentale/spirituelle Ebene: Der Saphir besitzt eine beruhigende Energie, die der Meditation sehr dienlich ist und Stress abbaut. Er strahlt starke, liebevolle Energien aus und führt zu einer ruhigen Liebe, die friedlich, beseligend und auch der Ehe förderlich ist. Er hilft, Negativität aus einer Beziehung zu verbannen und intuitiv Negatives in einer aktuellen oder potenziellen Beziehung zu erkennen. Er ist zudem ein ausgezeichneter Helfer im Bereich der Kommunikation, die ein wichtiger Aspekt jeder Beziehung ist.

Der Saphir unterstützt Sie bei der Suche nach Ihrem spirituellen Partner oder jemandem, der sich Ihnen auf Ihrem spirituellen Weg anschließt. Während Sie mit einem Saphir arbeiten, wird Ihre Intuition dafür besonders wach sein.

Er eignet sich auch hervorragend zur Unterstützung der mentalen Fokussierung im Alpha-Zustand und bei jeder Art von magischer Arbeit. Das wiederum fördert Ihre medialen Fähigkeiten und den Kontakt mit Ihren Geistführern und Lehrern.

Des Weiteren unterstützt Sie der Saphir in Ihrer Fähigkeit zu führen und darin, den Weg zu erfolgreicher Führerschaft zu erkennen. Er schützt Sie vor Menschen, die nicht geführt werden wollen. Mit anderen Worten, die von Ihnen geführte Gruppe wird von Ihnen inspiriert werden, wenn Sie mit dem Saphir arbeiten.

Der Saphir kann Ihre künstlerischen Begabungen und Talente ins rechte Licht rücken und das zum Vorschein bringen, was vielleicht auf Grund von Blockaden und mangelndem Selbstwertgefühl in Ihnen verborgen liegt.

Er eignet sich gut zum Segnen einer neuen Beziehung, da er die Verständigungsbereitschaft fördert, ob es sich nun um eine Beziehung zu Geschäftspartnern, Eltern, Geschwistern oder Kindern handelt. Auch unterstützt er Sie im Bereich der Sexualität, da er Sie erkennen lässt, dass Ihr Wunsch nach anderen Menschen ein gesundes Bedürfnis ist.

Ein weiterer wichtiger Aspekt des Saphirs ist seine Fähigkeit, Menschen anzuziehen; allerdings ist er dabei nicht wählerisch, was den Typ betrifft. Das heißt, er zieht nicht unbedingt nur Gleichgesinnte an, sondern vielmehr ein breites

Spektrum von Menschen, die aus den unterschiedlichsten Gründen in Ihr Leben treten und Sie verschiedene Dinge lehren können. Man könnte das für Popularität halten; doch geht es hier eher darum, dass man zu Lernzwecken Freunde gewinnt.

Der Saphir kann auch zum Beenden von Gewalt aufgeladen werden.

GRÜNER SAPHIR

Abgesehen von den übrigen Qualitäten des Saphirs unterstützt Sie der grüne Saphir in Erkenntnissen über das spirituelle Ego. Es ist möglich, dass Sie an einem Punkt Ihrer spirituellen Entwicklung egoistisch werden, weil Sie das Gefühl haben, denen überlegen zu sein, die nicht über Ihr Verständnis verfügen. Der grüne Saphir hilft Ihnen, sich in Ihrem Herz-Zentrum zu verankern und zu erkennen, dass wir alle auf dem Weg sind und zu unterschiedlichen Zeitpunkten unsere Lektionen lernen.

SCHWARZER SAPHIR

Der schwarze Saphir ist ein hervorragender Helfer, um mit dem Wurzel-Chakra in Kontakt zu kommen und sich zu erden.

STERNSAPHIR

Der Sternsaphir, auch Asteria genannt, hat alle Qualitäten des Saphirs und hilft zudem, sich auf ein Ziel auszurichten und es auch zu erreichen.

Selenit

Beschreibung: Der Selenit, auch Marienglas genannt, ist nach dem Mond benannt und erinnert an das transparente Aussehen des Mondes in einer klaren Nacht. Er kann so durchscheinend sein, dass er früher sogar an Stelle von Glas verwendet wurde.

Schlüsselworte: Mediales Arbeiten.

Mentale/spirituelle Ebene: Der Selenit hilft Ihnen, mit Ihren Geistführern und Lehrern besser zu kommunizieren, damit diese Sie hinsichtlich Ihrer medialen Fähigkeiten, Intuition und Divinationsgabe unterstützen. Er hilft Ihnen, sich Ihrer Träume zu erinnern, sie zu verstehen und mit Visionen zu arbeiten.

Er fördert hervorragend die divinatorische Arbeit, zum Beispiel Tarot-Readings oder Kristallsehen. Außerdem kann er zum Aufbauen eines magischen Kreises aus Steinen für ein Ritual verwendet werden.

Er unterstützt Sie, wenn Sie meditieren, um mit Ihren Geistführern und Lehrern in Kontakt zu kommen. Dadurch werden Sie die Absichten und Ziele Ihrer Seele besser verstehen, und das wiederum führt zu Weisheit und schenkt denen Frieden, die schon ziemlich lange die Absichten und Ziele ihrer Seele zu ergründen versuchen. Der Selenit hilft zu begreifen, dass wir alle zu jeder Zeit unser Bestmögliches tun und dass unser spiritueller Weg einer Achterbahnfahrt gleicht. Das Tempo des spirituellen Wachstums ist mal rasant und mal langsam. Das zu verstehen bringt Ruhe und Frieden in unsere spirituelle Suche.

Der Selenit kann beim Verbannen von Negativität und Austreiben von negativen Energien in Ihrem Heim oder an anderen Orten helfen. Er wird Ihr Zuhause beschützen. Legen Sie ihn an eine Stelle nahe bei der Haustür und visualisieren Sie, wie sein Schutzschild Ihr Heim ganz und gar umhüllt. Er kann auch als Ausdruck der Danksagung auf Ihren Altar gelegt werden.

Außerdem hilft er ganz hervorragend beim Ablegen

schlechter Gewohnheiten und lässt Sie verstehen, warum Sie sich diese überhaupt zugelegt haben. Oft können wir aber auch mit einer schlechten Gewohnheit brechen, ohne die Ursachen für sie zu kennen.

Silber

Beschreibung: Silber war einst jenen vorbehalten, die den Mond verehrten, und für den rituellen Gebrauch reserviert. Es ist ein Metall von leuchtend weißgrauer Farbe und der beste Metallleiter für Elektrizität, den wir kennen.

Schlüsselwort: Intuition.

Mentale/spirituelle Ebene: Silber ist ein exzellenter Leiter nicht nur für Elektrizität, sondern auch für die Energien anderer Steine. Deshalb eignet es sich hervorragend für die Anfertigung von Schmuckstücken. Es verstärkt die Eigenschaften der Juwelen, Edelsteine oder Kristalle, die Sie in Form von Ohrringen, Halsketten, Ringen, Zehenringen, Fußkettchen, Armbändern oder Gürteln tragen. Silber hilft Ihnen, mit Ihrer Intuition in Kontakt zu kommen und Ihre Spiritualität zu verstehen, und vermittelt dabei die weichen, weiblichen Qualitäten der Mondenergie.

Für das Pendeln zu divinatorischen Zwecken empfiehlt sich eine Silberkette, da sie die Eigenschaften des Pendelsteins verstärkt.

In Kombination mit Rosenquarz kann Silber Ihr Herz-Chakra reinigen und Ihnen helfen, sich für Liebe und Ehe zu öffnen. Silber wirkt wie Jade als Leiter für Schutzenergien. Wenn Sie eine in Silber gefasste Jadespange tragen, erhöht sich dadurch die Schutzwirkung.

Da Silber weiblicher Natur ist, fördert es auch die Kreativität, ob nun im Bereich von Kunst, Liebe und Erotik oder Gesundheit und Heilung.

Silber öffnet Sie für andere Welten, wodurch Sie lernen, sich nicht länger einsam zu fühlen. Es gibt viele Ebenen, die Sie entdecken können, um Freundschaft und persönliche Stärke zu finden. Und jedes Mal, wenn Sie die Weisheit Ihrer persönlichen Kraft in sich aufnehmen, wird die Einsamkeit gemindert. Wir alle können entscheiden, ob wir einsam sein wollen oder nicht.

Als exzellenter Leiter für die Energien anderer Steine kann Silber auch eingesetzt werden, um Gewalt zu beenden. So kann in Kombination mit einem Kristall in jede Situation Gewaltlosigkeit hineinprojiziert werden, ob es sich nun um häusliche Gewalt, Gewalt in den Städten oder auf der ganzen Welt handelt. Tragen Sie Silber, damit es Sie daran erinnert, dass wir erst in unserem eigenen Innern Frieden schaffen und an diesen Frieden in unserem Innern glauben müssen, bevor die Welt zu einem friedlichen Ort werden kann.

Smaragd

Beschreibung: Der Smaragd ist eine Varietät des Beryll und erhält seine berühmte tiefgrüne Färbung durch das in ihm enthaltene Chromtrioxid.

Schlüsselworte: Weibliche Stärke.

Mentale/spirituelle Ebene: Der Smaragd ist geradezu die Verkörperung von liebevoller weiblicher Energie. Er kann Ihnen helfen herauszufinden, ob Sie im Zusammenhang mit Herzensangelegenheiten Zorn und Ärger hegen. Halten Sie den Smaragd an Ihr Herz-Chakra; kommt Ihnen dabei eine bestimmte Person in den Sinn, so meditieren Sie, um diese Emotionen zu heilen und zu vergeben.

Die weibliche Energie des Smaragds hilft, die wahre Bedeutung von Stärke zu verstehen. Weisheit, Verständnis, Kreativität (eine Form von Schöpfung), spirituelles Wachstum, Intuition und Führungsfähigkeit sind zutiefst missverstandene weibliche Qualitäten. Seit der Etablierung der patriarchalen Gesellschaft wurden Aggressivität und Reichtum in einer materiellen Welt als Stärken geschätzt. Der Smaragd hilft Ihnen, die Stärken des Weiblichen zu achten und zu schätzen.

Zusammen mit Jade unter das Kopfkissen gelegt, hilft der Smaragd, die Träume für divinatorische Zwecke zu nutzen.

Dieser Stein fördert Ihr Verständnis für die wahre Bedeutung von Liebe und Ehe. Er wird Ihnen behilflich sein zu ergründen, warum Sie keine Beziehung haben oder einsam sind, welche Lektionen Ihre gegenwärtige Partnerschaft zu bieten hat oder was die Ursachen für etwaige Turbulenzen sind.

Wenn Sie beim Segnen eines Geschäftsunternehmens Wohlstands-Energie durch einen Smaragd leiten, wird das helfen, Geld anzuziehen. Befindet sich Ihr Geschäft in einem Laden, dessen Vormieter keinen Erfolg hatte, so können Sie die Räume auf diese Weise ganz hervorragend von negativen Schwingungen geschäftlichen Misserfolgs reinigen.

Die Meditation mit einem Smaragd auf dem Herz-Chakra lindert Stress und schenkt Ruhe und Frieden. Und wenn Sie sich zu einer stressfreien, ruhigen und friedlichen Persönlichkeit entwickeln, werden Sie Menschen mit den gleichen Eigenschaften anziehen.

Der Smaragd unterstützt Gruppenmeditationen zum Beenden von globaler Gewalt, vor allem wenn die Energien auf spezifische Krisengebiete gerichtet werden.

Bei Problemen mit der Fruchtbarkeit legen Sie einen Smaragd auf das zweite Chakra. Nehmen Sie dann drei kleine Kristalle, legen einen auf das Herz-Chakra, sodass er mit der Spitze zum Solarplexus weist, einen auf das Solarplexus-Chakra, sodass er auf das zweite Chakra weist, und einen so, dass er direkt auf den Smaragd deutet. Meditieren Sie dann, um

Einsicht in die metaphysischen Gründe für die Unfruchtbarkeit zu gewinnen und die Schritte zu erkennen, die Sie unternehmen müssen, um Blockaden in diesem Bereich aufzulösen.

Der Smaragd hilft Männern, die weiblichen Qualitäten zu verstehen, ob es nun um die weiblichen Aspekte in ihnen selbst oder die Verständigung mit Schwestern, Müttern, Ehefrauen und Geliebten geht. Tragen Sie einen Smaragdring oder benützen Sie einen Smaragd für divinatorische Zwecke, wenn Sie ein spezielles Problem mit Ausgewogenheit oder Weiblichkeit haben.

Sodalith

Beschreibung: Am bekanntesten ist der Stein in Dunkelblau mit cremeweißen Adern, doch es gibt ihn auch in gelben und roten Farbtönen sowie in Kombinationen von Rot und Blau, woraus Purpur wird. Geschliffen und poliert hat er hohe Glanzkraft.

Schlüsselwort: Kommunikation.

Mentale/spirituelle Ebene: Wenn Sie einen Sodalith bei sich tragen, fördert das eine mit Spiritualität verbundene Kommunikation, bei der Sie alle Masken ablegen und vom Herzen her sprechen. Das erlaubt Ihnen, auch Menschen gegenüber ehrlich zu sein, mit denen Sie zuvor nicht ehrlich waren. Dabei können durchaus Beziehungen wegfallen, die nicht länger nötig sind, da sie nur den Aspekt in Ihnen unterstützten, der Masken trug. Und dadurch, dass Sie nun Menschen anziehen, denen Ehrlichkeit wichtig ist, wird Ihr Selbstbild gestärkt. Unabhängig von der Anwesenheit von Freunden mindert der Sodalith Einsamkeitsgefühle, weil er Sie den Sinn von Freundschaft und Wachstum in Freundschaften verstehen lässt.

Dieser Stein schenkt Ihnen ein Selbstvertrauen, das für alle Menschen, denen Sie begegnen, ob nun Freunde oder Bekannte aus dem Geschäftsleben, offensichtlich ist. Und er fördert die mentale Fokussierung. Selbstvertrauen gepaart mit mentaler Fokussierung führen zu Geschäftssinn und erfolgreichen Unternehmungen. Es ist ein positiver Kreislauf: Der mentale Fokus schafft Selbstvertrauen und dieses bewirkt Erfolg, was wiederum einen stärkeren mentalen Fokus ermöglicht.

Der Sodalith ist ein wunderbarer Helfer beim Meditieren, Visualisieren und Arbeiten im Alpha-Zustand sowie bei der Kommunikation mit Ihren Geistführern, Musen oder Lehrern. Er unterstützt Sie auch, wenn Sie mit geliebten Menschen meditativ kommunizieren oder wenn Sie sich ohne Angst vor Missverständnissen Ihrem/Ihrer Liebsten gegenüber voll und ganz zum Ausdruck bringen möchten. Er fördert mediale Fähigkeiten und Intuition im Bereich der Kommunikation. Beim Weissagen wirkt er sich günstig aus, wenn Ihre Geistführer versuchen, Ihnen Informationen zu vermitteln.

Der Sodalith begünstigt die Kreativität, die der Fähigkeit entspringt, sich durch ein künstlerisches Medium wirkungsvoll auszudrücken.

Sugilit

Beschreibung: Die Farben des Sugilits reichen von hellem Rosa bis zu fast schwarzem Purpur.
Schlüsselwort: Frieden.
Mentale/spirituelle Ebene: Der Sugilit strahlt eine friedvolle Energie aus, einen fröhlichen Frieden, der sich in Ihrem Zuhause ausbreiten kann. Er weckt das Verständnis dafür, dass dieser Frieden mit dem allumfassenden Frieden des Univer-

sums verbunden ist. Dadurch wird unser persönliches Wachstum und unsere Entwicklung hin zum Frieden und zu einer friedvollen Wesensnatur gefördert, sodass wir, unabhängig von den augenblicklichen Umständen, die kosmische Harmonie jederzeit erfahren können.

Der Sugilit ist ein Glücksstein – nicht in dem Sinn, dass man mit ihm nach Las Vegas aufbricht und dort Millionen gewinnt, sondern im Sinne eines Glücks, das aus der Erwartung guter Dinge entsteht. Dieser sonnige Stein sorgt dafür, dass Sie einfach nur dadurch Glück anziehen, dass Sie in bester Gemütsverfassung und für das empfänglich sind, was Sie glücklich macht.

Bei Wut und Ärger hilft er Ihnen, den Ursprung dieser Gefühle besser zu verstehen, sie anzunehmen und aufzulösen.

Tigerauge

Beschreibung: Das Tigerauge ist ein gebänderter Stein mit abwechselnd dunkelbraunen und bronzefarbenen Streifen. Dadurch wirkt der Stein insgesamt gestreift.

Schlüsselwort: Macht.

Mentale/spirituelle Ebene: Das Tigerauge ist ein dem Erdelement zugehöriger Stein, der Ihnen im Hinblick auf Selbstvertrauen, Macht und Erfolg beisteht. Diese Qualitäten entwickeln sich aus einer inneren Sicherheit im Macht-Zentrum, dem dritten Chakra, sodass Sie wissen, wie Sie vorgehen können, ohne aggressiv zu sein. Diese Art Selbstvertrauen und Zuversicht gewinnen wir, wenn wir in all unserem Sein und Tun rechtes Denken und rechtes Handeln walten lassen.

Wenn Sie eine Arbeitsstelle suchen, sollten Sie ein Amulett aus Tigerauge anfertigen. Laden Sie den Stein für Ihre Vorstellungsgespräche mit einem Gefühl von Selbstvertrauen und Erfolg auf.

Das Tigerauge kann auch für einen Wohlstandszauber verwendet werden. Doch seien Sie sich dabei bewusst, dass der Wohlstand nicht nur in monetärer, sondern in vielerlei Form eintreffen kann.

Das Tigerauge ist auch ein guter Stein für Schutz.

Topas

Beschreibung: Ein Topas von Schmucksteinqualität ist meist von gelber bis zu fast brauner Farbe, aber es gibt auch farblose, grüne, blaue oder rote Topase.

Schlüsselwort: Lehrer.

Mentale/spirituelle Ebene: Der Topas ist ein Stein mit hohen spirituellen Schwingungen. Die Meditation mit ihm kann Sie auf einen Weg raschen spirituellen Wachstums bringen. Er ist ein starker Helfer, wenn Sie mit Ihren Geistführern und Lehrern in Kontakt kommen wollen. Solch ein Kontakt kann dazu beitragen, dass Sie ein Verständnis von den spirituellen und astralen Bereichen entwickeln und zu der Weisheit geführt werden, die man durch ein spirituelles Leben gewinnt.

Der Topas verstärkt Ihr Verlangen, sich dem Studium spiritueller Dinge zu widmen, zu lernen, wie Sie Ihre intuitiven Fähigkeiten nutzen können, und Ihre medialen Fähigkeiten auszuloten. Er wird Sie auch dazu anregen, herauszufinden, wie Sie beim divinatorischen Arbeiten, zum Beispiel beim Kristallsehen, Visionen haben können.

Im Kontext der Geschäftswelt verbindet sich der Topas mit dem dritten Chakra, dem Macht-Zentrum, um Ihr Selbstvertrauen und Ihre Kreativität bei geschäftlichen Unternehmungen zu stärken und zu steigern. Dieses Selbstvertrauen wird Sie zu einem besseren Gespür für Ihre persönliche Macht und dadurch zu erfolgreichen Geschäftsbeziehungen führen.

Selbstvertrauen, Macht und Erfolg werden auch zu Wohlstand oder Reichtum in Form von Geld führen. Wenn Sie mit dem Topas arbeiten, wird er Ihnen helfen, in der Geschäftswelt zum höchsten Wohle aller erfolgreich zu sein, statt aus mangelndem Verständnis heraus der Gier auf Erden in die Hände zu spielen.

Die Arbeit mit dem Topas kann Sie lehren, ganz allgemein glücklicher in Ihrem Leben zu sein. Dieses Glück entsteht dadurch, dass Sie auf Ziele hinarbeiten, die Sie weiterbringen.

Der Topas wird Einsamkeit und Negativität aus Ihrem Leben verbannen. In dem Maße, wie Sie ein neues, selbstbewusstes und zuversichtliches Ich aufbauen, ist weniger Platz für ein kontraproduktives Ich, das Negativität und Einsamkeit anziehen könnte.

Dieser Stein hilft Ihnen, sich zu zentrieren und auszubalancieren, sodass Sie schlechte und gesundheitsschädliche Gewohnheiten leichter ablegen können. So gesehen hilft der Topas, Sie vor sich selbst und vor Gewohnheiten zu schützen, die der Heilung entgegenstehen.

BLAUER TOPAS

Beschreibung: Der blaue Topas, den es in einer Vielfalt von Farbschattierungen von Blassblau bis Dunkelblau gibt, ist ein geschätzter Schmuckstein und gewann in den letzten Jahren zunehmend an Beliebtheit. Man kann ihn oft in ungeschliffener, polierter Form relativ günstig kaufen.

Schlüsselworte: Ruhige Kommunikation.

Mentale/spirituelle Ebene: Abgesehen von den Eigenschaften des gelben Topas wirkt der blaue Topas auch auf das Kehlkopf-Chakra und fördert das Kommunikationsvermögen. Durch die Meditation mit ihm können Sie lernen, besser mit anderen zu kommunizieren.

Beschreibung: Die Farbpalette dieses Steins reicht von Blau und Blaugrün bis zu Grün. Er wurde schon im alten Ägypten und bei den Azteken als Schmuckstein verwendet. Für Schmuck wird ein blasses Blaugrün oder ins Grünliche oder Graue spielende Blau bevorzugt.

Schlüsselwort: Spiritualität.

Mentale/spirituelle Ebene: Der Türkis bringt ein starkes Gefühl von Spiritualität in Ihr Dasein. Diese Spiritualität hat eine Kraft, die Ihr Leben völlig umkrempeln kann, wenn Sie für Veränderungen offen sind.

Eine solche Veränderung kann die Form von medialem Arbeiten annehmen, sodass Sie sich der spirituellen Bereiche bewusster werden. Meditieren mit einem Türkis bringt Stärke und Intuition. Sie werden fähig, divinatorisch zu arbeiten, andere Menschen zu heilen und ihnen zu helfen, das zu erkennen, was ihnen bislang möglicherweise verborgen war. Ihre spirituellen Lehrer und Führer werden Ihnen bei diesem Wachstum beistehen.

Wird der Türkis auf das Dritte Auge gelegt, kann er Visionen und die Verwandlung von Wissen in Weisheit unterstützen. Die Weisheit entsteht in dem Maße, wie Sie dieses Wissen in Ihrem Alltagsleben anwenden.

Der Türkis bringt Gelassenheit in Ihr Leben und Frieden in Ihre Beziehungen, sei es nun mit Geschäftspartnern, Eltern, Geschwistern oder Kindern. Dieser Frieden kann sich auch auf Liebesbeziehungen und die Ehe ausdehnen. Er entsteht aus dem Wissen, dass in Ihrem Heim Harmonie herrscht und Sie sich mit denen, die Sie lieben, auf richtige Art verständigen. Dadurch wird Stress abgebaut und die Stimmung ist fröhlich.

Die Energie des Türkis hat etwas Ausdehnendes und Öffnendes, wodurch Sie medial Informationen aufnehmen können, möglicherweise in Form von Träumen. Das wird Ihnen helfen zu erkennen, wohin Ihr spiritueller Weg gegenwärtig führt.

Der Türkis arbeitet auch für Ihren Schutz. Dieser entsteht aus dem Wissen, dass Sie auf dem richtigen Weg sind, und dass Sie, wenn Sie ihn fortsetzen, Beistand von anderen bekommen. Dadurch werden Sie schwierige Situationen sicher durchschiffen und nicht nur Ihre Lektionen lernen, sondern auch Negativität verbannen können. Bei jeder gelernten Lektion lösen sich die bisher damit verbundenen negativen Assoziationen in Ihrem Leben auf.

Der Türkis unterstützt Sie beim Reinigen und Läutern der Energien in Ihrem Zuhause. Dabei werden auch alle unerwünschten Wesenheiten oder Energien verbannt.

Das Meditieren mit einem Türkis kann Sie in Ihren künstlerischen Fähigkeiten fördern. Dieser Stein öffnet Ihre Empfangskanäle für die Botschaften Ihrer Musen, sodass Sie mit dem Strom der Energien aus dem Kosmos fließen und Ihrem künstlerischen Talent besser Ausdruck geben können.

Ein Türkis wird gleich gesinnte, spirituelle Menschen zu Ihnen ziehen und nicht zulassen, dass Sie Gewalt anziehen. Sie müssen aber darauf achten, dass Sie für ein gewaltfreies Leben empfänglich sind, wenn der Stein für Sie arbeiten soll. Die Popularität, die der Türkis anzieht, hilft Einsamkeitsgefühle lindern und wird die Einsicht fördern, dass Gefühle dieser Art nicht durch Freundschaften überwunden werden, sondern durch die Erkenntnis, dass wir nie wirklich allein sind.

Wenn Sie mit einem Türkis meditieren und ihn dabei mit einem Bild von Geld und Wohlstand aufladen, wird er diese Dinge in Ihr Leben bringen. Er wird Ihnen auch helfen, den Prozess des Danksagens zu verstehen, und ganz besonders unterstützt er die Dankbarkeit für Wohlstand.

Beschreibung: Der Turmalin wird als Schmuckstein benutzt und findet sich in einer Vielfalt von Farben, darunter Rosa, Rot, Grün, Blau und Schwarz. Er ist auch als ungeschliffener Stein erhältlich und ist in dieser Form sehr wirkungsvoll.

Schlüsselwort: Reinigung.

Mentale/spirituelle Ebene: Der Turmalin absorbiert ganz ausgezeichnet Negativität, seien es Krankheiten oder Wesenheiten, die Sie aus Ihrem Zuhause verbannen möchten. Er bietet sich daher bestens zum Reinigen an. Wenn Sie ihn auf das Dritte Auge legen und meditieren, wird er negative Energien aus Ihrer Aura ziehen. Sie können ihn auch auf schmerzende Muskeln legen, damit er den Schmerz buchstäblich herauszieht.

Außerdem kann er zum Verbannen von Angst eingesetzt werden, vor allem bei Ängsten im Zusammenhang mit dem Vorwärtsschreiten oder Ansteuern von Zielen.

Er hilft beim Erden und stärkt die Verbindung mit den heilenden Energien von Mutter Erde.

Sie können ihn so aufladen, dass er Sie vor verbalen Angriffen schützt. Er schirmt aber nicht nur diese negativen Energien ab, sondern fördert auch die Erkenntnis, dass diese Negativität zu den Menschen gehört, die sie aussenden. Wird dieses Wissen am Arbeitsplatz eingesetzt, reduziert es den Stress.

Der Turmalin fördert intuitive und divinatorische Bewusstseinszustände. In Beziehungen unterstützt er die Treue.

Grüner Turmalin
Er verfügt über die reinigenden Qualitäten des Turmalins, lässt Sie aber dabei in allen Dingen Herz zeigen, statt aus Wut und Zorn heraus zu handeln.

Rosafarbener Turmalin

Er lässt Sie die Aspekte aus Ihrem Innern verbannen, die den Umweltschutz auf Erden nicht unterstützen oder Ihnen das Gefühl geben, dass Ihre Bemühungen nutzlos sind. Wenn Sie zum Beispiel bisher keine Mülltrennung praktiziert haben, wird er Sie dazu drängen, nun etwas zu unternehmen. Er zeigt Ihnen, was Sie persönlich tun können, um der Erde zu helfen, und wird Sie verstehen lassen, dass Ihre scheinbar so kleinen Bemühungen tatsächlich ins Gewicht fallen.

Schwarzer Turmalin

Er hilft Schmerzen im Körper aufzulösen. Legen Sie den Stein auf die schmerzende Stelle, wobei der Faserverlauf von Ihrem Körper wegweisen sollte. Er wird die Energie, die die Beschwerden verursacht, herausziehen. Der Einsatz empfiehlt sich besonders bei Verspannungen und Schmerzen im Nacken- und Schulterbereich.

Ulexit

Beschreibung: Ein milchig weißes Mineral mit Seiden- oder Glasglanz, das als Vergrößerungsglas fungieren kann.
Schlüsselworte: Wissen und Verstehen.
Mentale/spirituelle Ebene: Wenn Sie einen Ulexit bei sich tragen, wird er Ihnen helfen, andere Menschen zu verstehen, die Motive hinter ihren Worten zu erfassen, zu sehen, ob sie Ihnen gegenüber ehrlich sind und ob sie Ihren Worten glauben. Daher ist er ein hervorragender Stein zur Unterstützung einer aufrichtigen Verständigung ohne Barrieren, und er wird Ihnen die Kraft geben, jemanden zurechtzuweisen, wenn er es an Ehrlichkeit fehlen lässt.

Der Ulexit fördert mediale Bestrebungen und hilft bei der mentalen Fokussierung, was die Intuition verstärkt. Er unterstützt Sie in der Wahrnehmung und Deutung selbst der subtilsten Körpersprache, die Ihnen normalerweise vielleicht entgangen wäre, sodass Sie effektiver kommunizieren können. Das geht sogar bis zu der Fähigkeit, die Gedanken einer anderen Person aufzufangen. Damit verbunden ist ein starkes Verständnis für die Kommunikationsfähigkeit anderer und das Bewusstsein, wie sehr wir uns alle oft vorsehen und bedeckt halten. Das wiederum lässt uns erkennen, wie wir mit anderen am besten kommunizieren können.

Der Ulexit kann für astrale Projektion eingesetzt werden, vor allem wenn es um Personen geht, die zur Heilung, Stärkung oder Beruhigung Ihre Energie spüren sollen.

Dieser Stein arbeitet über Ihr Drittes Auge mit Ihren inneren kreativen Quellen. Wenn Sie bei der Arbeit oder zu Hause an einem kreativen Projekt arbeiten, zeigt er Ihnen, wie Sie diese Quellen aktivieren und so kreativ wie möglich sein können.

Der Ulexit unterstützt Visionen. Legen Sie ihn auf Ihr Drittes Auge, stellen Sie eine bestimmte Frage und achten Sie auf die Visionen, die vor Ihrem inneren Auge vorbeiziehen, während Sie sich auf den Ulexit konzentrieren. Dabei kann es sich um globale oder auch ganz persönliche Dinge handeln. Diese Meditation mit einem Ulexit ist auch als Divinationsmethode geeignet.

Legen Sie zur Unterstützung von Träumen Ulexit und Jade unter Ihr Kopfkissen. Sie helfen Ihnen, den Zweck und die verborgene Bedeutung Ihrer Träume zu verstehen. Außerdem fördert der Ulexit die Meditation, da er beruhigend wirkt und zeigt, was dabei für Körper, Geist und Seele gewonnen werden kann.

Zirkon

Beschreibung: Zirkon ist ein durchscheinendes Mineral, das in einer Vielfalt von Farben vorkommt, einschließlich aller Chakrenfarben – Rot, Orange, Gelb, Grün, Blau, Purpur und Weiß (oder farblos).

Schlüsselwort: Kreativität.

Mentale/spirituelle Ebene: Dieser Stein fördert Kreativität in allen Unternehmungen und die Erkenntnis, dass Kreativität Bestandteil des Prozesses ist, der Ihnen hilft, mit Ihrer weiblichen Seite in Berührung zu kommen. Er macht Sie aufgeschlossen und offen in Ihrer Kreativität und unterstützt Sie darin, sich voller Zuversicht und Selbstvertrauen auf neue Gedanken und Ideen einzulassen und sie voranzutreiben. Ihre Aufgeschlossenheit und Offenheit wird andere Menschen dazu ermuntern, Ihnen hinsichtlich dieser neuen Gedanken und Ideen beizupflichten. So gesehen inspiriert dieser Stein zu einer geselligen Einstellung, sodass alle am Projekt Beteiligten merken, dass Sie für das Wohl aller arbeiten.

Zitrin

Beschreibung: Eine Varietät des Quarzes mit hellgelben, gold- und topasfarbenen bis hin zu brauen Farbtönen.

Schlüsselwort: Selbstverwirklichung.

Mentale/spirituelle Ebene: Der Zitrin ist ein Stein, der das Glücklichsein lehrt. Dieses Glück ist die Folge einer Reinigung des dritten Chakras und der Erkenntnis, dass Sie die Kontrolle über Ihre eigene Macht haben. Er lehrt Sie, dass Ihr Schicksal in Ihren eigenen Händen liegt und dass Ihr Lebensweg nicht von äußeren Faktoren diktiert wird. Dieser Stein steht daher für persönliche Verantwortung. Sie erschaffen sich Ihr Glück durch die richtige Geistesverfassung. Der

Zitrin lehrt, dass wir alle unseren Wert und unsere Gültigkeit als Individuen haben und dass wir unser Selbstvertrauen, unser Selbstbild, unseren Erfolg, unsere Macht, unsere Führungsqualitäten, unser Geld und unseren Wohlstand selbst erschaffen. Er mindert den Stress, der aus der schlechten Gewohnheit des »Ohnmachtsgefühls« entsteht, und lässt uns im Vertrauen auf Erfolg voranschreiten. Wenn Sie eine Anstellung anstreben, werden diese wertvollen Lektionen dafür sorgen, dass Sie die Stelle bekommen.

Der Zitrin hilft bei Störungen und Erkrankungen in Zusammenhang mit dem dritten Chakra. Da dieser Stein das dritte Chakra reinigt und klärt, hilft er beim Auflösen von Wut und Zorn im Zusammenhang mit Machtkämpfen. Es empfiehlt sich, ihn bei solchen Machtkämpfen zum Schutz bei sich zu tragen.

Der Zitrin unterstützt die Intuition, vor allem das »Gefühl im Bauch«, und fördert die mentale Fokussierung beim Visualisieren in der Meditation, besonders wenn Sie dabei nach Weisheit streben.

Wollen Sie einen Bereich energetisch reinigen und segnen, dann meditieren Sie mit einem Zitrin, um Ihr drittes Chakra von persönlichem »Schrott« zu befreien, und visualisieren Sie, wie es von hellem, gelbem Licht durchströmt wird. Wenn Sie dann die Energie Ihres Macht-Zentrums spüren, nehmen Sie beim Einatmen weiter Energie aus dem Universum auf; und beim Ausatmen visualisieren Sie, wie reine, gesegnete Energie durch Ihren Solarplexus in den Sie umgebenden Raum fließt. Füllen Sie den Raum mit dieser neu gefundenen Energie.

Wenn Sie sich einsam fühlen, wird Ihnen der Zitrin helfen, den Sinn und Zweck Ihrer Einsamkeit zu verstehen, und Ihnen zeigen, wie Sie negative Gedanken über sich selbst verbannen können. Das öffnet die Tür für neue Freundschaften und Sie werden sich selbst in einem neuen Licht sehen. Auch

Ihre neuen Freunde werden Sie in diesem neuen Licht zu sehen beginnen.

Manchmal heißt es, dass ein Zitrin nicht gereinigt zu werden braucht. Doch tut es ihm sicherlich gut, wenn Sie ihn gelegentlich in der rechten Hand halten und dabei visualisieren, wie das Licht der Göttin oder kosmisches Licht durch das siebte Chakra in Sie einströmt und dann durch den Arm und die Hand in den Zitrin fließt, während Sie ihm für seine Führung danken.

VIII Korrespondenzlisten für Rituale

Es folgt nun eine Aufzählung von 52 Stichworten, die beim magischen Arbeiten häufig als Intention auftauchen. Bei den einzelnen Stichworten finden Sie Informationen über den besten Zeitpunkt sowie Hinweise, welche Kräuter, Steine und Farben Sie dabei verwenden sollten.

Wenn Sie zum Beispiel einen Zauber zur Steigerung Ihrer Intuition wirken wollen, werden Sie feststellen, dass Purpur eine gute Farbe für die Kerze wäre, dass Gardenienöl und Weihrauch zum Segnen der Kerze verwendet werden können und dass Sie das Ritual an einem Dienstag oder dann durchführen sollten, wenn sich der Mond im Skorpion befindet.

Je nach dem spezifischen Aspekt der Intuition (z. B. im Geschäftsleben, im Zusammenhang mit Freundschaften oder ganz allgemein) können Sie einen Stein auswählen, der von seinem Wesen her mit dem gewünschten Aspekt in Einklang steht, ihn während des Kerzenzaubers aufladen und ihn dann bei sich tragen, wenn Sie ihn brauchen.

Hier folgen nun einige Erläuterungen im Zusammenhang mit den aufgeführten Kategorien:

Farbe: Wenn Sie Puppen anfertigen, einen Kerzenzauber wirken, visualisieren, ein Altartuch auswählen oder aus anderen Gründen zur Unterstützung Ihres magischen Arbeitens eine Farbe einsetzen wollen, kann dieser Aspekt nützlich sein. Eine spezielle Farbe zu tragen ist auch sehr hilfreich, wenn Sie einfach nur einen bestimmten Aspekt Ihres Selbst stärken möchten. Tragen Sie zum Beispiel Grün, um Ihr Wohlstands-Bewusstsein zu entfalten. Oder schenken Sie rosa- oder gold-farbene Blumen, wenn Sie das Selbstbild von jemandem auf-möbeln möchten.

Pflanzen: Die aufgeführten Pflanzen können zur Herstellung von Räucherwerk im Mörser zerkleinert, in eine Puppe einge-näht, im Garten gezogen oder teilweise sogar als Würzkraut auf das Essen gestreut werden. Bei jedem Stichwort finden Sie mehrere Pflanzen, die jeweils andere Aspekte einbringen. Bei einem Zauber zur Unterstützung Ihrer künstlerischen Begabung beispielsweise hilft die Himbeere, Zweifel hinsicht-lich Ihrer persönlichen Fähigkeiten abzulegen. Sollten Sie sich aber ein bisschen wagemutiger fühlen, hilft der Nelkenpfeffer, Ihre künstlerischen Unternehmungen aggressiver anzugehen. Lesen Sie in Kapitel VI nach, welche Pflanzen jeweils für Ihre Bedürfnisse am besten geeignet sind.

Steine: Steine können, wie in Kapitel III erwähnt, zur Ver-stärkung eines Kerzenzaubers verwendet oder auch für be-stimmte Zwecke aufgeladen werden, um sie dann als Ge-schenk weiterzureichen oder als Amulett bei sich zu tragen. Wie bei den Pflanzen finden Sie unter jedem Stichwort meh-rere Steine aufgezählt. Und jeder erfüllt in Bezug auf den genannten Zweck eine etwas andere Funktion. Zum Beispiel eignet sich der blaue Bandachat hervorragend als Helfer, wenn Sie mithilfe Ihrer gesteigerten Kommunikationsfähig-keit jemanden beruhigen möchten, während der Amethyst mit seinen Schwingungen beruhigt, wenn Sie wütend sind oder irgendwelche Ängste haben.

Tierkreiszeichen: Das aufgeführte Tierkreiszeichen bezeichnet den besten Zeitpunkt für Ihr magisches Wirken. Wenn Sie zum Beispiel ein Ritual für den Weltfrieden durchführen möchten, dann sollten Sie das tun, wenn sich der Mond im Wassermann befindet. Wirken Sie Ihre Magie bei abnehmendem Mond, wenn Sie etwas verbannen oder loswerden möchten, zum Beispiel irgendeine Gewohnheit, und bei zunehmendem Mond, wenn Sie etwas manifestieren oder anziehen möchten. Natürlich ist der Vollmond von der Energie her eine optimale Zeit für fast jede Art von Magie. Und auch wenn Sie keine Magie betreiben, empfiehlt es sich, bei Unternehmungen darauf zu achten, in welchem Tierkreiszeichen sich der Mond befindet. Zum Beispiel ist ein Stier-Mond als bekanntermaßen romantische Zeit vorteilhaft für ein erstes Rendezvous.

Planet: Der Planet, der Einfluss auf das magische Arbeiten im Zusammenhang mit dem erwähnten Stichwort ausübt, wird erwähnt, damit Sie den Zeitpunkt für Ihren Zauber besser festlegen können.

Wochentag: Der günstigste Wochentag für eine magische Unternehmung. Wenn Sie bei einem Ritual keine Rücksicht auf die Mondstellung nehmen können, bietet sich der günstigste Wochentag als zweitbeste Wahl an.

Element: Das Element, das sich für ein magisches Unternehmen im Zusammenhang mit dem jeweiligen Stichwort am besten eignet. Es korrespondiert mit dem jeweils genannten Tierkreiszeichen. Wenn Sie zum Beispiel (mit entsprechender Einwilligung) einen Liebeszauber wirken möchten, ist es vorteilhaft, mit Erdmagie zu arbeiten und eine Puppe anzufertigen (entspricht dem Zeichen Stier). Sie können aber auch von

Ihrem eigenen bevorzugten Element ausgehen. Wenn Ihr astrologisches Zeichen beispielsweise ein Feuerzeichen ist, funktioniert vielleicht der Feuer- oder Kerzenzauber oder das Weissagen mithilfe des Feuerelements am besten für Sie.

Richtung: Es ist zwar nicht unbedingt notwendig, hat sich aber doch als hilfreich erwiesen, beim Aufbau des magischen Kreises auf die spezielle Richtung zu achten, die sich mit einem Ritual verbindet. Wenn Sie zum Beispiel die Wächter des Nordens anrufen und dabei gleichzeitig Hilfe vom Zeichen des Stiers visualisieren, erzeugt das eine stärkere Energie für das Wirken von Erdmagie.

DIE STICHWORTE

Angst (verbannen)

Farben: Rosa, Rot, Schwarz, Weiß
Pflanzen: Amarant, Apfel, Basilikum, Benzoe, Estragon, Gewürznelke, Muskatnuss, Myrrhe, Salbei, Sandelholz, Tagetes, Weihrauch, Wermut, Zimt
Steine: Achat, Bernstein, Blutstein, Diamant, Glimmer, Granat, Hämatit, Jaspis, Karneol, Kupfer, Obsidian, Quarz, Turmalin
Tierkreiszeichen: Löwe
Planet: Sonne
Wochentag: Sonntag
Element: Feuer
Himmelsrichtung: Süden

Arbeit

Farben: Braun, Grün, Orange
Pflanzen: Basilikum, Gewürznelke, Grüne Minze, Jasmin, Lorbeer, Myrrhe, Nüsse, Orange, Sonnenblume, Weihrauch, Zimt, Zitrone
Steine: Achat, Diamant, Gold, Karneol, Rauchquarz, Tigerauge, Zitrin
Tierkreiszeichen: Jungfrau
Planet: Merkur
Wochentag: Mittwoch
Element: Erde
Himmelsrichtung: Norden

Astrale Projektion

Farben: Purpur, Schwarz, Silber, Weiß
Pflanzen: Beifuß, Benzoe, Eisenkraut, Helmkraut, Lorbeer, Muskatnuss, Myrrhe, Salbei, Weihrauch
Steine: Amethyst, Aquamarin, Calcit, Diamant, Ulexit
Tierkreiszeichen: Skorpion
Planet: Pluto
Wochentag: Dienstag
Element: Wasser
Himmelsrichtung: Westen

Austreiben (negativer Wesenheiten und Geister)

Farben: Grün, Purpur, Schwarz, Weiß
Pflanzen: Basilikum, Drachenblut, Eisenkraut, Gewürznelke, Holunder, Kiefer, Klee, Knoblauch, Kreuzkümmel, Minze, Mistel, Quecke, Rosmarin, Salbei, Sandelholz, Schafgarbe, Wacholder, Weihrauch, Zwiebel
Steine: Amethyst, Bernstein, Calcit, Diamant, Jade, Katzenauge, Lapislazuli, Malachit, Obsidian, Rosenquarz, Selenit, Smaragd, Türkis, Turmalin
Tierkreiszeichen: Skorpion
Planet: Pluto
Wochentag: Dienstag
Element: Wasser
Himmelsrichtung: Westen

Beruhigung

Farben: Blau, Grün, Rosa, Silber, Weiß
Pflanzen: Basilikum, Gardenie, Geranie, Himbeere, Kamille, Katzenminze, Kiefer, Lavendel, Lorbeer, Myrrhe, Patschuli,

Pfefferminze, Rosmarin, Salbei, Sandelholz, Weide, Weihrauch

Steine: Amethyst, Blauer Bandachat, Blauer Topas, Calcit, Hämatit, Marmor, Mondstein, Opal, Perle, Saphir, Selenit, Smaragd

Tierkreiszeichen: Waage

Planet: Venus

Wochentag: Freitag

Element: Luft

Himmelsrichtung: Osten

Dankbarkeit

Farben: Grün, Weiß

Pflanzen: Amarant, Apfel, Basilikum, Eichel, Gardenie, Gartennelke, Geißblatt, Gewürznelke, Granatapfel, Ingwer, Kamille, Katzenminze, Kiefer, Klee, Kümmel, Lavendel, Lorbeer, Löwenzahn, Minze, Mistel, Mohn, Muskatnuss, Myrrhe, Nüsse, Orange, Rose, Rosmarin, Safran, Salbei, Sandelholz, Schafgarbe, Schwertlilie, Tabak, Ulme, Weide, Weihrauch, Weißdorn, Zimt, Zitrone

Steine: Amethyst, Calcit, Gold, Mondstein, Opal, Quarz, Selenit, Silber, Türkis

Tierkreiszeichen: Alle

Planet: Alle

Wochentag: Alle

Element: Alle

Himmelsrichtung: Alle

Divination

Farben: Purpur, Schwarz, Silber, Weiß

Pflanzen: Baldrian, Basilikum, Beifuß, Benzoe, Eisenkraut,

Estragon, Gardenie, Gartennelke, Gewürznelke, Helmkraut, Kamille, Katzenminze, Kopal, Lavendel, Lorbeer, Löwenzahn, Muskatnuss, Myrrhe, Orange, Patschuli, Piment, Quecke, Rainfarn, Rosmarin, Safran, Salbei, Sandelholz, Tabak, Ulme, Weihrauch, Wermut, Zitronenverbene

Steine: Amethyst, Aquamarin, Bernstein, Blauer Topas, Calcit, Diamant, Hämatit, Jade, Markasit, Meteorit, Mondstein, Obsidian, Onyx, Selenit, Silber, Smaragd, Sodalith, Türkis, Turmalin, Ulexit

Tierkreiszeichen: Skorpion

Planet: Pluto

Wochentag: Dienstag

Element: Wasser

Himmelsrichtung: Westen

Ehe

Farben: Rosa, Rot, Weiß

Pflanzen: Amarant, Apfel, Basilikum, Erdbeere, Gardenie, Himbeere, Ingwer, Lavendel, Myrrhe, Orange, Piment, Patschuli, Rose, Schwertlilie, Tonkabohne, Wacholder, Weihrauch

Steine: Amethyst, Diamant, Glimmer, Gold, Granat, Hämatit, Jade, Karneol, Markasit, Mondstein, Opal, Peridot, Perle, Quarz, Rhodochrosit, Rosenquarz, Rubin, Saphir, Silber, Smaragd, Türkis

Tierkreiszeichen: Stier

Planet: Venus

Wochentag: Freitag

Element: Erde

Himmelsrichtung: Osten

Einsamkeit

Farben: Gold, Grün, Kupfer, Rosa, Schwarz, Weiß
Pflanzen: Ahorn, Apfel, Basilikum, Beinwell, Fenchel, Gardenie, Gewürznelke, Granatapfel, Grüne Minze, Ingwer, Jasmin, Lavendel, Lorbeer, Löwenzahn, Myrrhe, Patschuli, Pfefferminze, Piment, Sandelholz, Schafgarbe, Vanille, Wacholder, Weihrauch, Zitrone
Steine: Amethyst, Aventurin, Blauer Bandachat, Diamant, Gold, Granat, Jade, Karneol, Mondstein, Onyx, Quarz, Rhodochrosit, Rhodonit, Rosenquarz, Rubin, Silber, Smaragd, Sodalith, Topas, Türkis, Zitrin
Tierkreiszeichen: Wassermann
Planet: Uranus
Wochentag: Mittwoch
Element: Luft
Himmelsrichtung: Osten

Erdung

Farben: Rot, Schwarz
Pflanzen: Apfel, Basilikum, Beinwell, Eichel, Ingwer, Kaktus, Kiefer, Lorbeer, Majoran, Patschuli, Pfeffer, Rosmarin, Salbei, Sandelholz, Weide, Zimt
Steine: Achat, Bernstein, Blutstein, Glimmer, Hämatit, Karneol, Kupfer, Obsidian, Onyx, Turmalin
Tierkreiszeichen: Stier
Planet: Venus
Wochentag: Freitag
Element: Erde
Himmelsrichtung: Norden

Erfolg

Farben: Gold, Grün, Kupfer, Orange
Pflanzen: Dill, Gardenie, Gartennelke, Gewürznelke, Ingwer, Kiefer, Löwenzahn, Nüsse, Pfefferminze, Safran, Sonnenblume, Tagetes, Wacholder, Zimt, Zitrone
Steine: Blutstein, Bornit, Diamant, Druse, Gold, Karneol, Katzenauge, Kupfer, Marmor, Onyx, Quarz, Saphir, Sodalith, Tigerauge, Topas, Zitrin
Tierkreiszeichen: Steinbock
Planet: Saturn
Wochentag: Samstag
Element: Erde
Himmelsrichtung: Osten

Fokussierung (mental)

Farben: Gelb, Purpur, Schwarz, Weiß
Pflanzen: Andorn, Benzoe, Gardenie, Kiefer, Kopal, Lavendel, Muskatnuss, Myrrhe, Patschuli, Safran, Salbei, Sandelholz, Sonnenhut, Weide, Weihrauch, Zitrone
Steine: Achat, Amethyst, Aquamarin, Bernstein, Blauer Bandachat, Diamant, Gold, Jade, Magnetit, Opal, Quarz, Saphir, Sodalith, Türkis, Turmalin, Ulexit, Zitrin
Tierkreiszeichen: Widder
Planet: Mars
Wochentag: Dienstag
Element: Feuer
Himmelsrichtung: Süden

310

Frieden

Farben: Blau, Purpur, Rosa, Silber, Weiß
Pflanzen: Apfel, Basilikum, Beinwell, Benzoe, Eisenkraut, Gardenie, Gartennelke, Gewürznelke, Helmkraut, Himbeere, Holunder, Jasmin, Kamille, Katzenminze, Kiefer, Lavendel, Myrrhe, Orange, Rose, Rosmarin, Salbei, Stiefmütterchen, Weihrauch
Steine: Amethyst, Aquamarin, Blauer Bandachat, Calcit, Diamant, Granat, Jade, Koralle, Mondstein, Opal, Perle, Quarz, Rhodochrosit, Rosenquarz, Saphir, Selenit, Smaragd, Sugilit, Türkis
Tierkreiszeichen: Wassermann
Planet: Saturn
Wochentag: Samstag
Element: Luft
Himmelsrichtung: Osten

Fruchtbarkeit

Farben: Grün, Orange, Silber, Weiß
Pflanzen: Apfel, Basilikum, Dill, Eichel, Erdbeere, Gardenie, Gewürznelke, Himbeere, Kamille, Lorbeer, Majoran, Nüsse
Steine: Diamant, Granat, Jaspis, Karneol, Mondstein, Opal, Perle, Quarz, Smaragd
Tierkreiszeichen: Krebs
Planet: Mond
Wochentag: Montag
Element: Wasser
Himmelsrichtung: Westen

Führungsqualitäten

Farben: Gelb, Gold, Kupfer, Purpur, Rot, Weiß
Pflanzen: Andorn, Apfel, Basilikum, Benzoe, Dill, Gewürznelke, Holunder, Ingwer, Kaktus, Majoran, Minze, Myrrhe, Safran, Salbei, Sandelholz, Sonnenblume, Tagetes, Ulme, Wacholder, Weihrauch, Wermut, Zimt, Zitrone
Steine: Achat, Aquamarin, Aventurin, Bernstein, Diamant, Gold, Granat, Karneol, Katzenauge, Kupfer, Lapislazuli, Magnetit, Markasit, Marmor, Onyx, Platin, Pyrit, Rubin, Saphir, Smaragd, Topas, Zitrin
Tierkreiszeichen: Löwe
Planet: Sonne
Wochentag: Sonntag
Element: Feuer
Himmelsrichtung: Süden

Geistführer/Musen/Lehrer

Farben: Blau, Purpur, Silber, Weiß
Pflanzen: Beifuß, Benzoe, Eisenkraut, Gardenie, Jasmin, Lavendel, Lorbeer, Myrrhe, Pfefferminze, Safran, Salbei, Sandelholz, Thymian, Wermut
Steine: Amethyst, Blauer Bandachat, Bornit, Calcit, Jade, Markasit, Mondstein, Obsidian, Quarz, Saphir, Selenit, Sodalith, Topas, Türkis
Tierkreiszeichen: Skorpion
Planet: Pluto
Wochentag: Dienstag
Element: Wasser
Himmelsrichtung: Westen

Geld

Farben: Gold, Grün, Braun

Pflanzen: Apfel, Baldrian, Basilikum, Dill, Eiche, Eichel, Eisenkraut, Gartennelke, Gewürznelke, Granatapfel, Holunder, Ingwer, Kamille, Kiefer, Klee, Kopal, Lorbeer, Löwenzahn, Minze, Mohn, Muskatnuss, Nüsse, Patschuli, Pfefferminze, Sonnenblume, Tagetes, Tonkabohne, Wachsmyrte, Zimt

Steine: Achat, Aventurin, Bernstein, Diamant, Gold, Granat, Karneol, Magnetit, Markasit, Peridot, Platin, Quarz, Rosenquarz, Smaragd, Topas, Türkis, Zitrin

Tierkreiszeichen: Steinbock

Planet: Saturn

Wochentag: Samstag

Element: Erde

Himmelsrichtung: Norden

Gesundheit/Heilung

Farben: Grün, Rosa

Pflanzen: Aloe, Amarant, Andorn, Apfel, Beifuß, Beinwell, Brennnessel, Eisenkraut, Erdbeere, Estragon, Gardenie, Gartennelke, Gewürznelke, Grüne Minze, Himbeere, Holunder, Ingwer, Johanniskraut, Kamille, Katzenminze, Kiefer, Knoblauch, Kopal, Koriander, Lavendel, Löwenzahn, Majoran, Minze, Myrrhe, Orange, Patschuli, Petersilie, Pfefferminze, Piment, Rainfarn, Ringelblume, Rose, Rosmarin, Safran, Salbei, Sandelholz, Schafgarbe, Sonnenblume, Sonnenhut, Wacholder, Weide, Weihrauch, Wermut, Wintergrünstrauch, Zaubernuss, Zimt, Zitrone, Zitronenverbene, Zwiebel

Steine: Achat, Amethyst, Aquamarin, Aventurin, Bergkristall, Bernstein, Blauer Bandachat, Blutstein, Calcit, Diamant, Granat, Jade, Karneol, Kupfer, Lapislazuli, Magnetit, Malachit,

Markasit, Marmor, Mondstein, Opal, Peridot, Perle, Rhodochrosit, Rosenquarz, Topas, Türkis, Turmalin, Zitrin.
Tierkreiszeichen: Alle. Jedes Tierkreiszeichen regiert einen Körperbereich, und zwar im Allgemeinen wie folgt:

Widder	= Gesicht und Kopf
Stier	= Hals und Nacken
Zwillinge	= Arme und Hände
Krebs	= Brust und Magen
Löwe	= oberer Rückenbereich und Rückgrat
Jungfrau	= Solarplexus und Darm
Waage	= unterer Rückenbereich und Nieren
Skorpion	= Fortpflanzungsorgane
Schütze	= Oberschenkel und Leber
Steinbock	= Knie
Wassermann	= Waden und Fußknöchel
Fische	= Füße

Planet: Alle
Wochentag: Alle
Element: Alle
Himmelsrichtung: Alle

Gewalt (beenden)

Farben: Rosa, Rot, Schwarz, Weiß
Pflanzen: Ahorn, Basilikum, Gardenie, Geranie, Gewürznelke, Granatapfel, Himbeere, Jasmin, Kamille, Kiefer, Lavendel, Majoran, Mistel, Myrrhe, Patschuli, Rainfarn, Schafgarbe, Schwertlilie, Stiefmütterchen, Tagetes, Tonkabohne, Weihrauch, Zitrone, Zitronenverbene
Steine: Amethyst, Diamant, Gold, Granat, Hämatit, Jade, Markasit, Mondstein, Opal, Peridot, Perle, Quarz, Rhodochrosit, Rhodonit, Rosenquarz, Rubin, Saphir, Silber, Smaragd, Türkis

Tierkreiszeichen: Stier
Planet: Venus
Wochentag: Freitag
Element: Erde
Himmelsrichtung: Norden

Gewohnheiten (Aufgeben schlechter Gewohnheiten)

Farben: Blau, Grün, Schwarz, Weiß
Pflanzen: Andorn, Basilikum, Benzoe, Eisenkraut, Gewürznelke, Ingwer, Kopal, Lavendel, Muskatnuss, Myrrhe, Patschuli, Piment, Rose, Safran, Salbei, Weide, Weihrauch
Steine: Achat, Amethyst, Aquamarin, Blauer Bandachat, Calcit, Druse, Hämatit, Jade, Markasit, Rubin, Selenit, Topas, Zitrin
Tierkreiszeichen: Wassermann
Planet: Uranus
Wochentag: Mittwoch
Element: Luft
Himmelsrichtung: Osten

Glück

Farben: Blau, Gold
Pflanzen: Apfel, Basilikum, Eichel, Erdbeere, Gartennelke, Kiefer, Löwenzahn, Muskatnuss, Nelkenpfeffer, Rose, Tonkabohne, Wacholder, Zitrone
Steine: Bornit, Feueropal, Herkimer-Diamant, Lapislazuli, Markasit, Sodalith, Sugilit, Topas, Zitrin
Tierkreiszeichen: Schütze
Planet: Jupiter
Wochentag: Donnerstag
Element: Feuer
Himmelsrichtung: Süden

Glücksgefühl

Farben: Gold, Rosa, Weiß
Pflanzen: Anis, Apfel, Basilikum, Gardenie, Geißblatt, Gewürznelke, Ingwer, Lavendel, Nelkenpfeffer, Orange, Safran, Schafgarbe, Sonnenblume, Wacholder, Zitrone
Steine: Aquamarin, Aventurin, Bornit, Diamant, Gold, Granat, Lapislazuli, Quarz, Rhodochrosit, Rhodonit, Rosenquarz, Topas, Türkis, Zitrin
Tierkreiszeichen: Schütze
Planet: Jupiter
Wochentag: Donnerstag
Element: Feuer
Himmelsrichtung: Süden

Intuition

Farben: Purpur
Pflanzen: Andorn, Baldrian, Basilikum, Beifuß, Benzoe, Eisenkraut, Gardenie, Gewürznelke, Helmkraut, Kopal, Lavendel, Muskatnuss, Myrrhe, Patschuli, Quecke, Safran, Salbei, Sandelholz, Thymian, Tonkabohne, Ulme, Weihrauch, Wermut
Steine: Amethyst, Aquamarin, Blauer Bandachat, Calcit, Druse, Glimmer, Granat, Hämatit, Jade, Katzenauge, Koralle, Lapislazuli, Magnetit, Malachit, Markasit, Mondstein, Obsidian, Opal, Peridot, Perle, Quarz, Saphir, Selenit, Silber, Smaragd, Sodalith, Topas, Türkis, Turmalin, Ulexit, Zitrin
Tierkreiszeichen: Skorpion
Planet: Pluto
Wochentag: Dienstag
Element: Wasser
Himmelsrichtung: Westen

Kommunikation

Farben: Blau, Gelb, Rot

Pflanzen: Amarant, Apfel, Basilikum, Benzoe, Gardenie, Gartennelke, Gewürznelke, Jasmin, Lorbeer, Mistel, Myrrhe, Nelkenpfeffer, Rose, Salbei, Sandelholz, Tagetes, Wacholder, Weißdorn, Zimt

Steine: Achat, Aquamarin, Blauer Bandachat, Blauer Topas, Magnetit, Peridot, Perle, Quarz, Sandstein, Smaragd, Sodalith, Türkis, Ulexit, Zitrin

Tierkreiszeichen: Zwillinge

Planet: Merkur (nicht bei Rückläufigkeit)

Wochentag: Mittwoch

Element: Luft

Himmelsrichtung: Osten

Kreativität

Farben: Grün, Orange, Silber, Weiß

Pflanzen: Andorn, Apfel, Basilikum, Beifuß, Benzoe, Eisenkraut, Gardenie, Gartennelke, Gewürznelke, Gotu Kola, Granatapfel, Himbeere, Katzenminze, Kopal, Kümmel, Mohn, Muskatnuss, Nelkenpfeffer, Orange, Patschuli, Rainfarn, Salbei, Weihrauch

Steine: Bernstein, Bornit, Diamant, Jade, Karneol, Katzenauge, Koralle, Mondstein, Opal, Peridot, Rhodochrosit, Rosenquarz, Silber, Smaragd, Sodalith, Topas, Ulexit, Zirkon

Tierkreiszeichen: Fische

Planet: Neptun

Wochentag: Donnerstag

Element: Wasser

Himmelsrichtung: Westen

Künstlerisches Talent

Farben: Hellblau, Orange, Weiß
Pflanzen: Apfel, Eisenkraut, Gardenie, Gartennelke, Gewürznelke, Granatapfel, Himbeere, Katzenminze, Mohn, Muskatnuss, Nelkenpfeffer, Orange, Rainfarn
Steine: Achat, Aventurin, Bornit, Calcit, Granat, Karneol, Kupfer, Markasit, Peridot, Rhodochrosit, Rubin, Sandstein, Saphir, Türkis
Tierkreiszeichen: Waage
Planet: Venus
Wochentag: Freitag
Element: Luft
Himmelsrichtung: Osten

Liebe

Farben: Grün, Rosa, Rot
Pflanzen: Ahorn, Amarant, Apfel, Basilikum, Drachenblut, Erdbeere, Gardenie, Gartennelke, Geranie, Gewürznelke, Ginseng, Granatapfel, Himbeere, Ingwer, Jasmin, Kamille, Katzenminze, Kiefer, Klee, Koriander, Lavendel, Majoran, Mistel, Myrrhe, Nelkenpfeffer, Patschuli, Rainfarn, Rose, Schafgarbe, Schwertlilie, Stiefmütterchen, Tagetes, Tonkabohne, Vanille, Weihrauch, Zitrone, Zitronenverbene
Steine: Achat, Amethyst, Diamant, Glimmer, Gold, Granat, Hämatit, Jade, Karneol, Magnetit, Markasit, Mondstein, Opal, Peridot, Perle, Quarz, Rhodochrosit, Rhodonit, Rosenquarz, Rubin, Saphir, Silber, Smaragd, Sodalith, Türkis
Tierkreiszeichen: Stier
Planet: Venus
Wochentag: Freitag

Element: Erde
Himmelsrichtung: Norden

Macht und Kraft

Farben: Gelb, Gold, Kupfer, Purpur, Orange, Rot
Pflanzen: Apfel, Benzoe, Gardenie, Granatapfel, Kiefer, Muskatnuss, Salbei, Weihrauch, Zimt
Steine: Diamant, Gold, Marmor, Quarz, Rubin, Tigerauge, Topas, Türkis, Zitrin
Tierkreiszeichen: Löwe
Planet: Sonne
Wochentag: Sonntag
Element: Feuer
Himmelsrichtung: Süden

Mediale Fähigkeiten

Farben: Purpur, Schwarz, Silber, Weiß
Pflanzen: Baldrian, Basilikum, Beifuß, Benzoe, Eisenkraut, Gardenie, Gewürznelke, Granatapfel, Himbeere, Holunder, Ingwer, Kamille, Lavendel, Muskatnuss, Myrrhe, Patschuli, Quecke, Rosmarin, Safran, Salbei, Sandelholz, Thymian, Weihrauch, Wermut
Steine: Amethyst, Aquamarin, Bernstein, Blauer Bandachat, Calcit, Diamant, Jade, Lapislazuli, Magnetit, Malachit, Mondstein, Obsidian, Peridot, Quarz, Saphir, Selenit, Sodalith, Topas, Türkis, Ulexit
Tierkreiszeichen: Skorpion
Planet: Pluto
Wochentag: Dienstag
Element: Wasser
Himmelsrichtung: Westen

Meditation

Farben: Blau, Indigo, Purpur, Silber, Weiß
Pflanzen: Basilikum, Beifuß, Benzoe, Gardenie, Jasmin, Kopal, Lavendel, Lorbeer, Muskatnuss, Myrrhe, Patschuli, Quecke, Salbei, Tabak, Weihrauch, Wermut
Steine: Amethyst, Aquamarin, Blauer Topas, Calcit, Diamant, Glimmer, Herkimer-Diamant, Jade, Karneol, Lapislazuli, Mondstein, Obsidian, Onyx, Peridot, Quarz, Rosenquarz, Saphir, Selenit, Smaragd, Sodalith, Topas, Türkis, Ulexit, Zitrin
Tierkreiszeichen: Wassermann
Planet: Saturn
Wochentag: Samstag
Element: Luft
Himmelsrichtung: Osten

Negativität (verbannen)

Farben: Blau, Schwarz, Weiß
Pflanzen: Apfel, Basilikum, Benzoe, Eisenkraut, Fenchel, Gardenie, Gewürznelke, Himbeere, Kamille, Kiefer, Knoblauch, Lavendel, Lorbeer, Muskatnuss, Myrrhe, Nelkenpfeffer, Patschuli, Rosmarin, Salbei, Sandelholz, Schafgarbe, Tagetes, Weide, Weihrauch, Zimt, Zitrone
Steine: Achat, Amethyst, Bernstein, Calcit, Diamant, Druse, Granat, Hämatit, Jade, Karneol, Malachit, Obsidian, Quarz, Rosenquarz, Saphir, Selenit, Smaragd, Topas, Türkis, Turmalin, Zitrin
Tierkreiszeichen: Krebs
Planet: Mond
Wochentag: Montag
Element: Wasser
Himmelsrichtung: Westen

Popularität

Farben: Blau, Braun, Grün
Pflanzen: Ahorn, Amarant, Apfel, Basilikum, Eichel, Gardenie, Gartennelke, Gewürznelke, Himbeere, Holunder, Ingwer, Jasmin, Klee, Lavendel, Myrrhe, Orange, Patschuli, Pfefferminze, Rose, Safran, Salbei, Stiefmütterchen, Vanille, Zimt, Zitrone
Steine: Achat, Aquamarin, Aventurin, Blauer Bandachat, Bornit, Diamant, Granat, Jade, Karneol, Onyx, Peridot, Quarz, Saphir, Smaragd, Sodalith, Türkis, Zitrin
Tierkreiszeichen: Wassermann
Planet: Saturn
Wochentag: Samstag
Element: Luft
Himmelsrichtung: Osten

Reinigung

Farben: Blau, Grün, Schwarz, Weiß
Pflanzen: Basilikum, Estragon, Gardenie, Gewürznelke, Jasmin, Kiefer, Kopal, Lavendel, Muskatnuss, Myrrhe, Patschuli, Rose, Rosmarin, Salbei, Sandelholz, Schafgarbe, Thymian, Weide, Weihrauch
Steine: Achat, Amethyst, Aquamarin, Aventurin, Calcit, Diamant, Glimmer, Hämatit, Jade, Karneol, Markasit, Obsidian, Peridot, Quarz, Rosenquarz, Türkis, Turmalin, Zitrin
Tierkreiszeichen: Wassermann
Planet: Uranus
Wochentag: Mittwoch
Element: Luft
Himmelsrichtung: Osten

Reisen

Farben: Gold, Rot, Schwarz, Weiß
Pflanzen: Alraune, Basilikum, Beinwell, Eiche, Gewürznelke, Kiefer, Knoblauch, Myrrhe, Rosmarin, Salbei, Weihrauch, Zimt
Steine: Achat, Aquamarin, Bernstein, Blutstein, Calcit, Diamant, Gold, Malachit, Türkis
Tierkreiszeichen: Schütze
Planet: Jupiter
Wochentag: Donnerstag
Element: Feuer
Himmelsrichtung: Süden

Schlaf

Farben: Blau, Purpur, Silber, Weiß
Pflanzen: Beifuß, Fenchel, Gardenie, Holunder, Kamille, Katzenminze, Lavendel, Myrrhe, Sandelholz, Vanille, Weihrauch
Steine: Amethyst, Aquamarin, Blauer Bandachat, Calcit, Jade, Koralle, Markasit, Mondstein, Opal, Quarz, Sandstein, Selenit, Türkis
Tierkreiszeichen: Jungfrau
Planet: Merkur
Wochentag: Mittwoch
Element: Erde
Himmelsrichtung: Norden

Schutz

Farben: Blau, Schwarz
Pflanzen: Aloe, Baldrian, Basilikum, Benzoe, Drachenblut, Eisenkraut, Fenchel, Geranie, Gewürznelke, Holunder, Johan-

niskraut, Kaktus, Kiefer, Knoblauch, Kopal, Koriander, Kümmel, Lavendel, Lorbeer, Muskatnuss, Myrrhe, Pfeffer, Rosmarin, Salbei, Sandelholz, Schlüsselblume, Schwertlilie, Weihrauch, Zimt
Steine: Achat, Amethyst, Diamant, Hämatit, Jade, Karneol, Magnetit, Mondstein, Obsidian, Onyx, Peridot, Quarz, Rosenquarz, Rubin, Saphir, Selenit, Tigerauge, Topas, Türkis, Turmalin, Zitrin
Tierkreiszeichen: Löwe
Planet: Sonne
Wochentag: Sonntag
Element: Feuer
Himmelsrichtung: Süden

Segnung

Farben: Gold, Grün, Silber, Weiß
Pflanzen: Basilikum, Gardenie, Gewürznelke, Jasmin, Lavendel, Lorbeer, Muskatnuss, Myrrhe, Patschuli, Rose, Salbei, Sandelholz, Wacholder, Weihrauch
Steine: Achat, Amethyst, Aquamarin, Calcit, Diamant, Jade, Karneol, Mondstein, Perle, Quarz, Rauchquarz, Rosenquarz, Saphir, Smaragd, Zitrin
Tierkreiszeichen: Krebs
Planet: Mond
Wochentag: Montag
Element: Wasser
Himmelsrichtung: Westen

Selbstbild

Farben: Gold, Grün, Rosa
Pflanzen: Amarant, Apfel, Erdbeere, Gardenie, Gewürznelke, Himbeere, Kamille, Lavendel, Rose, Safran, Salbei, Schafgarbe, Sonnenblume, Tagetes, Zimt, Zitrone
Steine: Bornit, Jade, Mondstein, Peridot, Quarz, Rosenquarz, Sodalith, Zitrin
Tierkreiszeichen: Löwe
Planet: Sonne
Wochentag: Sonntag
Element: Feuer
Himmelsrichtung: Süden

Selbstvertrauen und Zuversicht

Farben: Gelb, Purpur
Pflanzen: Apfel, Basilikum, Benzoe, Brennnessel, Devil's Shoe String, Gardenie, Gartennelke, Gewürznelke, Ginseng, Gotu Kola, Kiefer, Lavendel, Mistel, Myrrhe, Nelkenpfeffer, Patschuli, Salbei, Schafgarbe, Weihrauch, Zimt, Zitrone
Steine: Achat, Aventurin, Blauer Bandachat, Diamant, Gold, Granat, Jaspis, Karneol, Katzenauge, Onyx, Platin, Quarz, Sodalith, Tigerauge, Topas, Zitrin
Tierkreiszeichen: Löwe
Planet: Sonne
Wochentag: Sonntag
Element: Feuer
Himmelsrichtung: Süden

Sex

Farben: Orange, Rot
Pflanzen: Apfel, Baldrian, Gardenie, Gewürznelke, Granat-

apfel, Himbeere, Ingwer, Knoblauch, Kopal, Lavendel, Nüsse, Patschuli, Rose, Safran, Schafgarbe, Tonkabohne, Zimt
Steine: Achat, Bernstein, Granat, Karneol, Katzenauge, Kupfer, Mondstein, Quarz, Rauchquarz, Rhodochrosit, Saphir
Tierkreiszeichen: Skorpion
Planet: Pluto
Wochentag: Dienstag
Element: Wasser
Himmelsrichtung: Westen

Sicherheit

Farben: Gold, Rot, Weiß
Pflanzen: Alraune, Basilikum, Devil's Shoe String, Eiche, Eichel, Gewürznelke, Kaktus, Kiefer, Knoblauch, Myrrhe, Rosmarin, Salbei, Weihrauch, Zimt
Steine: Achat, Aquamarin, Bernstein, Blutstein, Calcit, Diamant, Gold, Malachit, Türkis
Tierkreiszeichen: Widder
Planet: Mars
Wochentag: Dienstag
Element: Feuer
Himmelsrichtung: Süden

Spiritualität

Farben: Blau, Purpur, Silber, Weiß
Pflanzen: Andorn, Baldrian, Basilikum, Beifuß, Benzoe, Eiche, Eisenkraut, Estragon, Fenchel, Gardenie, Gewürznelke, Helmkraut, Holunder, Ingwer, Jasmin, Kamille, Kiefer, Kopal, Lavendel, Lorbeer, Muskatnuss, Myrrhe, Patschuli, Pfefferminze, Quecke, Rose, Rosmarin, Safran, Salbei, Weide, Weihrauch, Wermut

Steine: Amethyst, Aquamarin, Calcit, Diamant, Druse, Glimmer, Granat, Jade, Kupfer, Lapislazuli, Magnetit, Markasit, Mondstein, Obsidian, Opal, Peridot, Quarz, Sandstein, Saphir, Selenit, Silber, Smaragd, Topas, Türkis
Tierkreiszeichen: Schütze
Planet: Jupiter
Wochentag: Donnerstag
Element: Feuer
Himmelsrichtung: Süden

Stress

Farben: Blau, Grün, Rosa, Weiß
Pflanzen: Aloe, Apfel, Baldrian, Basilikum, Brombeere, Eisenkraut, Gardenie, Geißblatt, Gewürznelke, Himbeere, Jasmin, Johanniskraut, Kamille, Kiefer, Lavendel, Lorbeer, Myrrhe, Patschuli, Pfefferminze, Rose, Rosmarin, Safran, Salbei, Sandelholz, Schafgarbe, Sonnenhut, Vanille, Weide, Weihrauch, Zitrone
Steine: Amethyst, Aquamarin, Aventurin, Bornit, Calcit, Granat, Hämatit, Jade, Mondstein, Opal, Rhodochrosit, Rosenquarz, Saphir, Smaragd, Sodalith, Türkis, Turmalin, Zitrin
Tierkreiszeichen: Waage
Planet: Venus
Element: Luft
Wochentag: Freitag
Himmelsrichtung: Osten .

Träume

Farben: Indigo, Purpur, Weiß
Pflanzen: Andorn, Basilikum, Beifuß, Benzoe, Gardenie, Jas-

min, Kopal, Lavendel, Lorbeer, Muskatnuss, Myrrhe, Patschu-li, Quecke, Salbei, Weihrauch, Wermut
Steine: Amethyst, Calcit, Glimmer, Jade, Karneol, Mond-stein, Selenit, Smaragd, Türkis, Ulexit
Tierkreiszeichen: Fische
Planet: Neptun
Wochentag: Donnerstag
Element: Wasser
Himmelsrichtung: Westen

Treue (sexuelle Treue)

Farben: Rosa, Schwarz, Weiß
Pflanzen: Apfel, Basilikum, Helmkraut, Holunder, Jasmin, Klee, Lavendel, Vanille
Steine: Granat, Hämatit, Jaspis, Karneol, Magnetit, Quarz, Turmalin
Tierkreiszeichen: Waage
Planet: Venus
Wochentag: Freitag
Element: Luft
Himmelsrichtung: Osten

Umwelt

Farben: Braun, Grün, Schwarz
Pflanzen: Ahorn, Apfel, Basilikum, Eichel, Kiefer, Kopal, La-vendel, Myrrhe, Rose, Salbei, Sandelholz, Schafgarbe, Tabak, Ulme, Weide, Weihrauch
Steine: Bernstein, Blutstein, Calcit, Granat, Jaspis, Karneol, Kupfer, Obsidian
Tierkreiszeichen: Erdzeichen: Stier, Jungfrau und Steinbock
Planet: Erde

Wochentag: Erde
Element: Erde
Himmelsrichtung: Norden

Verständnis

Farben: Blau, Braun, Silber, Weiß
Pflanzen: Alraune, Andorn, Apfel, Baldrian, Basilikum, Beifuß, Beinwell, Dill, Eiche, Eisenkraut, Gardenie, Gewürznelke, Granatapfel, Helmkraut, Holunder, Kamille, Kiefer, Koriander, Lavendel, Majoran, Muskatnuss, Myrrhe, Safran, Salbei, Sandelholz, Schwertlilie, Tabak, Thymian, Ulme, Weihrauch, Wermut.
Steine: Amethyst, Aquamarin, Bernstein, Blauer Bandachat, Blauer Topas, Calcit, Diamant, Druse, Gold, Granat, Hämatit, Jade, Karneol, Malachit, Markasit, Obsidian, Quarz, Rhodochrosit, Rosenquarz, Saphir, Selenit, Smaragd, Sodalith, Sugilit, Topas, Türkis, Turmalin, Ulexit, Zitrin
Tierkreiszeichen: Schütze
Planet: Jupiter
Wochentag: Donnerstag
Element: Feuer
Himmelsrichtung: Süden

Visionen

Farben: Purpur, Silber, Weiß
Pflanzen: Beifuß, Granatapfel, Jasmin, Lorbeer, Muskatnuss, Sandelholz, Schwertlilie, Wermut
Steine: Calcit, Druse, Glimmer, Jade, Malachit, Mondstein, Obsidian, Onyx, Quarz, Selenit, Topas, Türkis, Ulexit
Tierkreiszeichen: Skorpion
Planet: Pluto

Wochentag: Dienstag
Element: Wasser
Himmelsrichtung: Westen

Wachstum

Farben: Braun, Gold, Grün, Rot, Weiß
Pflanzen: Apfel, Eiche, Eichel, Holunder, Kiefer, Nüsse, Sonnenblume, Ulme
Steine: Bornit, Diamant, Druse, Marmor, Onyx, Quarz, Rhodochrosit, Rosenquarz, Smaragd, Sugilit
Tierkreiszeichen: Stier
Planet: Venus
Wochentag: Freitag
Element: Erde
Himmelsrichtung: Norden

Weisheit

Farben: Blau, Gelb, Weiß
Pflanzen: Andorn, Apfel, Baldrian, Basilikum, Beifuß, Benzoe, Eisenkraut, Gardenie, Gewürznelke, Ginseng, Helmkraut, Holunder, Ingwer, Kiefer, Kopal, Koriander, Lavendel, Lorbeer, Muskatnuss, Myrrhe, Nelkenpfeffer, Pfefferminze, Quecke, Rosmarin, Safran, Salbei, Sandelholz, Schwertlilie, Sonnenblume, Tagetes, Weihrauch, Wermut, Wintergrünstrauch, Zimt
Steine: Achat, Amethyst, Aquamarin, Blauer Bandachat, Calcit, Diamant, Druse, Gold, Markasit, Mondstein, Obsidian, Pyrit, Quarz, Rosenquarz, Selenit, Smaragd, Topas, Türkis, Ulexit, Zitrin
Tierkreiszeichen: Schütze
Planet: Jupiter

Wochentag: Donnerstag
Element: Feuer
Himmelsrichtung: Süden

Wohlstand

Farben: Gold, Grün, Kupfer, Weiß
Pflanzen: Apfel, Basilikum, Eisenkraut, Gewürznelke, Grüne Minze, Ingwer, Myrrhe, Patschuli, Pfefferminze, Safran, Sandelholz, Sonnenblume, Weihrauch, Wintergrünstrauch, Zimt
Steine: Diamant, Druse, Gold, Granat, Kupfer, Marmor, Peridot, Quarz, Smaragd, Tigerauge, Topas, Türkis, Zitrin
Tierkreiszeichen: Steinbock
Planet: Saturn
Wochentag: Samstag
Element: Erde
Himmelsrichtung: Norden

Wut und Zorn

Farben: Gelb, Rot
Pflanzen: Baldrian, Basilikum, Kamille, Lavendel, Myrrhe, Pfefferminze, Rose, Safran, Sonnenblume, Weide, Zitrone
Steine: Achat, Amethyst, Aquamarin, Aventurin, Diamant, Hämatit, Jade, Karneol, Mondstein, Perle, Quarz, Rhodochrosit, Rhodonit, Rosenquarz, Smaragd, Sodalith, Sugilit, Zitrin
Tierkreiszeichen: Widder
Planet: Mars
Wochentag: Dienstag
Element: Feuer
Himmelsrichtung: Süden

Bibliografie

ADLER, MARGOT: *Drawing Down the Moon*. Beacon Press, Boston 1979, 1986

ANDREWS, TED: *Die Botschaft der Krafttiere. Was die Geschöpfe uns zu sagen haben*. Bastei Lübbe, Bergisch Gladbach 2000

BLUM, RALPH H.: *Runen*. Hugendubel (Kailash), München 1985

BRENNAN, BARBARA ANN: *Licht-Arbeit*. Goldmann, München 1989

dies.: *Licht-Heilung*. Goldmann, München 1994

BUCKLAND, RAY: *Advanced Candle Magick*. Llewellyn Publications, St. Paul 1996

BUDAPEST, ZSUZSANNA: *Der Einfluss der Schicksalsgöttinnen: Lebensphasen als Entwicklungschancen*. Droemer Knaur, München 1999

CABOT, LAURIE und COWAN, TOM: *Power of the Witch: The Earth, the Moon, and the Magical Path to Enlightenment*. Delta Books, New York 1989

CAMPION, KITTY: *A Woman's Herbal*. Lopard Books, London 1987

CHEETHAM, ERIKA: *The Final Prophecies of Nostradamus*. Perigee Books, New York 1989

CUNNINGHAM, SCOTT: *Cunningham's Encyclopedia of Magical Herbs*. Llewellyn Publications, St. Paul 1997 ders.: *Das große Buch von Weihrauch, Aromaölen und magischen Rezepturen.* Goldmann, München 2001

ders.: *Wicca: Eine Einführung in weiße Magie.* Ullstein, München 2001

FARRAR, JANET und STEWART: *The Witches' Goddess.* Phoenix Publishing, Inc., Custer 1987

GREER, MARY K.: *Tarot-Konstellationen: Persönlichkeits- und Wesenskarten.* Hugendubel (Kailash), München 1989

GRIMASSI, RAVEN: *The Wiccan Mysteries.* Llewellyn Publications, St. Paul 1997

HOLLIS, SARAH: *The Country Diary Herbal.* Claremont Books, London 1990

MELODY: *Love is in the Earth: A Kaleidoscope of Crystals.* Earth-Love Publishing House, Wheatridge 1991

MILLMAN, DAN: *Die Lebenszahl als Lebensweg. Wie wir unsere Lebensbestimmung erkennen und erfüllen können.* Ansata, München 1999

MOSES, JEFFREY: *Oneness: Great Principles Shared By All Religions.* Fawcett Ballantine Books, New York 1989

PENNICK, NIGEL: *The Pagan Book of Days.* Destiny Books, Rochester 1992

RAPHAELL, KATRINA: *Wissende Kristalle.* Ansata, Interlaken 1986

dies.: *Heilen mit Kristallen.* Droemer Knaur, München 1988

dies.: *Botschaften der Kristalle.* Neue Erde, Saarbücken 1997

RAVENWOLF, SILVER: *Zauberschule der Neuen Hexen: Magie und Macht.* Heyne, München 2001

SILVA, JOSÉ und MIELE, PHILIP: *Silva Mind Control. Die universelle Methode zur Steigerung der Kreativität und Leistungsfähigkeit des menschlichen Geistes*. Heyne, München 1998

SIMMS, M. K.: *The Witch's Circle*. Llewellyn Publications, St. Paul 1994

STEIN, SANDRA KOVACS: *Instant Numerology*. Newcastle Publishing Co., North Hollywood 1986

TIERRA, MICHAEL: *The Way of Herbs*. Pocket Books, New York 1998

WHITCOMB, BILL: *The Magician's Companion*. Llewellyn Publications, St. Paul 1997

WOLFF, ROBERT PAUL: *About Philosophy*. Prentice-Hall, Inc., Englewood Cliffs 1981

WOOD, ROBIN: *The Robin Wood Tarot*. Llewellyn Publications, St. Paul 1995

WOOLFOLK, JOANNA MARTINE: *The Only Astrology Book You'll Ever Need*. Scarborough House, Lanham, 1990

ZUKAV, GARY: *Die Spur der Seele*. Heyne, München 1990

Register

G

L